Ruud Koopmans

Die Asyl-Lotterie

Ruud Koopmans

Die Asyl-Lotterie

Eine Bilanz
der Flüchtlingspolitik
von 2015 bis zum
Ukraine-Krieg

C.H.Beck

Mit 16 Grafiken

www.chbeck.de
Umschlaggestaltung: Rothfos & Gabler, Hamburg
Umschlagabbildung: Ein Schiff der italienischen Küstenwache rettet etwa 110 Menschen aus einem überfüllten Holzboot, 6. August 2021.

Satz: Fotosatz-Amann, Memmingen
Druck und Bindung: CPI Ebner & Spiegel GmbH, Ulm
Gedruckt auf säurefreiem und alterungsbeständigem Papier
Printed in Germany
ISBN 978 3 406 79738 5

myclimate
klimaneutral produziert
www.chbeck.de/nachhaltig

Inhalt

Kapitel 1

Zehn Gründe, warum das europäische Asylregime todkrank ist

Das Asylrecht, wie es im deutschen Grundgesetzartikel 16a, in der Genfer Flüchtlingskonvention von 1951 und in den darauf aufbauenden Regelungen in der Europäischen Menschenrechtskonvention und im EU-Recht festgelegt ist, beruht auf dem humanitären Grundprinzip, dass Menschen, die politisch verfolgt werden oder die aus anderen Gründen um ihr Leben oder ihre Freiheit fürchten müssen, ein Recht auf Schutz haben. Situationen wie in den 1930er-Jahren, als nur ein Teil der deutschen Juden, die vor Verfolgung durch das Naziregime Schutz suchten, von Nachbarländern wie der Schweiz oder den Niederlanden aufgenommen wurden, während anderen der Zugang verweigert wurde, dürfen sich nicht wiederholen. Niemand, der ein Mindestmaß an menschlichem Mitgefühl besitzt, würde bestreiten, dass wir ein Asylrecht brauchen, das eine Wiederholung des schrecklichen, für viele tödlichen Unrechts ausschließt, das jüdischen Flüchtlingen in den 1930er-Jahren angetan wurde.

Leider erfüllt das geltende europäische Asylrecht diesen moralischen Anspruch nicht einmal annähernd. Es lässt viele Schutzbedürftige völlig im Stich und zwingt sie, einen lebensgefährlichen Weg auf sich zu nehmen, um Europa zu erreichen. Zugleich bietet es – wenn nicht rechtlich, dann doch faktisch – Menschen ein

Bleiberecht, die unseren Schutz weniger oder gar nicht benötigen, und es sind oft gerade diese Gruppen von Asylsuchenden, die für die erhebliche Gefährdung der öffentlichen Sicherheit verantwortlich sind, die ich in den Kapiteln 4 und 5 dokumentieren werde. Das moralische Grundprinzip des geltenden Asylrechts ist, dass Menschen, deren Leben und Freiheit in Gefahr sind, geholfen werden muss. Die Praxis ist aber viel banaler. Jeder, der es schafft, eine europäische Grenze zu erreichen, kann den Schutz des Asylrechts beanspruchen, und zwar unabhängig davon, ob tatsächlich zwingende Schutzgründe vorliegen. Selbst wenn das Asylgesuch nach sorgfältiger und oft langwieriger Prüfung abgelehnt wird, kann fast jeder trotzdem bleiben, weil die Abschiebung in die Herkunftsländer nur in wenigen Fällen durchsetzbar ist oder weil das Herkunftsland wegen fehlender Dokumente nicht zweifelsfrei festgestellt werden kann. Zugleich bleiben sehr viele Flüchtlinge, die dringend unsere Hilfe brauchen würden, außen vor, weil ihnen die körperlichen oder finanziellen Voraussetzungen für die schwierige Reise bis zur EU-Grenze fehlen oder weil sie aus Ländern stammen, von denen aus es für sie überhaupt keinen gangbaren Weg nach Europa gibt.

Die Realität des europäischen Asylsystems sieht daher so aus: Wir helfen allen, die es über die europäischen Grenzen schaffen, ganz unabhängig davon, ob sie triftige Asylgründe haben oder nicht; und wir helfen niemandem, der es nicht schafft, Europa zu erreichen, und auch das ganz unabhängig davon, ob er Schutz benötigt oder nicht. Das europäische Asylsystem gleicht einer Lotterie um Leben und Tod, um Freiheit und Unterdrückung – einer Lotterie freilich, bei der die Gewinnchancen ungleich verteilt sind. Klar im Vorteil ist, wer jung, männlich und gesund ist, über ausreichende finanzielle Mittel verfügt und sich in erreichbarer Nähe Europas befindet. De facto entscheidet nicht das Asylrecht über Aufnahme oder Zurückweisung, sondern die Schlepper. Es gibt nur wenige Ausnahmen, denn die Zahl der abgelehnten Asylsuchenden, die tatsächlich abgeschoben werden oder freiwillig in ihre Heimat zurückkehren, sowie andererseits die Zahl der Flüchtlinge, die über Resettlement-Programme und Kontingente aufgenommen werden, ohne zuerst den gefährlichen Weg nach Europa gehen zu müssen, sind sehr gering.

Die Tatsache, dass de facto das Erreichen der EU-Grenze entscheidend ist, hat eine Reihe von weiteren unerwünschten Folgen, die das geltende Asylrecht auch aus der Perspektive der innen- und außenpolitischen Interessen der aufnehmenden Gesellschaften dysfunktional machen. Weil die europäischen Länder – anders als zum Beispiel Kanada, die Vereinigten Staaten, Australien und zum Teil auch Großbritannien – keine proaktive, planmäßige Flüchtlingspolitik betreiben, ist die Asylpolitik in Europa immer ein Spielball internationaler Ereignisse, die dazu führen, dass manchmal kaum jemand Europa erreicht, und zeitweise die Zahl der Flüchtlinge, die Europa erreichen, dramatisch zunimmt. Hohe Flüchtlingszahlen in relativ kurzen Zeiträumen führen regelmäßig zu Überbelastungen der Aufnahmekapazitäten der Zielländer, zu Asylverfahren, die sich stauen und in die Länge ziehen, und zu einer Überstrapazierung der Integrationsfähigkeit des Arbeitsmarktes, des (Aus-)Bildungssystems und des Wohnungsmarktes (siehe Kapitel 3). Die Tatsache, dass Migrationsmotive und Schutzbedürftigkeit, ja sogar die Feststellung der Identität und des Herkunftslandes für Bleibemöglichkeiten in Europa weitgehend unerheblich sind, führt außerdem zu beträchtlichen Sicherheitsproblemen in den Bereichen Terrorismus (Kapitel 4) sowie Gewalt- und Sexualkriminalität (Kapitel 5). Außerdem öffnet die Logik des europäischen Asylsystems Erpressungsversuchen durch Populisten und Autokraten jedweder Couleur innerhalb und außerhalb der EU Tür und Tor. Die Belastung des europäischen Asylsystems hängt ja nicht von der Zahl der Schutzbedürftigen ab, sondern von der Zahl der Personen, die eine bestimmte Grenze erreichen, und diese Zahl kann leicht von Politikern wie Erdoğan, Tsipras, Lukaschenko oder Putin manipuliert werden, um Druck auf die EU oder auf bestimmte Mitgliedstaaten auszuüben.

Die ungewollten und den moralischen Ansprüchen des europäischen Asylsystems oft zuwiderlaufenden Folgen der aktuellen Praxis lassen sich in zehn Punkten darstellen. Die ersten vier betreffen die negativen Konsequenzen für Schutzbedürftige selbst, einer bezieht sich auf die Erstaufnahmeländer, drei auf die Interessen der aufnehmenden Gesellschaften und die letzten zwei auf die europa- und geopolitischen Konsequenzen des herrschenden Asylsystems.

1. Das europäische Asylsystem fordert mehr Menschenleben, als es rettet

Die schlimmste Nebenwirkung des europäischen Asylsystems ist die Tatsache, dass es mehr Menschen in den Tod treibt, als es Leben rettet. Auf der einen Seite hat Europa durch die Visumspflicht für fast alle Herkunftsländer von Asylsuchenden und deren strikte Handhabung – Fluggesellschaften, die Passagiere ohne gültiges Visum befördern, drohen hohe Geldbußen – sehr hohe Hürden für die legale Einreise geschaffen. Auf der anderen Seite erhält durch das herrschende Flüchtlingsregime jeder, der es trotzdem schafft, eine EU-Grenze zu erreichen, und der das Wort «Asyl» ausspricht, Zugang zu Europa und de facto meist auch ein Bleiberecht. In der Folge sind viele Menschen bereit, große Risiken auf sich zu nehmen und viel Geld an Schlepper zu zahlen, um ihren Traum von einem besseren Leben in Europa zu verwirklichen.

Nur wenige von ihnen sind politisch Verfolgte im klassischen Sinne, viele fliehen vor Bürgerkriegen oder Kriegsdienst, aber viele – wie die meisten Migranten aus westafrikanischen Ländern – sind auch Wirtschaftsmigranten, die ihre Chancen auf Arbeit und Wohlfahrt in Europa oft unrealistisch einschätzen. Da Europa von den Armuts- und Krisenregionen Afrikas und des Nahen Ostens fast ausschließlich über das Mittelmeer erreichbar ist, müssen sie eine riskante Seereise auf sich nehmen, die laut

Grafik 1.1: Zahl der im Mittelmeer ertrunkenen Flüchtlinge auf den drei Hauptrouten nach Spanien, Italien und Griechenland, 2014–2021

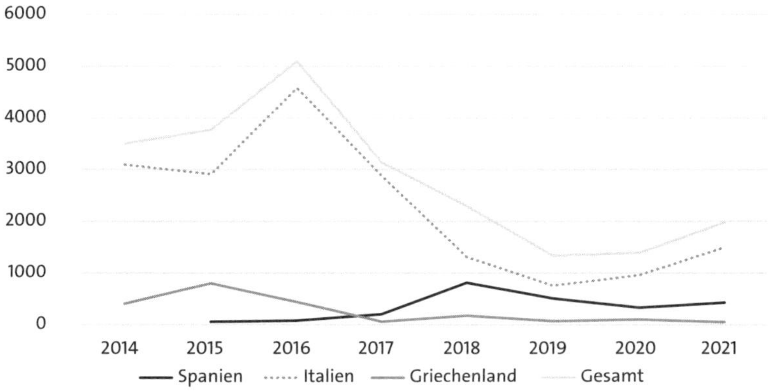

Spanien · Italien · Griechenland · Gesamt

Quelle: International Organization for Migration (IOM)

Angaben des UNHCR – des «United Nations High Commissioner for Refugees», also des Hohen Flüchtlingskommissars der Vereinten Nationen – zwischen 2014 und 2021 über 22 000 Menschen das Leben gekostet hat.[1]

Wie Grafik 1.1 zeigt, ist von den drei Hauptrouten über das Mittelmeer die zentrale Route, die von Nordafrika nach Italien führt, bei Weitem die gefährlichste. Fast 18 000 Menschen ertranken hier bei dem Versuch, Europa zu erreichen. Auf der westlichen Route nach Spanien verloren gut 2400 Menschen ihr Leben, wobei diese Zahl erheblich zu niedrig geschätzt sein dürfte, da darin die Todesfälle auf der gefährlichen Route von Westafrika zu den Kanarischen Inseln nicht enthalten sind. Laut der «International Organization for Migration» (IOM) starben seit 2014 auf dieser Seeroute 2800 weitere Migranten.[2] Etwa 2100 Menschen verloren schließlich bei der Überfahrt von der Türkei auf die griechischen Inseln ihr Leben, unter ihnen der dreijährige Alan Kurdi. Ein bestürzendes Foto von der Leiche des kleinen syrisch-kurdischen Jungen, die an einen türkischen Strand gespült wurde, ging Anfang September 2015 um die Welt. Bei einer Gesamtzahl von gut 2,2 Millionen Asylsuchenden, die zwischen 2014 und 2021 Spanien, Italien oder Griechenland erreicht haben, bedeuten diese Zahlen, dass etwa jeder hundertste Mensch, der Europa erreichen wollte, umgekommen ist, auf der zentralmediterranen Route sogar mehr als jeder fünfzigste (über 2 %). In einzelnen Jahren waren es noch deutlich mehr. So endeten im Jahr 2019 auf der zentralen mediterranen Seeroute je nach Berechnungsmethode zwischen 5 und 8 Prozent der Überquerungsversuche tödlich.[3] Das sind Todesraten, die denen der schlimmsten Bürgerkriege in der Welt ähneln oder sie sogar übertreffen: Dem syrischen Bürgerkrieg sind bisher schätzungsweise 350 000 Menschen zum Opfer gefallen, was 1,7 Prozent der syrischen Bevölkerung am Anfang des Bürgerkrieges entspricht. Dabei muss man noch bedenken, dass die Todeszahlen des UNHCR nur die Opfer umfassen, die bei der Überquerung des Mittelmeers starben. Hinzu kommt eine unbekannte Zahl von Toten durch Verhungern, Verdursten, Kriminalität und fehlende medizinische Versorgung auf der Reise durch die Sahara. Die Internationale Organisation für Migration (IOM) hat mehr als 5000 solcher Todesfälle dokumentiert, aber Befragungen von Migranten deuten darauf hin, dass die Dunkelziffer hoch sein dürfte.[4] Der Beauftragte des UNHCR für die zentralmediterrane Route, Vincent Cochetel, äußerte 2019 sogar die Befürchtung, dass die Zahl derer, die die Durchquerung der Sahara nicht überleben, doppelt so hoch sein könnte wie die Zahl der Toten im Mittelmeer.[5]

Wer in Europa angekommen ist, dem stehen weitere Risiken bevor. Versuche, von den Mittelmeerländern aus die Wohlfahrtsstaaten Westeuropas zu erreichen, fordern weitere Todesopfer. Einer der dramatischsten Fälle ereignete sich Ende August 2015, als entlang einer österreichischen Autobahn in einem Lkw 71 erstickte Flüchtlinge, darunter vier Kinder, entdeckt wurden. Elf Schlepper aus Afghanistan, Bulgarien und dem Libanon wurden zu Haftstrafen verurteilt, die vier Haupttäter erhielten wegen Mordes lebenslänglich. Insgesamt stellt die Asylmigration nach Europa das bei Weitem tödlichste Migrationssystem der Welt dar: Von allen migrationsbedingten Todesfällen, die es weltweit seit 2014 gab, entfielen fast 70 Prozent auf die Seemigration über das Mittelmeer und zu den Kanarischen Inseln sowie auf die Zufahrtsrouten durch die Sahara. Dabei muss man bedenken, dass nur die allerwenigsten derer, die sich auf die gefährliche Reise nach Europa machten, vor der Wahl standen, unterwegs zu sterben oder im Heimatland durch Bürgerkrieg, politische Verfolgung oder Hunger. Manche von ihnen wollten vor allem ihre wirtschaftliche Situation verbessern; aber auch die, die aus einem Bürgerkriegsland stammten, hatten fast immer bereits in einem anderen Land, allen voran in der Türkei, einen sicheren Aufenthalt gefunden. Der Vater von Alan Kurdi zum Beispiel hatte bereits zwei Jahre als Textilarbeiter in der Türkei gearbeitet, als er sich entschied, seine Familie aus der belagerten nordsyrischen Stadt Kobane nachkommen zu lassen. Einmal in der Türkei, versuchte die Familie zuerst vergeblich, ein Visum für Kanada zu bekommen, bevor sie sich Schleppern anvertraute, um über Griechenland nach Deutschland zu gelangen. Der fünfunddreißigjährige Saeed Othman Mohammed, der in dem Lkw an der österreichischen Autobahn starb, stammte aus der vom Bürgerkrieg nicht betroffenen Stadt Süleymaniyya im kurdischen Teil des Nordirak, wo er als Ingenieur für eine Telefongesellschaft arbeitete. Mit seinen Ersparnissen von fast 10 000 Dollar bezahlte er die Schlepper, die ihn nach Deutschland bringen sollten.[6] Das Leben von syrischen Flüchtlingen in der Türkei oder von Menschen im irakischen Kurdistan ist sicherlich nicht einfach, aber weder Alan Kurdi und seine Familie noch Saeed Othman Mohammed waren dort politischer Verfolgung ausgesetzt oder mussten um ihr Leben fürchten. Dies gilt nicht nur für sie, sondern für fast alle Flüchtlinge, die sich auf den Weg nach Europa machen. Mit der Aufnahme von gut zwei Millionen Flüchtlingen in Europa in den Jahren 2015 und 2016 wurde kaum ein Menschenleben gerettet, weil die Betroffenen entweder in ihren Herkunftsländern keiner Lebensgefahr ausgesetzt waren oder sie es bereits in sichere Erstaufnahmeländer geschafft hatten. Stattdessen starben Zehntausende bei dem Versuch, in Europa einen Asylantrag zu stellen. Ein Asylsystem, das mehr Menschen tötet, als es rettet, ist ein humanitärer und moralischer Skandal.

2. Die Schwächsten bleiben außen vor

Die Menschen, die es nach Europa schaffen und hier einen Asylantrag stellen, sind nicht immer diejenigen, die den Schutz des Asylrechts am meisten brauchen. Viele Asylgesuche werden abgelehnt. Die sogenannte «Gesamtschutzquote», die vom Bundesamt für Migration und Flüchtlinge (BAMF) publiziert wird und die den Anteil der Anerkennungen an allen Asylentscheidungen in Deutschland wiedergibt, schwankte zwischen 2012 und 2021 zwischen 28 Prozent 2012 und 62 Prozent 2016.[7] Im Jahresdurchschnitt über diesen Zeitraum mündeten knapp 40 Prozent der Asylanträge in eine Anerkennung als Schutzberechtigter. Wenn man die von manchen Kritikern des BAMF bevorzugte «bereinigte Schutzquote» als Grundlage nimmt – in der zurückgezogene Anträge und solche, für die ein anderes EU-Land zuständig ist, nicht mitgezählt werden –, liegt die Quote der als schutzberechtigt Anerkannten zwar höher, aber auch dann nur wenig über 50 Prozent (53,6 Prozent im Jahresdurchschnitt).[8]

Nur in ganz wenigen Fällen (in den Jahren 2012 bis 2021 jeweils unter 2 Prozent) geht es dabei um eine Anerkennung als individuell politisch Verfolgter nach dem deutschen Grundgesetzartikel 16a. Die meisten Anerkennungen erfolgen auf der Basis allgemeiner Risikofaktoren wie etwa Bürgerkrieg oder nicht-staatlicher Terror, die eine Rückkehr in das Herkunftsland unzumutbar machen. Während aus manchen Ländern fast jeder Antragssteller anerkannt wird (zum Beispiel Syrien mit nur 0,1 Prozent Ablehnungen 2021), werden Anträge von Menschen aus anderen Herkunftsländern wie Nigeria (wo fast alle Antragsteller aus dem sicheren Süden des Landes stammen) oder Georgien mehrheitlich abgelehnt. Trotzdem können auch die meisten abgelehnten Bewerber bleiben, weil entweder die Abschiebung mit einer Duldung ausgesetzt wird oder sie – zum Beispiel wegen fehlender Dokumente – nicht durchgesetzt wird.

Unter denjenigen, die aus Ländern mit einer hohen Anerkennungsquote stammen, sind oft Gruppen mit einem höheren Schutzbedürfnis, wie Frauen, Familien mit Kindern und Ältere, unterrepräsentiert. In fast allen Flüchtlingsgruppen dominieren Männer. Von den in Deutschland lebenden Flüchtlingen waren Ende 2020 61 Prozent männlich und 39 Prozent weiblich. Noch deutlich größere Unterschiede gibt es bei Herkunftsländern wie Guinea (79 Prozent männlich), Gambia (91 Prozent männlich) und Pakistan (74 prozent männlich). Nur unter Flüchtlingen aus europäischen Herkunftsländern ist das Geschlechterverhältnis mit 52 Prozent Männern in etwa ausgeglichen. Unter den ukrainischen Flüchtlingen waren sogar schon vor Ausbruch des Krieges mit Russland die Frauen mit 54 Prozent in der Mehrheit.[9] Diese regionalen Unterschiede deuten auf den Hauptgrund für die ungleiche Geschlechterverteilung hin: Je länger und gefährlicher der Weg nach Deutschland ist, desto mehr werden Frauen von der Möglichkeit, den Schutz des Asylrechts in Anspruch zu nehmen, ausgeschlossen. Aus dem gleichen Grund entspricht auch die Alterszusammensetzung der Flüchtlingspopulation nicht der der Herkunftsländer: Sowohl Kinder als auch Ältere sind unterrepräsentiert.

Von den Einwohnern Syriens waren vor Ausbruch des Bürgerkriegs 37 Prozent unter fünfzehn Jahre alt und 4 Prozent über vierundsechzig. Unter den syrischen Flüchtlingen in Deutschland machen diese Alterskategorien aber nur 29 bzw. 1,6 Prozent aus. Bei manchen Gruppen ist die Unterrepräsentierung von Kindern und Älteren noch deutlich stärker. In Eritrea zum Beispiel machen Kinder unter fünfzehn Jahren 41 Prozent der Bevölkerung aus, während unter den eritreischen Flüchtlingen in Deutschland nur 17 Prozent dieser Altersgruppe angehören; 4,6 Prozent der Bevölkerung in Eritrea sind über vierundsechzig, aber dies gilt für nur 0,9 Prozent der eritreischen Flüchtlinge in Deutschland. Über den Gesundheitszustand der Flüchtlinge und der in den Herkunftsländern Zurückgebliebenen gibt es keine Statistiken, aber es dürfte deutlich sein, dass kranke und verletzte Menschen kaum Chancen haben, einen Asylantrag zu stellen, weil sie schlicht und einfach nicht in der Lage sind, die europäischen Grenzen zu erreichen. Da der Weg nach Europa oft nur mithilfe von teuer bezahlten Schleppern möglich ist, ist die Asylmigration schließlich auch sozioökonomisch selektiv: Nur diejenigen, die mehrere Tausend Euro für die Reise bezahlen können, haben die Möglichkeit, es nach Europa zu schaffen. Viele ärmere Menschen, Frauen, Kinder, Alte und Kranke bleiben zurück, während junge, gesunde Männer aus, relativ gesehen, besser situierten Familien die besten Chancen haben, ein Ticket in der Lotterie, die «europäisches Asylrecht» heißt, zu ergattern.

3. Viele Flüchtlinge haben keine Chance, Europa zu erreichen

Flüchtlinge aus manchen Ländern, wo Krieg oder Verfolgung an der Tagesordnung sind, haben überhaupt keine Chance, Asyl zu bekommen, weil Europa für sie unerreichbar ist. Im Jemen waren Ende 2020 3,6 Millionen Menschen auf der Flucht vor dem blutigen Bürgerkrieg, der dort für weite Teile der Bevölkerung Hunger und Krankheiten zur Folge hat. Die jemenitischen Flüchtlinge können nirgendwohin, da das Nachbarland Saudi-Arabien selbst Kriegspartei ist und die Grenzen geschlossen hält. Der Weg übers Rote Meer ist gefährlich und führt nach Eritrea und Somalia, die selbst von Terror, Bürgerkrieg und Unterdrückung heimgesucht werden. So sitzen die Jemeniten in der Falle.

Während Europa allen, die es über seine Grenzen schaffen – und zwar, ich betone es noch mal, weitgehend unabhängig vom Vorliegen schwerwiegender Fluchtgründe –, großzügig Rechte und Schutz bietet, lässt es diejenigen, die es nicht dorthin schaffen können –

auch wenn sie viel dringender schutzbedürftig sind –, herzlos in der Kälte stehen.[10] Das betrifft zum Beispiel auch die über eine Million muslimischen Rohingya, die vor ihrer Verfolgung durch das Regime in Myanmar geflohen sind, oder für die vielen Millionen Menschen, die vor der Gewalt im Ostkongo geflüchtet sind. Während Länder wie die USA, Kanada und Australien größere Kontingente von Flüchtlingen aus Myanmar und der Demokratischen Republik Kongo aufgenommen haben, hat Europa nichts unternommen, um die Not dieser Flüchtlinge zu lindern. Für die europäische Flüchtlingspolitik zählt nur, wer sich an den europäischen Grenzen meldet. Wer es nicht bis zur Grenze schaffen kann, hat Pech gehabt. In der Zukunft könnte das auch Menschen treffen, die vor den Folgen des Klimawandels fliehen müssen. Die Bewohner von Inselstaaten, die untergehen, dürfen bereits vorgewarnt werden: Das europäische Asylsystem wird ihnen nicht helfen.

Diese schiefe Moral der europäischen Flüchtlingspolitik zeigt sich manchmal sogar an der unterschiedlichen Behandlung von Menschen aus dem gleichen Herkunftsland. Nigeria gehörte in den letzten Jahren zu den wichtigeren Herkunftsländern von Asylsuchenden. Im Nordosten des Landes wütet seit Jahren ein blutiger Bürgerkrieg zwischen der Terrorgruppe Boko Haram, verschiedenen ihrer Abspaltungen und dem nigerianischen Militär. In den letzten Jahren war Boko Haram sogar weltweit die Terrorgruppe, deren Anschläge die meisten Todesopfer gefordert und Millionen in die Flucht getrieben haben. Fast drei Millionen Menschen haben eine Zuflucht in anderen Regionen Nordnigerias gesucht, Hunderttausende weitere flohen in die Nachbarländer Tschad, Niger und Kamerun, die nicht nur zu den ärmsten Ländern der Welt gehören, sondern auch selbst von der grenzüberschreitenden Gewalt von Boko Haram und anderen dschihadistischen Terrorgruppen betroffen sind.

Grund genug also, um nach Europa zu fliehen und dort Asyl zu beantragen. Doch fast keiner der nigerianischen Asylsuchenden, die sich in Europa melden, kommt aus dem von Gewalt heimgesuchten Nordosten Nigerias oder aus den Flüchtlingslagern in den

Nachbarländern. Dabei verläuft die Route, über die Menschenschmuggler Nigerianer nach Europa führen, durch den Norden Nigerias. Ihr wichtigster Knotenpunkt ist in der Stadt Agadez in Niger. Stattdessen kommt die Mehrheit der Nigerianer, die sich auf den Weg nach Europa machen, aus nur einem der 37 nigerianischen Bundesstaaten, dem südnigerianischen Edo.[11] Edo ist ein für nigerianische Verhältnisse friedlicher und relativ wohlhabender Bundesstaat. Boko Haram und andere Terrorgruppen sind dort kaum aktiv, und das Pro-Kopf-Einkommen beträgt mehr als das Doppelte von dem in Nordwestnigeria und das Vierfache von dem in den Armenhäusern des Nordostens.[12]

Was Edo von anderen nigerianischen Bundesstaaten unterscheidet, ist nicht Krieg oder überdurchschnittliche Armut, sondern eine über Jahrzehnte gewachsene Menschenschmugglerindustrie, die die Route von Nigeria über Libyen nach Italien beherrscht.[13] Gerade weil Edo nicht zu den ärmsten Regionen Nigerias zählt, können viele Familien dort das Geld aufbringen, um einen Sohn oder eine Tochter nach Europa zu schicken. Außerdem greift in Edo ein eisernes Gesetz der Migrationssoziologie: das Phänomen der Kettenmigration. Je mehr Menschen aus einer bestimmten Ursprungsregion sich bereits in einem Zielland befinden, desto attraktiver und einfacher wird es für neue Migranten, sich auf den gleichen Weg zu begeben. Die Familien der Migranten profitieren von dem Geld, das ihre Kinder, die es nach Europa geschafft haben, nach Edo überweisen. Dafür müssen die Migranten gar nicht besonders erfolgreich sein. Sogar von den geringen Beträgen, die man mit Asylbewerberleistungen oder Schwarzarbeit einnimmt, können für europäische Verhältnisse kleine Geldbeträge nach Nigeria geschickt werden, die für die Familien dort einen großen Wohlstandszuwachs bedeuten.

Für die Migranten selbst ist das Geschäft oft deutlich weniger lukrativ. Auf der lebensgefährlichen Reise sind sie von Folter, Vergewaltigung und Ausbeutung bedroht. Einmal in Europa, enden viele nigerianische Männer nach der Ablehnung ihrer Asylverfahren in der Illegalität, während viele Frauen von nigerianischen Prostitutionsnetzwerken versklavt werden.[14] So hilft das europäische Asylsystem auch in Nigeria nicht denjenigen, die am meisten Hilfe und Schutz brauchen, sondern denen, die über die notwendigen Kontakte und finanziellen Mittel verfügen. Als Nebenprodukt wird eine kriminelle Schmugglerindustrie am Leben gehalten, die die Migranten genau den Gefahren für ihr Leben und ihre Freiheit aussetzt, vor denen das Asylrecht eigentlich schützen soll.

Das Beispiel Nigerias macht auch klar, warum die viel beschworene «Bekämpfung von Fluchtursachen» meistens in die Irre führt. Es gibt viele gute Gründe, in die Entwicklung von Ländern wie Nigeria zu investieren, aber die Bekämpfung der Fluchtmigration gehört nicht dazu, denn der Migrationsdruck resultiert aus dem Zusammenspiel zweier Faktoren: den riesigen Wohlstandsunterschieden zwischen Europa und den Herkunftsländern sowie der Zahl der Menschen, die sich die Kosten und Risiken der Migration leisten können. Armutsbekämpfung und ökonomische Entwicklung in den Herkunftsregionen werden an der Attraktivität Europas als Migrationsziel und an der Kaufkraft von Rücküberweisungen nach Nigeria kurz- und mittelfristig kaum etwas ändern. Vielmehr würden dadurch mehr Menschen in die Lage versetzt, sich die Reise nach Europa leisten zu können. Zugleich würde sich an der misslichen Lage der Flüchtlinge im nigerianischen Nordosten nichts ändern, da die Beilegung des Bürgerkriegs mit den Dschihadisten nicht in der Macht der europäischen Entwicklungshelfer liegt.

4. Geographie und politische Konjunktur treiben die europäische Flüchtlingspolitik

Weil die europäischen Länder keine vorausschauende Flüchtlingspolitik entwickelt haben, wird die Asylpolitik in Europa immer von internationalen Ereignissen bestimmt. Zeitweise erreichen nur wenige Flüchtlinge Europa, dann wieder nimmt ihre Zahl dramatisch zu. Eine erste größere Flüchtlingswelle erreichte Europa nach dem Zusammenbruch des Ostblocks und der Sowjetunion. Zwischen 1990 und 1993 stellten etwa 2,1 Millionen Menschen einen Asylantrag in der Europäischen Union, die Mehrheit davon (1,3 Millionen) in Deutschland. Dann gingen die Zahlen wieder stark zurück: EU-weit von 679 000 im Jahr 1992 auf 201 000 im Jahr 2006. Dabei muss man berücksichtigen, dass die EU in diesem Zeitraum von 12 auf 27 Mitgliedstaaten wuchs. In Deutschland sanken die Zahlen von 438 000 im Jahr 1992 auf nur noch 19 000 Erstanträge im Jahr 2007. In der Folge des Arabischen Frühlings stiegen die Zahlen ab 2013 wieder an, insbesondere in den Jahren 2015 und 2016, als in der ganzen EU fast 2,5 Millionen und allein in Deutschland fast 1,2 Millionen Menschen Asyl beantragten. Es folgte ab 2016 wieder ein starker Rückgang, von 1,3 Millionen Antragsstellern im Jahr 2015 auf 471 000 im Jahr 2020 für die ganze EU, und in Deutschland von 722 000 im Jahr 2016 auf 103 000 im Jahr 2020.

Man könnte sagen, dass humanitäre Politik nun einmal nicht planbar ist und geholfen werden muss, wenn die Not da ist. Allerdings zeigt ein Blick auf die weltweiten Flüchtlingszahlen, dass diese bis 2012 relativ konstant bei etwas unter 40 Millionen Menschen lagen. Ab 2013 gibt es dann tatsächlich eine starke Zunahme, die allerdings nicht nach 2016 abflaut, sondern im Gegenteil kontinuierlich zunimmt bis etwa 100 Millionen im Jahr 2020. Das Auf und Ab der Flüchtlingszahlen in Deutschland und der EU spiegelt also nicht die Entwicklung des Flüchtlingsleids in der Welt, sondern lediglich die Zahl der Menschen, die die europäischen Grenzen erreichen. Eine Flüchtlingspolitik, die sich nach der Not der Menschen richten würde, müsste eine kontinuierliche und nachhaltige Aufnahmeleistung erbringen. Stattdessen wird die europäische Flüchtlingspolitik von geographischen Zufälligkeiten und politischen Konjunkturen getrieben.

5. Die Erstaufnahmeländer werden im Stich gelassen

Nicht nur viele Flüchtlinge, auch die Länder, die die Allermeisten von ihnen aufnehmen, werden von der europäischen Flüchtlingspolitik weitgehend allein gelassen. Wie wir in Kapitel 2 sehen werden, hatte die Türkei seit dem Anfang des syrischen Bürgerkriegs im Jahr 2011 bereits Millionen von Flüchtlingen aufgenommen, ohne dass Europa größere Anstrengungen unternahm, das Land hierbei zu unterstützen. Erst als die Türkei und dann Griechenland die Flüchtlinge nach Westeuropa weiterziehen ließen, hatte Europa keine andere Wahl mehr, als einen Beitrag zu leisten. Davon profitierte aber fast ausschließlich die Türkei, da nur die Flüchtlinge, die dort eine erste Zuflucht gefunden hatten, Europa erreichen konnten und daraufhin auch nur die Türkei als Gegenleistung für das Eindämmen der Flüchtlingswanderung viele Milliarden Euro erhielt. Aus den erheblich stärker belasteten Erstaufnahmeländern Jordanien und Libanon wurden hingegen kaum Flüchtlinge aufgenommen, und diese Länder erhielten auch nicht ansatzweise die gleiche finanzielle Unterstützung wie die Türkei. Auch hier galt: Pech gehabt, wenn man nicht direkt an Europa grenzt und keinen Druck auf die europäischen Außengrenzen ausüben kann. Das gilt nicht nur für den Libanon und Jordanien, sondern für viele Erstaufnahmeländer, die oft zu den ärmsten Ländern der Welt gehören. In Uganda etwa lebten 2020 1,4 Millionen Flüchtlinge, vor allem aus dem Ostkongo, im Tschad fast eine halbe Million, vor allem aus Nigeria, in Bangladesch fast eine Million aus Myanmar.[15]

Viele Flüchtlinge in diesen Ländern werden in Lagern des Flüchtlingshilfswerks der Vereinten Nationen (UNHCR) betreut: 2020 galt dies für weltweit fast 21 Millionen Flüchtlinge in Erstaufnahmeländern und fast 49 Millionen Inlandsflüchtlinge.[16] Der UNHCR ist für seine Finanzierung auf freiwillige Beiträge von Geberländern angewiesen. Die Vereinigten Staaten sind das bei Weitem wichtigste Geberland mit einem Beitrag von 1,9 Milliarden US-Dollar im Jahr 2021.[17] An zweiter Stelle kommen die Europäische Union und ihre Mitgliedstaaten mit Deutschland als wichtigstem Geberland (knapp 500 000 US-Dollar 2021). Pro Kopf leisten Norwegen, Dänemark und Luxemburg die höchsten Beiträge. Gut 600 Millionen US-Dollar werden zusätzlich jährlich von privaten Geldgebern an den UNHCR gespendet. Insgesamt verfügt das Hilfswerk damit über ein Jahreseinkommen von ungefähr 4,7 Milliarden US-Dollar, womit es 70 Millionen Flüchtlinge versorgen und betreuen muss, was einem Betrag von etwa 64 Euro pro Jahr und Flüchtling entspricht. Der UNHCR ist damit für seine gewaltige Aufgabe drastisch unterfinanziert. Der Beitrag der EU und ihrer Mitgliedstaaten an den UNHCR entsprach in den Jahren 2018–2020 in etwa den 6 Milliarden Euro, die im Rahmen des EU-Türkei-Flüchtlingsdeals an die Türkei überwiesen wurden.

6. Überbelastung der Aufnahmekapazitäten und schwierige Integration

Die großen Schwankungen in der Zahl der Flüchtlinge, die Europa erreichen, machen die Flüchtlingspolitik zu einer kaum zu bewältigenden Herausforderung. Wenn wie in Deutschland die Flüchtlingszahlen innerhalb weniger Jahre um das Elffache zunehmen (wie zwischen 2012 und 2016), um dann wieder um das Siebenfache zu sinken (wie zwischen 2016 und 2020), ist es schwierig, eine verlässliche und effiziente Politik zu entwickeln. Wie viele Unterkunftsplätze, wie viele Asylentscheider, wie viele Asylrichter, welches Sprachkursangebot, wie viele Sachbearbeiter für die Integration in den Arbeitsmarkt, wie viele Wohnungen und Schulplätze soll man bereithalten? Asylpolitik ist deshalb immer Politik im Krisen- und Improvisationsmodus. Die Folge sind überlastete Verwaltungen und Asylgerichte, lange Wartezeiten bei Asylverfahren, die spät beginnen und sich in die Länge ziehen, und Asylsuchende, die zu lange auf Sprach- und Integrationsangebote warten und in überfüllten Unterkünften ausharren müssen.

Die Konzentration der Flüchtlingszahlen in bestimmten Zeiträumen überfordert die Kapazitäten der für die Integration zuständigen Institutionen. Wenn insgesamt 1,2 Millionen Flüchtlinge in einem Zeitraum von zehn Jahren in einer jährlich etwa gleich bleibenden Zahl aufgenommen würden, könnte das Angebot an Arbeitsstellen, Ausbildungsplätzen und Wohnungen mitwachsen und eine effiziente Integration gewährleistet werden. Wenn die gleiche Zahl allerdings in einem Zeitraum von etwa acht Monaten fast völlig unvorbereitet einwandert (wie es zwischen August 2015 und März 2016 in Deutschland der Fall war), sind Integrationsprobleme unvermeidlich. Diese treiben auch die Kosten der Integration in die Höhe. Je länger es dauert, bis Asylverfahren abgeschlossen sind, und je größer das Missverhältnis zwischen der plötzlich gestiegenen Nachfrage und dem nur begrenzt dehnbaren Angebot an Ausbildungsstellen und Arbeitsplätzen ist, desto länger werden Flüchtlinge von Sozialleistungen abhängig bleiben.

Die integrationspolitische Bilanz der sogenannten Flüchtlingskrise von 2015 sieht darum nicht einmal annähernd so gut aus, wie es viele Politiker und Wirtschaftsvertreter anfänglich prognostiziert hatten (siehe dazu Kapitel 3). Bis Ende 2021 hatte nur etwas mehr als ein Drittel der Flüchtlinge im arbeitsfähigen Alter einen Voll- oder Teilzeitjob, und nur 30 Prozent hatten einen Job, von dem sie sich ohne zusätzliche Sozialleistungen ernähren konnten. Ende 2020 waren von allen Personen aus den wichtigsten acht Asylherkunftsländern fast zwei Drittel (63 Prozent) auf staatliche Leistungen angewiesen. Das ist kein unvermeidlicher Preis, den Flüchtlinge und die aufnehmende Gesellschaft nun einmal für die humanitären Prinzipien des Asylrechts bezahlen müssen. Es ist in erheblichem Maß die Folge eines Asylregimes, das nicht über die Instrumente verfügt, um die Bedürfnisse der Schutzsuchenden mit den Kapazitäten der aufnehmenden Gesellschaften in Einklang zu bringen.

7. Bedrohung der inneren Sicherheit

Die starke Fluktuation der Flüchtlingszahlen unter dem herrschenden Asylsystem führt auch zu einem gefährlichen Kontrollverlust darüber, wer in die Europäische Union einreist, wie ich in den Kapiteln 4 und 5 zeigen werde. Während der Hochkonjunktur der Asylzuwanderung in den Jahren 2015 und 2016 war es kaum noch möglich – und wurde oft erst gar nicht mehr versucht –, die Identität der Einreisenden festzustellen und ihre Daten mit sicherheitsrelevanten Datenbanken abzugleichen. So konnten viele der Täter der größten Terroranschläge in den letzten Jahren unbemerkt nach Europa einreisen. Zur Überbelastung der Sicherheits- und Grenzschutzorgane durch die großen Zahlen kommt die Tatsache hinzu, dass das geltende europäische Asylrecht gerade Asylsuchende mit geringen Anerkennungschancen dazu einlädt, ihre Identitätsdokumente zu entsorgen bzw. diese den Behörden nicht zu übergeben. Schlepper weisen Flüchtlinge oft aktiv auf diese Strategie hin. Laut einer Auskunft des Bundesamtes für Migration und Flüchtlinge (BAMF) legten im ersten Halbjahr 2018 58 Prozent der Asylbewerber keine Identitätspapiere vor. Während die große Mehrheit der Flüchtlinge aus Ländern mit hohen Anerkennungschancen wie Syrien Identitätspapiere vorweisen konnte, reisten zum Beispiel 88 Prozent der Afghanen und nahezu alle Asylbewerber aus westafrikanischen Ländern ohne Identitätsdokumente ein.[18] Wer keine Dokumente vorlegt, kann eine andere Identität vortäuschen, die mehr Aussicht auf ein Bleiberecht bietet, zum Beispiel durch die Angabe eines anderen Herkunftslandes oder der Minderjährigkeit. Mit falschen Altersangaben entziehen sich Flüchtlinge, die straffällig werden, außerdem einer Bestrafung nach dem Erwachsenenstrafrecht. Auch wenn berechtigte Zweifel an den Angaben und der Fluchtgeschichte der Bewerber schließlich zu einer Ablehnung des Asylgesuches führen, können Personen ohne zweifelsfrei festgestellte Identität und ohne Reisepapiere nicht abgeschoben werden und erhalten deswegen oft einen Duldungsstatus. Das gilt auch für Straftäter.

Die Gruppe von abgelehnten Asylbewerbern, die nicht abgeschoben werden können, ist unter den Tätern von Gewaltdelikten stark überrepräsentiert, wie ich in Kapitel 5 zeigen werde. Darüber hinaus erhöhen die in die Länge gezogenen Asylverfahren und die schleppende Integration das Risiko, dass Flüchtlinge kriminell werden. Aus all diesen Gründen ist die sicherheitspolitische Bilanz der sogenannten Flüchtlingskrise eine traurige: Dutzende Terroranschläge mit insgesamt um die 250 Toten wurden seit 2015 in der EU von Tätern verübt, die entweder Asylbewerber waren oder sich – mit falschen oder fehlenden Dokumenten – als solche ausgegeben hatten. Asylbewerber sind außerdem in der «gewöhnlichen» Gewaltkriminalität stark überrepräsentiert. Bei schweren Gewaltdelikten wie Mord, Totschlag und Vergewaltigung treten sie sieben Mal häufiger als Täter in Erscheinung, als aufgrund ihres Bevölkerungsanteils zu erwarten wäre. Dabei spielt auch eine Rolle, dass die für Gewaltkriminalität anfälligste demographische Gruppe der jungen Männer unter den Flüchtlingen stark vertreten ist. Auch dies ist kein Naturereignis, sondern eine direkte Folge des herrschenden Asylsystems.

Die Zahl der Opfer von Flüchtlingskriminalität ist nicht gering. In Deutschland wurden zwischen 2017 und 2020 rund 300 Menschen Opfer eines vollendeten und über 1600 eines versuchten Tötungsdelikts, bei dem die Täter Flüchtlinge waren. In nicht wenigen Fällen waren ihre Opfer andere Flüchtlinge. Über 3000 Frauen fielen im gleichen Zeitraum einer Vergewaltigung durch einen oder mehrere Flüchtlinge zum Opfer, die meisten von ihnen waren deutsche Staatsangehörige. Hunderte Tote durch Terror und Gewaltkriminalität und Tausende Vergewaltigungsopfer – auch sie gehören zur Bilanz einer verfehlten Flüchtlingspolitik, die nicht nur ihre humanitären Ziele verfehlt, sondern auch die Sicherheit der ansässigen Bevölkerung (sowie die anderer Flüchtlinge) in einem nicht hinnehmbaren Maß gefährdet.

8. Stärkung des Rechtspopulismus

Bis 2017 war Deutschland, was rechtspopulistische Parteien anbelangt, eine Ausnahme. In allen westeuropäischen Nachbarländern – in Österreich, der Schweiz, Frankreich, Belgien, den Niederlanden, Dänemark – wie auch in Italien, Schweden und Norwegen waren rechtspopulistische bis offen rechtsextreme Parteien bereits seit den späten 1980er-Jahren in nationale Parlamente eingezogen. In Deutschland schafften es die Republikaner und die Deutsche Volksunion während der großen Flüchtlingswelle Anfang der 1990er-Jahre in einige Länderparlamente. Mit der von CDU/CSU, FDP und SPD 1993 verabschiedeten Einschränkung des Asylgrundrechtsartikels 16a und dem darauf folgenden starken Absinken der Asylbewerberzahlen verschwanden sie aber schon bald wieder von der politischen Bühne.[19]

Erst Anfang 2013 meldete sich ein neuer rechtspopulistischer Herausforderer, die Alternative für Deutschland (AfD), die sich unter der Leitung des Wirtschaftsprofessors Bernd Lucke anfänglich vor allem gegen die gemeinsame europäische Währung Euro und gegen die milliardenschweren Rettungspakete für die in Zahlungsprobleme geratenen südeuropäischen Länder richtete. Bei der Bundestagswahl im September 2013 erzielte die neue Partei fast aus dem Stand 4,7 Prozent der Zweitstimmen und scheiterte nur knapp an der Fünf-Prozent-Hürde. 2014 zog die Alternative für Deutschland mit 10 bis 12 Prozent der Stimmen in drei ostdeutsche Landesparlamente ein. 2015 spitzte sich der innerparteiliche Streit zwischen der eurokritischen, wirtschaftsliberalen Fraktion um Bernd Lucke und einem vor allem durch die Ablehnung von Zuwanderung geeinten Teil um Frauke Petry und Alexander Gauland zu. Als die Gruppe um Bernd Lucke sich nicht durchsetzen konnte, traten Anfang Juli 2015 Lucke selbst, mehrere andere Parteiprominente sowie etwa 20 Prozent der Parteimitglieder aus. Sie gründeten eine neue Partei, ALFA (Allianz für Fortschritt und Aufbruch),

Grafik 1.2: Umfrageergebnisse für die AfD in der FORSA-Sonntagsfrage von April 2013 bis April 2022

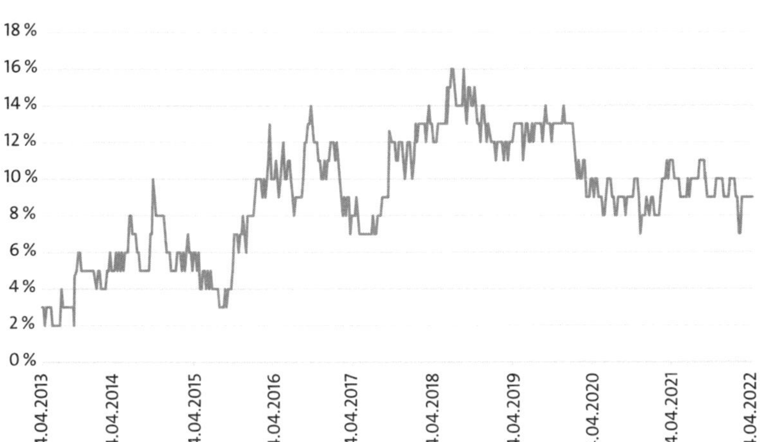

die erfolglos blieb. Aber auch die Rest-AfD verlor zunächst die Gunst der Wähler. Während die Partei von Anfang 2014 bis zum Frühling 2015 bei der wöchentlichen «Sonntagsfrage» des Meinungsforschungsinstituts FORSA ständig 5 Prozent oder mehr der Wähler auf sich vereinigen konnte – mit Ausreißern bis zu 10 Prozent (siehe Grafik 1.2) – und es im Mai 2015 noch mit etwas über 5 Prozent der Wählerstimmen in die Bürgerschaften von Bremen und Hamburg schaffte, stürzte sie nach dem Austritt der Gruppe um Lucke in den Umfragen im Juli und August 2015 auf 3 Prozent ab. Ein Ende der AfD schien nahe, als ihr der starke Zustrom von Flüchtlingen zu Hilfe kam. «Man kann diese Krise ein Geschenk für uns nennen», sagte Alexander Gauland in einem Interview mit dem *Spiegel*: «Natürlich verdanken wir unseren Wiederaufstieg in erster Linie der Flüchtlingskrise.»[20]

Bis Anfang Oktober 2015 hatte sich die AfD in den Umfragen bereits wieder auf das Niveau von vor dem Austritt Luckes erholt, nach den Sexualübergriffen durch Flüchtlinge in der Kölner Silvesternacht kletterte sie in der Wählergunst auf über 10 Prozent. Im Laufe des Jahres 2016 zog sie in die Landesparlamente von Baden-

Württemberg (15 Prozent), Rheinland-Pfalz (13 Prozent), Sachsen-Anhalt (24 Prozent), Berlin (14 Prozent) und Mecklenburg-Vorpommern (21 Prozent) ein. Bei der Bundestagswahl im September 2017 war es dann endgültig vorbei mit dem deutschen Sonderfall in Sachen Rechtspopulismus: Mit 12,6 Prozent der Zweitstimmen zog die AfD in den Bundestag ein und ist dort trotz weiterer interner Querelen und eines immer stärkeren rechtsextremen Profils bis zum heutigen Tag vertreten.

Dass es das Thema «Flüchtlingskrise» war, das der AfD diesen Erfolg ermöglichte, ist nicht nur die Ansicht der AfD selbst, sondern auch durch Studien gut belegt. Die Mainzer Politikwissenschaftler Kai Arzheimer und Carl Berning zeigten zum Beispiel, dass bei der Bundestagswahl 2013 die Stimmabgabe für die AfD noch nicht wesentlich mit zuwanderungskritischen Haltungen zusammenhing, dieses Thema aber 2017 das entscheidende Motiv geworden war, die AfD zu wählen. Auch der Auftritt der Partei in den sozialen Medien zeigt eine deutliche Verschiebung von den Themen «Euro» und «Griechenland» hin zu «Zuwanderung», das ab dem Sommer 2015 sprunghaft zum neuen erfolgreichen Spitzenthema der Partei wurde.[21] Die Mannheimer Politikwissenschaftler Christian Stecker und Marc Debus zeigten für Bayern, dass die Ansiedlung von Flüchtlingsunterkünften vor allem in ländlichen Gegenden mit wenig Zuwanderungserfahrung der AfD bei der Bundestagswahl 2017 große Stimmengewinne brachte.[22] Auf das Phänomen, dass die plötzliche Zuwanderung von größeren Flüchtlingsgruppen gerade in Gebieten mit wenig Erfahrung mit Menschen aus anderen Kulturkreisen zu Problemen führt, werden wir in den kommenden Kapiteln noch einige Male zurückkommen.

Die politische Entwicklung in Deutschland ist kein Sonderfall. Überall in Europa konnten rechtspopulistische Parteien von der sprunghaft gestiegenen Asylzuwanderung profitieren. Grafik 1.3 zeigt dies für eine Reihe europäischer Länder mittels eines Vergleichs des Stimmenanteils rechtspopulistischer Parteien bei den letzten nationalen Wahlen vor 2015 mit der ersten Wahl nach 2015.

In Österreich verbesserte sich die Freiheitliche Partei Österreichs von 20,5 Prozent im Jahr 2013 auf 26,0 Prozent im Jahr 2017.[23] In der Schweiz steigerte sich die Schweizerische Volkspartei von 26,6 Prozent 2011 auf 29,4 Prozent im Dezember 2015. In den Niederlanden konnte sich die Partei für die Freiheit (PVV) von 10 Prozent 2012 auf 13 Prozent 2017 steigern, während zugleich noch eine zweite rechtspopulistische Partei, das Forum für Demokratie (FvD), mit 2 Prozent in das Parlament einzog. In Belgien war das Vlaams Belang (früher: Vlaams Blok) 2014 stark zurückgefallen (3,7 Prozent), konnte aber 2019 mit 12 Prozent an alte Erfolge anknüpfen. Marine Le Pen vom Rassemblement National (RN) schaffte es bei ihrer ersten Teilnahme an den französischen Präsidentschaftswahlen 2012 auf 17,9 Prozent der Stimmen, konnte aber 2017 auf 21,3 Prozent zulegen und damit als Zweitplatzierte in die Stichwahl ziehen, in der sie 33,9 Prozent der Stimmen bekam. In Dänemark verbesserte sich die Dänische Volkspartei (DF) von 12 Prozent 2011 auf 21 Prozent im Juni 2015, während die Schwedendemokraten sich von 13 Prozent (2014) auf 18 Prozent (2018) der Stimmen verbesserten. Die polnische Partei PiS von Jarosław Kaczyński hatte bereits 2011 30 Prozent der Stimmen auf sich vereinigt, konnte im Oktober 2015 auf 38 Prozent zulegen und wurde damit die führende Kraft in der polnischen Regierung. Zugleich zog eine zweite rechtspopulistische Partei, Kukiz'15, mit 9 Prozent der Stimmen ins polnische Parlament ein. Auch Viktor Orbáns Wahlbündnis Fidesz-KDNP, das schon seit 2010 die ungarische Regierung stellt, konnte sich von 45 Prozent 2014 auf 49 Prozent 2018 verbessern. In Italien schließlich musste die Lega Nord durch einen Finanzskandal und den Rücktritt des langjährigen Parteiführers Umberto Bossi 2013 schwere Verluste hinnehmen und schaffte es nur noch auf 4 Prozent der Stimmen. 2018 konnte sie aber mit 17 Prozent mehr Stimmen auf sich vereinigen als je zuvor. Ihr neuer Spitzenkandidat, Matteo Salvini, wurde daraufhin Innenminister. Auch die rechtspopulistische Partei Fratelli d'Italia (Verbesserung von 2 auf 4 Prozent) und die schwerer politisch einzuordnende,

Grafik 1.3: Wahlergebnisse rechtspopulistischer Parteien in Europa vor und nach der Flüchtlingskrise

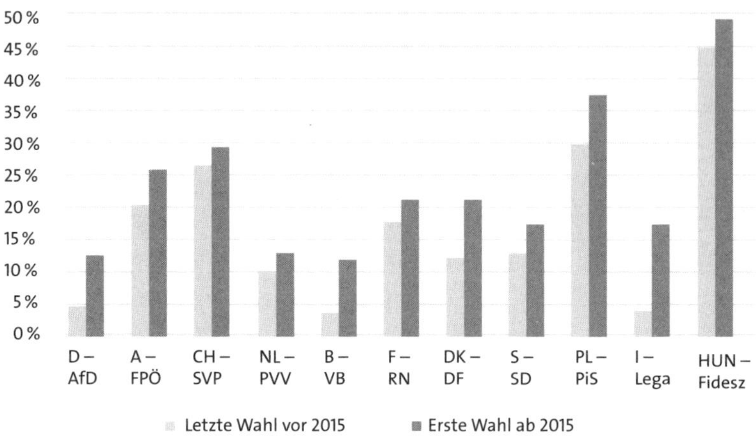

aber ebenfalls einwanderungskritische populistische Fünf-Sterne-Bewegung (Verbesserung von 26 auf 33 Prozent) konnte 2018 zulegen.

9. Ein europapolitischer Spaltpilz

Dadurch, dass das europäische Asylrecht einerseits auf dem Prinzip beruht, dass Schutz nur bekommt, wer die Grenzen der EU erreicht, und andererseits die Wahl des Ziellandes für die meisten Asylsuchenden ganz oder teilweise durch wirtschaftliche Motive bestimmt wird, ergeben sich stark divergierende Interessen zwischen drei Gruppen von EU-Mitgliedstaaten.

Die erste Gruppe bilden die Länder, die an den Grenzen zwischen der EU und den Armuts- und Bürgerkriegszonen Afrikas und des Nahen Ostens liegen. Viele Asylsuchende versuchen zunächst, Spanien, Italien und Griechenland zu erreichen, zeitweilig auch Ungarn als erstes EU-Land auf der Balkanroute. In der sogenannten Dublin-III-Verordnung hat die EU festgelegt, dass ein

Asylbewerber in dem Land seinen Antrag stellen muss, in dem er das Gebiet der EU erstmals betreten hat. Nur wenige Asylsuchende wollen aber in diesen Ländern bleiben. Die meisten machen sich so schnell wie möglich auf den Weg in die Wohlfahrtsstaaten West- und Nordeuropas, nicht unbedingt deshalb, weil diese Länder so viel reicher wären – vor allem nicht im Vergleich zu Spanien und Italien –, sondern weil sie eine großzügigere soziale Absicherung, bessere Gesundheits- und Bildungssysteme und günstigere Arbeitsmarktchancen bieten, zumindest in der Wahrnehmung vieler Flüchtlinge.

Zur Gruppe der wichtigsten Zielländer, in denen die meisten Flüchtlinge ihren Antrag stellen wollen, gehören Deutschland, Österreich und die Schweiz, die Niederlande, die skandinavischen Länder und, mit Abstrichen, Frankreich und Großbritannien. Während die südeuropäischen Länder an der EU-Außengrenze ein Interesse daran haben, die Flüchtlinge so schnell und unauffällig wie möglich zu ihren Wunschländern weiterreisen zu lassen, haben diese Zielländer ein Interesse daran, dass die südeuropäischen Länder ihre Grenzen bewachen und die Flüchtlinge nicht weiterziehen lassen.

Schließlich gibt es eine große – vor allem osteuropäische – dritte Gruppe von Mitgliedstaaten, die weder an einer Außengrenze mit großem Migrationsdruck liegen noch von Flüchtlingen als attraktives Zielland angesehen werden. Sie haben an der Flüchtlingspolitik eigentlich überhaupt kein Interesse. Letzteres ist aber nicht im Sinne der beliebtesten Zielländer der Flüchtlinge, die, Deutschland voran, darauf beharren, dass auch die nicht betroffenen Mitgliedstaaten ihren «fairen» Beitrag bei der Lastenverteilung leisten sollten.

Spannungen ergeben sich auch durch unterschiedliche demographische und sozioökonomische Interessen. Während manche Länder – Deutschland ist das deutlichste Beispiel – mit Arbeitskräftemangel und einer alternden und ohne Zuwanderung tendenziell schrumpfenden Bevölkerung zu kämpfen haben, sind andere –

wie etwa Polen – Auswanderungsländer, wo Teile der eigenen Bevölkerung auf der Suche nach Arbeit gen Westen gegangen sind. Auch aus den südeuropäischen Ländern zogen im letzten Jahrzehnt nicht wenige Menschen angesichts hoher Arbeitslosigkeit und kriselnder Wirtschaft nordwärts. Warum sollten diese Länder ein Interesse daran haben, Flüchtlinge aufzunehmen, vor allem solche, die – so die nicht ganz falsche Wahrnehmung in Bezug auf die Lage im Jahr 2015 – von der deutschen Bundeskanzlerin eingeladen und von begeisterten Menschenmengen an deutschen Bahnhöfen willkommen geheißen wurden?

Während daher ein gemeinsames flüchtlingspolitisches Interesse der Mitgliedstaaten fehlt, haben Entscheidungen einzelner Länder große Auswirkungen auf andere Mitgliedstaaten und auf die EU als Ganzes. Als Griechenland im Laufe des Jahres 2015 entschied, die dort angekommenen Flüchtlinge weiterziehen zu lassen und sie dabei sogar aktiv zu unterstützen, spürte das vor allem Ungarn unmittelbar und wurde im zweiten Jahr in Folge zum EU-Land mit der höchsten Zahl an Asylanträgen pro Kopf der Bevölkerung. Die Öffnung der Grenzen Anfang September 2015 durch Österreich und Deutschland, medial begleitet von Bildern der «Willkommenskultur», entfaltete eine Sogwirkung, die Hunderttausende Richtung Deutschland und andere nordwesteuropäische Länder aufbrechen ließ. Der nahezu vollständige Kontrollverlust darüber, wer in die EU einreiste, wurde auch von Terroristen genutzt, deren erste Ziele nicht Deutschland, sondern Paris und Brüssel waren. Nicht viel später wurde Deutschland selbst Opfer des tödlichsten Terroranschlags in seiner Geschichte, verübt durch einen aus Italien weitergereisten Asylbewerber.

Im sogenannten Schengen-Raum, in dem 26 europäische Länder mit dem Abkommen von Schengen die Kontrollen an ihren gemeinsamen Grenzen abgeschafft haben, kann niemand Flüchtlinge, die einmal in ein Schengenland eingereist sind, daran hindern, in andere Schengenländer weiterzuziehen – sofern man nicht wieder Grenzkontrollen einführt. Mit der Aufenthaltserlaubnis eines EU-Landes kann man auch außerhalb des Schengen-Raums innerhalb der EU frei reisen und unter bestimmten Voraussetzungen in anderen EU-Ländern eine Arbeit aufnehmen. Wird man in einem EU-Land als Flüchtling eingebürgert oder heiratet man einen EU-Bürger, kann man sich im Rahmen der Personenfreizügigkeit in jedem anderen EU-Land niederlassen und dort eine Arbeit aufnehmen. Diese Errungenschaften des europäischen Einigungsprozesses erhöhen nicht nur die Attraktivität der EU für Zuwanderer, sondern haben auch zur Folge, dass die Migrationspolitik sowie das Ausländer- und Einbürgerungsrecht eines EU-Landes unmittelbare Auswirkungen auf andere Mitgliedstaaten haben.

Diese Interdependenzen und unterschiedlichen Interessen sind es, die die Migrationspolitik im Allgemeinen und die Flüchtlingspolitik im Besonderen grundsätzlich zu schier unlösbaren Streitthemen innerhalb der EU machen. Unter dem geballten Zuwanderungsdruck im Jahr 2015 drohte die EU zeitweilig an diesen Konfliktlinien zu zerreißen, und in einem Fall – Großbritannien – kam es tatsächlich zu einem unumkehrbaren Bruch. Einen harten Konflikt gibt es nach wie vor zwischen den westeuropäischen Ländern, angeführt von Deutschland, die seit 2015 unablässig auf einer «fairen Lastenverteilung» beharren, und den meisten osteuropäischen Ländern, die eine Aufnahme von Flüchtlingen ebenso entschieden ablehnen. Als die Flüchtlingszahlen im Herbst 2015 in die Höhe schossen, entwickelte sich zusätzlich ein Konkurrenzkampf zwischen einer von der deutschen Bundeskanzlerin angeführten Koalition, die auf einen Deal mit der Türkei hinarbeitete, und einer Gruppe von osteuropäischen und Balkanstaaten, angeführt von Österreich, die die Schließung der Balkanroute forderten. Beide Seiten beschuldigten sich gegenseitig, europäische Werte zu verletzen und unsolidarisch zu sein, und beide reklamierten am Ende, dass es ihr Erfolg war, dass Europa den Zustrom von Migranten bremsen konnte.

Der eine Fall, wo die EU an der Flüchtlingskrise tatsächlich zerbrach, war Großbritannien. Gewiss war die gestiegene Flüchtlingszuwanderung nicht der Auslöser für das Brexit-Referendum am 23. Juni 2016. Bereits 2013 hatte Premierminister David Cameron angekündigt, dass er Neuverhandlungen über die britische Position anstrebe und auf dieser Basis spätestens 2017 ein Referendum über den Verbleib Großbritanniens in der EU abhalten würde. Das Thema Zuwanderung spielte von Anfang an eine wichtige Rolle in den Verhandlungen, obwohl es dabei in erster Linie um Einschränkungen der Freizügigkeitsrechte (insbesondere Ansprüche auf Kindergeld und Sozialleistungen) von Zuwanderern aus anderen EU-Mitgliedstaaten ging. Obwohl dazu sowie zu einigen anderen Fragen im Februar 2016 eine Kompromisslösung mit der EU erreicht wurde, blieb Zuwanderung das beherrschende Thema der Kampagne, wobei sich die Frage der EU-Zuwanderung immer stärker mit der Flüchtlingszuwanderung vermischte.[24] Bereits im Dezember 2015, noch bevor das Datum für das Referendum feststand, gaben 45 Prozent der Briten an, dass sie durch die «Flüchtlingskrise» eher dazu geneigt seien, für das Verlassen der EU zu votieren, während 32 Prozent angaben, dass dies auf ihre Position keinen Einfluss hätte, und weitere 10 Prozent, dass sie vor diesem Hintergrund eher für einen Verbleib in der EU stimmen würden.[25] Analysen der Wahl zeigen, dass die Ablehnung von mehr Zuwanderung das wichtigste Motiv der Brexit-Befürworter war und dass sie besonders stark in Orten vertreten waren, wo in den vorangegangenen zehn Jahren die Zunahme der Zahl der Zuwanderer – und nicht so sehr ihr absoluter Bevölkerungsanteil – am höchsten war.[26]

Während der Kampagne für das Referendum wurde das Thema «Migration» in Umfragen regelmäßig als wichtigstes politisches Thema genannt. Die UK Independence Party, eine der tragenden Kräfte hinter der Leave-Kampagne, warb mit einem Plakat mit der Aufschrift «Breaking Point», auf dem ein Flüchtlingstreck an der slowenisch-kroatischen Grenze abgebildet war. Auch der Deal zwischen der EU und der Türkei, der im März 2016 geschlossen wurde und den die britische Regierung im Europäischen Rat mitgetragen hatte, wurde den Befürwortern eines Verbleibs zum Verhängnis. Im Tausch für die Zusage der Türkei, gegen die Schlepper vorzugehen und abgelehnte Asylbewerber wieder aufzunehmen, hatten Angela Merkel und die EU-Kommission eine Wiederbelebung der Verhandlungen über den türkischen EU-Beitritt und visafreies Reisen für türkische Staatsangehörige in die EU versprochen. Michael Gove, als Justizminister das prominenteste britische Kabinettsmitglied, das sich für den Brexit ausgesprochen hatte, griff das Thema auf: «Mit der Terrorgefahr, der wir uns bereits ausgesetzt sehen, ist es schwer zu sehen, wie es in unseren Sicherheitsinteressen sein könnte, 77 Millionen türkischen Staatsangehörigen die Möglichkeit des visafreien Reisens zu eröffnen und eine grenzenlose Zone vom Irak, Iran und Syrien bis zum Ärmelkanal zu schaffen.»[27] Das Argument wurde auch auf einem Poster der Leave-Kampagne mit der Überschrift «Britain's new border is with Syria and Iraq» aufgegriffen.[28] Eine zukünftige türkische EU-Mitgliedschaft, so die Leave-Kampagne, werde im Rahmen der EU-Freizügigkeit zu einer neuen, nicht von Großbritannien kontrollierbaren Zuwanderungswelle führen, womit eine direkte Brücke zur Migration aus Polen und anderen osteuropäischen neuen Mitgliedstaaten geschlagen wurde, die tatsächlich zu einer erheblichen Zunahme der Zuwanderung in den Jahren vor dem Brexit-Referendum geführt hatte.

Dass aus dem visafreien Reisen für Türken und dem Voranschreiten des türkischen Beitrittsprozesses nichts wurde, konnten die britischen Wähler im Juni 2016 nicht wissen – versprochen hatte die EU es allemal. Dass die Leave-Kampagne kaum zwischen der Migration im Rahmen der EU-Freizügigkeit und der Flüchtlingsmigration – die Großbritannien de facto viel weniger berührte – differenzierte, stimmt, aber wirksam war die Botschaft dennoch. Durch das Zusammenfallen des Brexit-Referendums mit der größten Zuwanderungswelle der europäischen Nachkriegsgeschichte, mit den Bildern von Zehntausenden von Menschen, die unkontrolliert durch ein grenzenloses Europa zogen, mit Terroranschlägen, verübt von angeblichen Asylbewerbern, die über die Türkei mit falschen Papieren eingereist waren, und mit einer EU, die nur durch das Versprechen von visafreiem Reisen und der Wiederbelebung von Beitrittsverhandlungen mit der Türkei die Kontrolle zurückgewinnen konnte, war die Flüchtlingskrise für die Leave-Kampagne genauso ein Geschenk wie für die AfD und viele andere rechtspopulistische Parteien in Europa. Die EU zahlte einen hohen Preis für das Fehlen einer kontrollierten und vorausschauenden Flüchtlingspolitik.

10. Erpressbarkeit durch Autokraten

Am 23. Mai 2021 wurde ein Ryanair-Flugzeug auf dem Weg von Griechenland nach Litauen zu einer Zwischenlandung in der belarussischen Hauptstadt Minsk gezwungen. Dort wurden zwei der Passagiere, der regierungskritische belarussische Blogger Roman Protassewitsch und seine Freundin Sofia Sapega, festgenommen. Die EU reagierte mit einer Verschärfung der Sanktionen gegen das belarussische Regime, die sie bereits wegen der Fälschung der Wahlergebnisse vom August 2020, der Inhaftierung von Oppositionspolitikern sowie massiver Gewalt gegen friedliche Demonstranten verhängt hatte. Die Antwort aus Minsk ließ nicht lange auf sich warten: «Bis jetzt haben wir Migranten und Drogen gestoppt. Jetzt werdet Ihr selbst die Drogen fressen und die Migranten einfangen», so der belarussische Diktator Lukaschenko am 26. Mai. Tatsächlich versammelten sich bereits im Juni Hunderte Migranten an der Grenze zwischen Belarus und Litauen. Nach Belarus eingereist waren die meisten von ihnen über (nicht ganz billige) Reiseangebote des belarussischen Staatsreisebüros, getarnt etwa als Jagdreisen, für die Ausnahmen von den COVID-Reiserestriktionen galten. Zugleich war die Zahl der wöchentlichen Flüge von Bagdad nach Minsk verdoppelt worden. Sobald die Reisenden in Belarus angekommen waren, organisierten die belarussischen Behörden die Weiterreise bis zur EU-Grenze. Nachdem Litauen seine Grenze schon bald abgeriegelt hatte, verschob sich der Schwerpunkt auf die polnische Grenze, wo bis November an die 20 000 Migranten unter zunehmend schwierigen winterlichen Witterungsverhältnissen versuchten, die polnische Grenze zu überqueren. Neben dem Weg über den Irak war nun auch Istanbul zu einer wichtigen Drehscheibe auf der Reise nach Belarus geworden. Die größte Gruppe der Flüchtlinge stellten irakische Kurden, aber auch Afghanen, Syrer und Jemeniten waren unter ihnen. Einen Weg zurück gab es für sie nicht, da die belarussischen Sicherheitskräfte nicht zuließen, dass sie nach Minsk zurückkehrten.

Das Ziel von Lukaschenkos Erpressungsversuch war offensichtlich: eine Lockerung der Sanktionen. Der russische Außenminister Sergej Lawrow fügte hinzu, dass die EU Belarus auch finanziell bei der Aufnahme der Flüchtlinge unterstützen solle. Das habe man schließlich seit 2016 auch mit der Türkei so gemacht: «Diese Menschen wollen ja nicht in Belarus oder in der Türkei bleiben, sie wollen nach Europa, das seinen Lebensstil über Jahre angepriesen hat. Man sollte für seine eigenen Handlungen einstehen.» Und zwar, so der bekanntlich immer um Rechtsstaatlichkeit bemühte Außenminister, «im vollen Respekt für die Prinzipien des internationalen Rechts».[29]

Tatsächlich hatte Recep Tayyip Erdoğan Lukaschenko vorgemacht, wie man Flüchtlinge benutzen kann, um von der EU freie Hand für Menschen- und Völkerrechtsverletzungen wie die Inhaftierung von Journalisten, Wissenschaftlern und Oppositionspolitikern oder den militärischen Einmarsch in das Nachbarland Syrien zu bekommen. Um den 2016 geschlossenen Flüchtlingsdeal mit der Türkei nicht zu gefährden, waren die Abschaffung der Demokratie in der Türkei und die Besetzung von Teilen Syriens ohne jede Konsequenz geblieben. Die Türkei blieb EU-Beitrittskandidat und von Sanktionen verschont. Nach dem Tod von 33 türkischen Soldaten bei einem Bombardement der syrischen Provinz Idlib durch Assads Luftwaffe im Februar 2020 forderte die Türkei von EU und NATO Unterstützung für die Durchsetzung eines Flugverbots über einer von der Türkei kontrollierten «sicheren Zone» in Syrien. Zugleich kündigte sie an, Flüchtlinge nicht länger davon abhalten zu wollen, über die griechische Grenze in die EU einzureisen.

Schon bald darauf drängten Tausende Flüchtlinge – längst nicht alle von ihnen Syrer – an die griechische Grenze. Sie waren mit Bussen dorthin transportiert worden, die von den türkischen Behörden bereitgestellt wurden. Anders als 2015, als die linkspopulistische Regierung Tsipras den Flüchtlingen keine Hindernisse in den Weg gelegt und sie sogar zur nordmazedonischen Grenze gebracht hatte, hinderte Griechenland diesmal die Flüchtlinge daran, die Grenze zu überschreiten – teils unter Einsatz von Tränengas. Einige der Flüchtlinge warfen Steine auf griechische Grenzbeamte. Der Bundesnachrichtendienst verfügte laut dem Nachrichtenmagazin *Der Spiegel* über Hinweise, dass sich türkische staatliche Kräfte unter die Flüchtlinge gemischt hätten, die die Ausschreitungen bewusst provozierten, um so medienwirksame Bilder von einem hässlichen Europa zu produzieren.[30] Erdoğan beschuldigte die Griechen daraufhin, Nazi-Methoden anzuwenden: «Zwischen dem, was die Nazis gemacht haben, und diesen Bildern an der griechischen Grenze besteht gar kein Unterschied … Was sie in den Nazi-Lagern gemacht haben, machen auch die Griechen im Namen des Westens, geradezu als bezahlte Beamte des Westens. Und sie töten auch. Das sind bezahlte Legionäre des Westens.»[31]

Nach einer Videokonferenz mit den Regierungschefs verschiedener europäischer Länder schloss Erdoğan die Grenze drei Wochen nach der Öffnung wieder und ließ die Flüchtlinge zurück nach Istanbul bringen – die Bauern in seinem Schachspiel hatten ihren Zweck erfüllt. Bundeskanzlerin Merkel kündigte an, die EU werde die Gelder für die Versorgung von Flüchtlingen in der Türkei aufstocken. Auch dürfe man die Gespräche über eine Ausweitung der Zollunion zwischen der EU und der Türkei «nicht aus den Augen verlieren». Erdoğan und Putin beschlossen unterdessen einen Waffenstillstand in Idlib.

Lukaschenkos Versuch, es Erdoğan nachzutun, verlief am Ende weniger erfolgreich. Wie zuvor Litauen hielt Polen die Grenze dicht und verhinderte, dass die Flüchtlinge einen Asylantrag in der EU stellen konnten. Ob das Zurückschicken oder Zurückhalten von Migranten, die die Absicht haben, einen Asylantrag zu stellen – sogenannte Pushbacks – nach geltendem europäischen Recht zulässig ist, ist zweifelhaft. Dennoch erhielt Polen breite Unterstützung aus der EU, auch aus Deutschland. Laut EU-Kommissionpräsidentin Ursula von der Leyen handelte es sich um «einen hybriden Angriff eines autoritären Regimes». EU-Ratspräsident Charles Michel schlug sogar vor, dass die EU die Errichtung von Grenzsperranlagen – sprich: einer Mauer – an der polnischen Ostgrenze mitfinanzieren könne. Deutschlands Außenminister Heiko Maas betonte, die EU müsse zeigen, dass sie nicht erpressbar sei: «Wir müssen den Menschen auch deutlich machen …, dass sie sich unter Vorspiegelung falscher Tatsachen nicht zu einem Instrument der Politik von Lukaschenko machen lassen dürfen. Deshalb ist es wichtig, dass die Menschen wieder dorthin zurückkehren, wo sie hergekommen sind.»

Es folgten Sanktionen der EU gegen Fluglinien, die Flüchtlinge nach Belarus transportiert hatten. Die Türkei kündigte daraufhin an, Bürger verschiedener arabischer Staaten nicht mehr von Istanbul nach Belarus fliegen zu lassen. Die syrische Fluggesellschaft Cham Wings stellte ihre Flüge nach Minsk ganz ein. Irak hatte die Flüge von Bagdad nach Minsk schon zuvor eingestellt und fing nun an, seine Staatsbürger aus Belarus zu repatriieren. So entspannte sich die Lage ab Mitte November 2021 wieder. Nur sehr wenige Flüchtlinge hatten es bis dahin über die Grenze geschafft; mindestens sechzehn von ihnen waren beim Versuch, die EU zu erreichen, gestorben.[32]

Zeitweise hatte die Lage an der polnisch-belarussischen Grenze zu großen diplomatischen und militärischen Spannungen geführt. Nachdem Polen zur Grenzsicherung 15 000 Soldaten in die belarussische Grenzregion beordert hatte, schickte Russland zwei atomwaffenfähige Kampfflugzeuge in die Region, angeblich um den belarussischen Luftraum zu schützen. Außerdem starteten Russland und Belarus gemeinsame militärische Manöver in der polnischen Grenzregion. Lukaschenko drohte mit der Sperrung der durch Belarus in die EU verlaufenden Gasleitungen, woraufhin Putin die Hoffnung aussprach, Belarus werde das nicht tun, und versicherte, Russland werde seinen Lieferverpflichtungen nachkommen. Die von Gazprom betriebenen Gasspeicher in Deutschland waren allerdings zu Winterbeginn nicht gefüllt.[33] Angela Merkel und Emmanuel Macron telefonierten mehrfach mit Putin, um ihn dazu zu bewegen, seinen Einfluss auf Lukaschenko geltend zu machen.[34]

Im Nachhinein ist es schwer, diese Ereignisse nicht als ein Vorspiel des nur gut drei Monate später begonnenen russischen Einmarsches in die Ukraine zu verstehen. Einige Politiker wie der polnische Ministerpräsident Mateusz Morawiecki warnten schon damals, Lukaschenko und Putin verfolgten «offensichtlich eine Strategie, um den Westen zu verunsichern, zu destabilisieren. Was sie noch alles planen, wissen wir nicht.» Möglich sei auch, so Morawiecki, «dass die Krise an der Grenze nur ablenken soll von neuen militärischen Angriffen, die Putin in der Ukraine vorbereitet». Ob es nun eine geplante Strategie war oder nicht, ein neuer großer Flüchtlingszustrom wie 2015 hätte die EU mit Sicherheit destabilisiert, hätte erneut zu Streit zwischen den Mitgliedstaaten geführt und wäre erneut Wasser auf die Mühlen russlandfreundlicher Populisten gewesen. Es hätte mit großer Wahrscheinlichkeit eine einheitliche Reaktion auf den russischen Einmarsch in die Ukraine erschwert, die Aufnahmekapazitäten für Flüchtlinge aus der Ukraine begrenzt und die Bereitschaft, sie aufzunehmen, geschmälert.

Dass Autokraten wie Erdoğan und Putin die EU mit der Möglichkeit eines erneuten starken Flüchtlingszustroms erpressen können, ist im Kern des europäischen Flüchtlingsregimes begründet: in der Tatsache nämlich, dass erstens Asyl nur beantragen kann, wer es schafft, eine europäische Grenze zu überqueren, und zweitens, dass (fast) jeder, der dies schafft, auch bleiben kann. Das eröffnet nicht nur ein Traumgeschäft für Schlepper, sondern auch für Autokraten, die nur dafür sorgen müssen, dass Flüchtlinge es an die europäischen Grenzen schaffen, um damit Druck auf die EU auszuüben. Teils geht es ihnen um Geld – das wäre noch zu verkraften –, aber mehr noch darum, das Schweigen der EU zu ihren Menschenrechtsverletzungen oder ihren ausländischen Militärabenteuern zu erzwingen. Teils steckt auch mehr dahinter, wie im Fall der belarussischen Flüchtlingskrise von 2021 zu vermuten ist: eine hybride Kriegsführung mit dem Ziel, die EU und die NATO zu destabilisieren und Zwietracht zu säen.[35] Das herrschende Flüchtlingsregime lädt zu solchen Strategien geradezu ein, stärkt damit die Position von Autokraten an den europäischen Außengrenzen und ist so zunehmend zu einem Sicherheitsrisiko für Europa geworden.

Kapitel 2

Die politische Genese der Flüchtlingskrise

Der kurze Arabische Frühling

Die Migration und Flucht von rund zwei Millionen Menschen aus Asien und Afrika in die Europäische Union vom Herbst 2015 bis zum Frühjahr 2016 ist als «Flüchtlingskrise» bekannt geworden. Ihre Geschichte beginnt am 17. Dezember 2010 in der tunesischen Kleinstadt Sidi Bouzid. Aus Protest gegen wiederholte Demütigungen und Misshandlungen durch die lokalen Behörden und die Polizei zündete sich der sechsundzwanzigjährige Gemüsehändler Mohamed Bouazizi auf offener Straße an, kam ins Krankenhaus und verstarb dort am 4. Januar 2011 an den Folgen seiner schweren Verbrennungen. Die Tat löste eine gewaltige Protestwelle in Tunesien aus, die zehn Tage nach Bouazizis Tod zum Sturz des jahrzehntelang regierenden Diktators Zine el-Abidine Ben Ali und zu seiner Flucht nach Saudi-Arabien führte. Die Ereignisse in Tunesien inspirierten daraufhin Proteste gegen autokratische Regime in vielen anderen arabischen Staaten. Was als «Arabischer Frühling» in die Geschichte einging, mündete aber nur in Tunesien in eine Demokratie.[36] Und diese überlebte nur bis 2021, als Präsident Kais Saied den Notstand ausrief und das Parlament suspendierte. In manchen Ländern, etwa Marokko, brachte der Arabische Frühling zwar keine Demokratie, aber doch zumindest einige Liberalisierungen. Anderswo brachten die Proteste zwar Diktaturen zum Sturz, aber nur um Platz zu machen für neue Autokratien (Ägypten) oder für blutige, bis auf den heutigen Tag andauernde Bürgerkriege (Libyen, Jemen). In Jordanien und Algerien wussten sich autoritäre Regime ohne nennenswerte Zugeständnisse zu behaupten, in Bahrein gelang es den Regierenden mithilfe einer militärischen Intervention der Vereinigten Arabischen Emirate und Saudi-Arabiens, an der Macht zu bleiben. Im Irak mündeten die durch den Arabischen Frühling inspirierten Proteste in gewalttätige sektiererische Konflikte zwischen der sunnitischen Minderheit und der regierenden schiitischen Mehrheit, die auf sunnitischer Seite den Weg für den Aufstieg des sogenannten «Islamischen Staates» ebneten, der ab 2013 große Teile Iraks unter seine Kontrolle bringen konnte.

Die schwerwiegendsten Folgen hatte der Arabische Frühling in Syrien. Dort begannen im März 2011 Proteste gegen die Regierung von Baschar al-Assad, denen die staatlichen Sicherheitskräfte von Anfang an mit massiver Gewalt begegneten. Ende Juli gründeten abtrünnige Offiziere die «Freie Syrische Armee». Von nun an wurde der Konflikt zu einem veritablen Bürgerkrieg, der in den nachfolgenden Jahren immer weiter eskalierte. Grund dafür war nicht nur die Bereitschaft des Assad-Regimes, brutale Gewalt gegen die eigene Bevölkerung einzusetzen, sondern auch die Tatsache, dass sich eine Vielzahl dschihadistischer Kampfgruppen wie der sogenannte Islamische Staat (IS), der sein Kampfgebiet von Irak aus auf Syrien erweiterte, und die ursprünglich mit al-Qaida verbundene und dann mit dem IS liierte al-Nusra-Front (später Hay'at Tahrir al-Sham) in die Kämpfe einmischten. Die Intervention ausländischer Akteure, allen voran Irans, der libanesischen Hisbollah-Miliz, Russlands und der Türkei, trug zur weiteren Eskalation bei.

Die Bürgerkriege, die aus dem Arabischen Frühling hervorgingen, forderten einen schrecklichen Zoll. In den Kämpfen in Libyen gegen den Diktator Muammar al-Gaddafi 2011 und dem darauffolgenden, bis heute andauernden Bürgerkrieg starben schätzungsweise 21 000 Menschen.[37] Viel schlimmer waren die Folgen des syrischen Bürgerkrieges. Nach einer Schätzung der Vereinten Nationen starben dort in den zehn Jahren zwischen März 2011 und März 2021 350 000 Menschen.[38] Zehntausende Menschen wurden vom syrischen Regime und von anderen kämpfenden Gruppen verschleppt und sind bis auf den heutigen Tag verschwunden.[39] Im Nachbarland Irak wurden seit 2011 93 000 durch Kampfhandlungen und Terroranschläge getötete Zivilisten dokumentiert, die meisten davon auf dem Höhepunkt der Herrschaft des IS, das heißt zwischen 2014 und 2017.[40] Hinzu kommen Tausende getötete irakische Soldaten, kurdische Peschmerga und IS-Kämpfer. Im Norden Syriens und Iraks etablierte der IS eine Schreckensherrschaft, die für Angehörige von Minderheiten wie schiitische Muslime, Homosexuelle und assyrische Christen eine Hölle auf Erden war. Am schwersten traf es die jesidische Minderheit in Nordirak, die der IS durch Massenmord und erzwungene Konversion zum Islam auslöschen wollte. Rund 10 000 Jesiden kamen bei Kämpfen ums Leben, starben vor Hunger und Erschöpfung während der IS-Belagerung des Sindschar-Gebirges oder wurden von IS-Kämpfern exekutiert, manche durch Enthauptung oder Verbrennung bei lebendigem Leibe. Nur durch das Eingreifen kurdischer Kämpfer konnten viele Jesiden in den kurdischen Nord-Irak entkommen. Rund 7000 Jesiden wurden vom IS verschleppt, viele Frauen und Mädchen wurden als Sexsklavinnen vom IS zur Schau gestellt und verkauft.[41]

Während in Syrien und im Irak die Opferzahlen in den letzten Jahren durch die Zerschlagung des Islamischen Staates und den weitgehenden Sieg des Assad-Regimes deutlich zurückgegangen sind, ist die Lage im Jemen nach wie vor dramatisch. Dort wütet ein Bürgerkrieg zwischen der schiitischen politisch-religiösen Bewegung der Huthi und der offiziellen jemenitischen Regierung, die seit 2015 durch die militärische Intervention einer von Saudi-Arabien geleiteten internationalen Koalition von neun sunnitischen Ländern unterstützt wird. Bei den Kämpfen zwischen den rivalisierenden Gruppen und den Luftangriffen der Koalition kamen bisher mehr als 110 000 Menschen ums Leben, darunter viele Zivilisten.[42] Noch mehr Menschen starben durch die indirekten Folgen des Krieges, etwa durch Hunger und fehlende medizinische Versorgung. Die Vereinten Nationen schätzen die Gesamtzahl der Todesopfer bis Dezember 2020 auf 233 000.[43] Die nichtstaatliche Organisation *Save The Children* bezifferte die Zahl der durch Unterernährung gestorbenen jemenitischen Kinder unter fünf Jahren auf 85 000.[44]

Angesichts dieser Schrecken verwundert es nicht, dass viele Menschen versuchten, den Kriegsschauplätzen zu entkommen, um andernorts Sicherheit für sich und ihre Familien zu finden. Die meisten dieser Flüchtlinge sind sogenannte Binnenflüchtlinge («internally displaced persons»), die in andere Teile ihres eigenen Landes geflüchtet oder dorthin vertrieben worden sind: Dieses Schicksal betraf Ende 2020 6,6 Millionen Syrer, 3,6 Millionen Jemeniten, 1,2 Millionen Iraker und 278 000 Libyer.[45] Hinzu kommen 6,8 Millionen Syrer und 578 000 Iraker, die ins Ausland flüchteten. Zeitweilig waren während der Kämpfe gegen Gaddafi Hunderttausende Libyer ins Ausland geflohen, vor allem nach Tunesien, aber die meisten von ihnen kehrten schon bald zurück. Trotz der großen Zahl an Binnenflüchtlingen schafften es, bedingt durch die isolierte geographische Lage des Landes, nur sehr wenige jemenitische Flüchtlinge ins Ausland: 2020 waren es nur 55 000.

Weitaus die meisten Flüchtlinge, die ihr Land verließen, wurden von den direkten Nachbarstaaten aufgenommen. Mehr als die Hälfte der syrischen Auslandsflüchtlinge, 3,6 Millionen, fanden Zuflucht in der Türkei, weitere 865 000 im Libanon und 663 000 in Jordanien. Erst an vierter Stelle kommt Deutschland mit 643 000 aufgenommenen syrischen Flüchtlingen.[46] Im Verhältnis zur Gesamtbevölkerung wird die Belastung der Nachbarstaaten noch deutlicher. Während in Deutschland die syrischen Flüchtlinge knapp 0,8 Prozent der Gesamtbevölkerung ausmachen, sind es in der Türkei 4,4 Prozent, in Jordanien 6,6 Prozent und im Libanon sogar 12,6 Prozent. Allerdings stehen europäische Länder wie Deutschland, Österreich (58 000 aufgenommene syrische Flüchtlinge), die Schweiz (20 000) und Schweden (116 000) im Vergleich zu anderen reichen Ländern gut da. Kanada, das sich gerne mit einem humanitären Image schmückt, nahm lediglich 33 000 Syrer auf, die durch ein Resettlement-Verfahren handverlesen wurden, die riesigen USA eine ähnliche Zahl. Noch dürftiger fiel der Beitrag der reichen Ölstaaten der Arabischen Halbinsel wie Saudi-Arabiens und der Vereinigten Arabischen Emirate aus, die zwar durch Waffenlieferungen an islamistische Kampfgruppen einen erheblichen Anteil an der Eskalation der Bürgerkriege hatten, aber lediglich 15 000 Syrer und 3000 Iraker aufnahmen. Zwar zerbombten ihre Luftwaffen den Jemen, aber nur etwa 750 Jemeniten fanden bei den Nachbarn auf der Arabischen Halbinsel Zuflucht.

Es ist wichtig, diese Geschichte beim Arabischen Frühling beginnen zu lassen, um deutlich zu machen, dass sich eine Krisenlage schon seit mehreren Jahren im Nahen Osten angebahnt hatte, als die Europäer 2015 eine «Flüchtlingskrise» ausriefen. Im Nahen Osten hatte die massenhafte Flucht bereits ein Ausmaß erreicht, das den europäischen Teil der Flüchtlingskrise bei Weitem in den Schatten stellt. Grafik 2.1 zeigt dies eindrucksvoll. Sie stellt für den Zeitraum 2010–2020 die Entwicklung der Zahl der Binnenflüchtlinge innerhalb der Grenzen Syriens, die Zahl der syrischen Flüchtlinge in den direkten Nachbarländern – der Türkei, dem Libanon, Jordanien und dem Irak – sowie die Zahl der Flüchtlinge in Deutschland, der EU und der Welt gegenüber. Bereits 2012 überschritt die Zahl der syrischen Flüchtlinge die Zwei-Millionen-Marke – weitaus die meisten von ihnen befanden sich zu diesem Zeitpunkt noch innerhalb Syriens. Ein Jahr später hatten bereits über zwei Millionen syrische Flüchtlinge in den direkten Nachbarländern Libanon, Jordanien, der Türkei und dem Irak Zuflucht gefunden. Noch ein Jahr später, 2014, war diese Zahl auf 3,5 Millionen angewachsen, neben mittlerweile 6,5 Millionen Flüchtlingen in Syrien selbst.

Erst 2014 begann auch die Zahl der syrischen Flüchtlinge, die

Grafik 2.1: Zahl der syrischen Flüchtlinge nach Aufnahmeland, 2010–2020

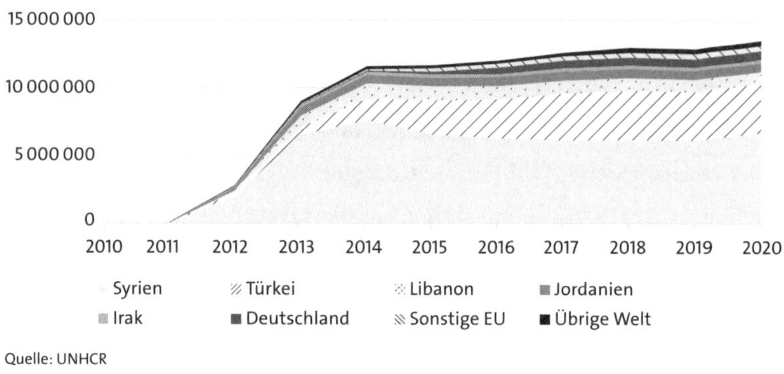

Quelle: UNHCR

Europa erreichten, allmählich zu steigen, wenn auch zunächst auf einem niedrigen Niveau. Im Jahr 2014 gab es gerade einmal 127 000 syrische Flüchtlinge in der ganzen EU, 71 000 davon in Deutschland. In den Jahren der (europäischen) Flüchtlingskrise ab 2015 stiegen diese Zahlen zwar stark an, erreichten aber nie auch nur annähernd die Menge der Flüchtlinge in Syrien und seinen direkten Nachbarstaaten. Ende 2020 befand sich etwa die Hälfte (6,7 Millionen) der syrischen Bürgerkriegsflüchtlinge in Syrien selbst, weitere 40 Prozent (5,4 Millionen) in den vier Nachbarstaaten, nur knapp 8 Prozent (gut eine Million; 643 000 davon in Deutschland) in den Ländern der Europäischen Union und nur etwas über 2 Prozent (360 000) in allen übrigen Ländern weltweit. Die Priorisierung der Aufnahme von Flüchtlingen in der Region, die in Europa gerne politisch gefordert wird, ist in der syrischen Flüchtlingskrise längst Realität – und entspricht der fast aller anderen Fluchtkonstellationen in der Welt. Wer diese Zahlen betrachtet, kann unmöglich behaupten, Europa hätte einen überproportional großen Beitrag zur Linderung der syrischen Flüchtlingsproblematik geleistet.

Humanitäre Aufnahme: die verpasste Chance

Das Problem liegt weniger in der Zahl der Flüchtlinge, die nach Europa kamen, als darin, dass die Europäische Union und die einzelnen Mitgliedstaaten kaum etwas unternahmen, als sie noch die Möglichkeit hatten, einen geordneten Beitrag zur Linderung der strapazierten Aufnahmekapazitäten der Nachbarstaaten Syriens zu leisten. Sie ließen sich 2015 von dem Ansturm von Flüchtlingen, die über die Ägäis und die Balkanroute Richtung Westeuropa zogen, überrumpeln. Dazu trug auch bei, dass sie es bis auf den heutigen Tag unterlassen haben, ihre Asylsysteme so zu reformieren, dass sie wirksam zwischen denen unterscheiden können, die wirklich Schutz brauchen, weil sie verfolgt werden, und denen, die aus anderen Motiven nach Europa kommen.

Als die Zahl der Flüchtlinge aus Syrien ab 2012 in die Höhe schnellte, hätten die Länder der Europäischen Union auf die bewährten Instrumente des sogenannten «Resettlement» und von humanitären Aufnahmeverfahren zurückgreifen können. Mit diesen Instrumenten können Flüchtlinge direkt aus dem Herkunftsland oder aus einem der erstaufnehmenden Nachbarländer in andere Länder umgesiedelt werden. Solche Flüchtlingsaufnahmen haben eine lange Tradition, die bis zur Umsiedlung von über einer Million Kriegsflüchtlingen, darunter vielen Überlebenden der Nazi-Konzentrationslager, aus Europa unter anderem in die Vereinigten Staaten in der Zeit nach dem Zweiten Weltkrieg zurückgeht.[47] Eine der Aufgaben des 1950 gegründeten Amtes des Hohen Flüchtlingskommissars der Vereinten Nationen (UNHCR) war es, solche internationalen Flüchtlingsaufnahmen zu koordinieren. Nach dem niedergeschlagenen ungarischen Aufstand von 1956 wurden unter der Federführung des UNHCR innerhalb weniger Monate 170 000 Menschen, die vor allem in Österreich eine erste Zuflucht gefunden hatten, auf insgesamt 27 Länder verteilt. Andere Beispiele gelungener humanitärer Interventionen waren 1972 die Evakuierung von 40 000 ugandischen Asiaten, die der Diktator Idi Amin des Landes verwiesen hatte, die Rettung von 5000 durch das Pinochet-Regime verfolgten Chilenen 1973/74 sowie die Verteilung von über einer Million Flüchtlingen (viele von ihnen sogenannte «Boatpeople») aus Südostasien ab 1975. Das Ausmaß der koordinierten internationalen Umsiedlung blieb jedoch im Laufe der Zeit zunehmend hinter dem starken Anstieg der weltweiten Zahl der Flüchtlinge zurück. So wurden in den fünfzehn Jahren zwischen 2003 und 2018 insgesamt etwa eine Million Flüchtlinge umgesiedelt, was einer jährlichen Umsiedlung von lediglich 0,1 Prozent aller Flüchtlinge in der Welt entspricht.[48]

Auch außerhalb des Neuansiedlungsprogramms des UNHCR können einzelne Staaten aus humanitären Gründen die Aufnahme von Flüchtlingskontingenten beschließen. So nahm Deutschland zwischen 1991 und 2006 107 000 sogenannte «Kontingentflüchtlinge» jüdischer Herkunft aus der ehemaligen Sowjetunion auf. Da mit dem Programm auch die Wiederbelebung und Stärkung der jüdischen Präsenz in Deutschland bezweckt wurde, erhielten die jüdischen Flüchtlinge von Anfang an ein dauerhaftes Bleiberecht – anders als etwa die Bosnier, die während des Bürgerkrieges im ehemaligen Jugoslawien ins Ausland flohen. 735 000 Menschen verließen das Land, von denen 330 000 nach Deutschland kamen.[49] Mit Ausnahme einiger weniger Härtefälle erhielten sie kein dauerhaftes Bleiberecht. Die meisten von ihnen mussten nach Ende des Krieges ab 1995 nach Bosnien zurückkehren, wo ihre ursprünglichen Häuser und Dörfer nicht selten von den bosnischen Serben eingenommen worden waren. 50 000 der Bosnier, die in Deutschland eine erste Zuflucht gefunden hatten, wurden über ein Umsiedlungskontingent in die Vereinigten Staaten aufgenommen.

Auch als die Hoffnungen, die viele Menschen auf den Arabischen Frühling gesetzt hatten, in mehreren blutigen Bürgerkriegen zunichtewurden, wurden die Instrumente der Umsiedlung und der humanitären Flüchtlingskontingente nur zaghaft genutzt. Für die vielen Flüchtlinge im Jemen gab es überhaupt keine Aufnahme-

Grafik 2.2: Umsiedlung von Flüchtlingen aus Syrien (oben) sowie insgesamt (unten) nach Aufnahmeland, 2011–2020

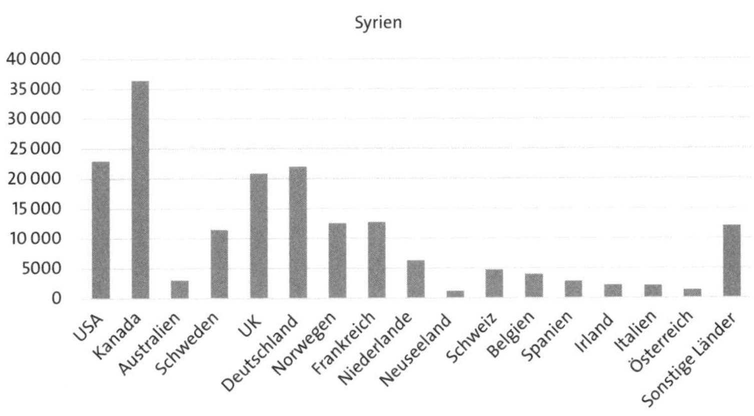

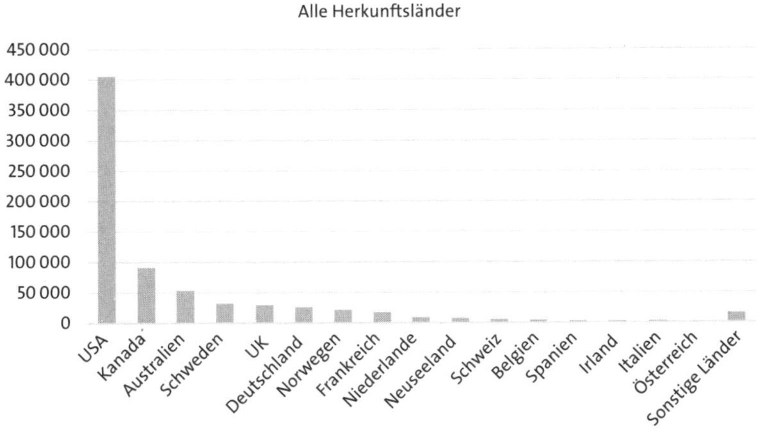

Quelle: UNHCR

programme. Von den Menschen, die vor den Bürgerkriegen in Syrien und im Irak flohen, fanden nur sehr wenige über Umsiedlungsprogramme eine Zuflucht außerhalb der Region. Während sich bis Ende 2013 in Syrien und den direkten Nachbarstaaten bereits über neun Millionen Menschen auf der Flucht befanden und es klar war, dass ein baldiges Ende des Bürgerkriegs nicht in Sicht war, waren lediglich 1384 syrische Flüchtlinge über das Resettlement-Verfahren des UNHCR verteilt worden, die meisten davon nach Schweden und Deutschland. In den nachfolgenden Jahren wurden diese Kontingente zwar etwas erhöht, aber insgesamt wurden bis Ende 2021 weltweit nur 174 000 (1,3 Prozent) von den über 13 Millionen syrischen Bürgerkriegsflüchtlingen durch den UNHCR umgesiedelt, 22 000 von ihnen nach Deutschland, 4700 in die Schweiz und 1300 nach Österreich.[50] Die meisten Syrer, die so nach Deutschland kamen, wurden im Rahmen des Flüchtlingsdeals zwischen der EU und der Türkei vom März 2016 aufgenommen – gut 11 500 Menschen zwischen 2016 und 2020. Jordanien und der Libanon, die im Verhältnis zu ihrer Bevölkerungszahl weit mehr Flüchtlinge aufgenommen hatten als die Türkei, wurden dagegen weitgehend alleine gelassen. Aus diesen beiden Ländern kamen zwischen 2016 und 2020 lediglich 560 bzw. 880 Flüchtlinge über humanitäre Programme nach Deutschland.[51]

Kanada hat die meisten Resettlement-Flüchtlinge aus Syrien aufgenommen: zwischen 2011 und 2021 waren es 36 000 (siehe Grafik 2.2). Norwegen (fast 12 500) und Schweden (11 500) sind die beiden Länder, die im Verhältnis zu ihrer Bevölkerung die meisten syrischen Resettlement-Flüchtlinge aufgenommen haben. Syrer machten insgesamt nur knapp ein Viertel aller seit 2011 umgesiedelten Flüchtlinge aus. Sonstige wichtige Herkunftsländer waren Myanmar (118 000), die Demokratische Republik Kongo (91 000), der Irak (71 000) und Somalia (56 000). Wie der untere Teil von Grafik 2.2 zeigt, wird, wenn wir alle Herkunftsländer betrachten, die Aufnahme von Flüchtlingen über Umsiedlungsverfahren sehr stark von den USA dominiert, die 405 000 Umsiedlungen von Flüchtlingen ermöglichten, darunter 100 000 aus Myanmar, 68 000 aus dem Kongo, 44 000 aus dem Irak und 43 000 aus Somalia. Auch Kanada (91 000 Umsiedlungen) und Australien (53 000) leisteten, gemessen an ihrer im Vergleich zu den Vereinigten Staaten viel kleineren Bevölkerung, einen erheblichen Beitrag. Mit Ausnahme von Schweden und Norwegen taten sich europäische Staaten bei der Umsiedlung von Flüchtlingen nicht besonders hervor.

Allerdings stehen sie im Vergleich zu vielen anderen wohlhabenden Ländern der Welt, die einen noch viel geringeren Beitrag leisten, noch ganz gut da. Die wohlhabenden ostasiatischen Länder Japan und Südkorea nahmen zusammen weniger als 500 Umsiedlungsflüchtlinge auf. Mehrheitlich muslimische Länder fehlen ganz auf der Liste der Aufnahmeländer, mit Ausnahme des kleinen Albanien. Die viel beschworene Solidarität der muslimischen Umma hat nicht dazu geführt, dass auch nur ein Einziger der vielen Muslime, die aus Myanmar fliehen mussten, in einen der reichen Ölstaaten des Nahen Ostens umgesiedelt worden wäre.

Der plötzliche Anstieg und Einbruch der Flüchtlingszahlen über die Ägäis

Ohne nennenswerte Entlastung durch die reichen Länder des Westens und der islamischen Welt waren Jordanien, der Libanon und die Türkei bei der Herausforderung, Millionen von syrischen Flüchtlingen aufzunehmen, weitgehend auf sich gestellt. Die Flüchtlinge selbst waren mit hohen Lebenshaltungskosten (insbesondere für Mieten) konfrontiert, während ihre Arbeitsmöglichkeiten meist auf gering bezahlte, unregelmäßige Tätigkeiten im informellen Sektor begrenzt waren. Anfänglich konnten manche sich mit Ersparnissen über Wasser halten, aber als die Fluchtsituation Monate und Jahre andauerte und die Hoffnung auf eine baldige Rückkehr nach Syrien schwand, wurde ihre Lage zunehmend prekär.

Trotzdem versuchten bis 2015 relativ wenige Flüchtlinge, Europa zu erreichen. Im ganzen Jahr 2014 gab es nach Angaben des UNHCR gerade einmal 41 000 Flüchtlinge aus Syrien und aus anderen Herkunftsländern, die über den Land- und den Seeweg von der Türkei aus nach Griechenland kamen. Wie Grafik 2.3 zeigt, stiegen diese Zahlen ab März 2015 und verstärkt ab Juni 2015 an, um im Oktober 2015 einen Höhepunkt zu erreichen mit über 200 000 Flüchtlingen in einem Monat – mehr als fünfmal so viel wie im ganzen Jahr

Grafik 2.3: Monatliche Zahl der Flüchtlinge, die von der Türkei aus Griechenland erreichten, Januar 2014 – Dezember 2016

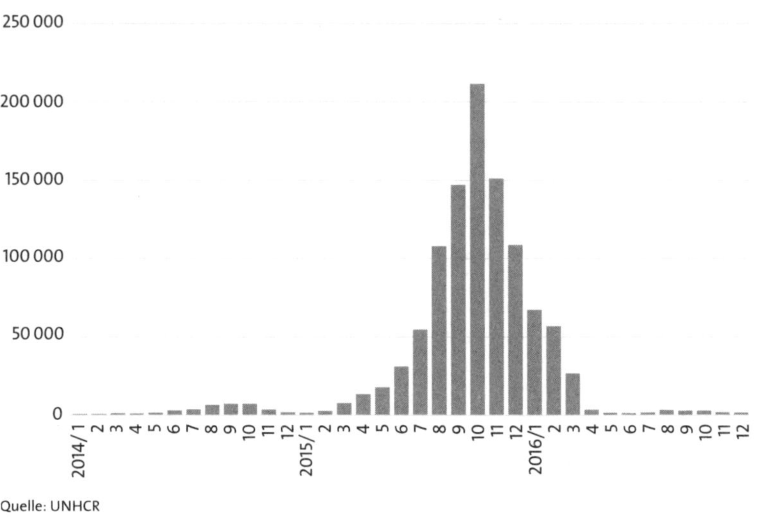

2014. Danach gingen die Zahlen wieder zurück. Einen solchen Rückgang der Flüchtlingszahlen im Winter gab es wegen der winterlichen Wetter- und Meeresbedingungen auch in den vorhergehenden Jahren. Doch auch noch im Frühjahr 2016 hielt der starke Rückgang der Zahlen an.

Auf die beiden Gründe für diesen Einbruch – die Schließung der Balkanroute durch die Balkanländer und Österreich sowie den Flüchtlingsdeal zwischen der EU und der Türkei – werde ich weiter unten eingehen. Aber auch der plötzliche Anstieg ab dem Frühling 2015 war kein Naturereignis, sondern die Folge von politischen (Nicht-)Entscheidungen, die es den Flüchtlingen und den sie nach Europa befördernden Menschenschmugglern überhaupt erst ermöglichten, sich auf den Weg zu machen. Die schwierige Lage der syrischen Flüchtlinge in der Türkei alleine kann weder den plötzlichen Anstieg noch den starken Rückgang erklären, da diese Lage nicht erst seit dem Frühling 2015 bestand und auch ab März 2016 nicht wesentlich besser wurde. Die meisten syrischen Flüchtlinge, die sich auf den Weg nach Europa begaben, waren erst seit wenigen Monaten in der Türkei oder hatten sich direkt aus Syrien auf den Weg zu den Hafenstädten an der türkischen Ägäisküste gemacht.[52] Der Verlauf des Bürgerkriegs in Syrien kann den plötzlichen Anstieg der Flüchtlingszahlen nach Europa ebenso wenig erklären: Die Zahl der Toten durch Kampfhandlungen lag 2015 deutlich unter der der vorangegangenen Jahre 2012–2014.[53]

Warum der plötzliche starke Anstieg der Flüchtlingszahlen nur in seinem politischen Kontext verstanden werden kann, wird klar, wenn man sich die damit verbundene Schmugglerindustrie vergegenwärtigt. Fast alle (über 99 Prozent) der 860 000 Flüchtlinge, die 2015 von der Türkei aus nach Griechenland kamen, reisten über den Seeweg, und zwar ganz überwiegend von einigen wenigen Küstenorten in der Türkei aus (Ayvalık, Dikili, Çeşme, Bodrum sowie Izmir als zentraler Knotenpunkt) zu einigen wenigen griechischen Inseln (Lesbos, Chios, Samos, Kos). Die kurze Seereise zu den Inseln unternahmen sie in Schlauchbooten, die gewöhnlich zwischen 30 und 50 Passagiere transportieren können. Übers ganze Jahr hochgerechnet, kommt man so auf gut 20 000 Überfahrten, fast 60 täglich. Auf dem Höhepunkt der Flüchtlingswelle zwischen August und Oktober 2015 gab es Tage, an denen über 10 000 Migranten die Überfahrt machten, also etwa 250 Boote an einem Tag über die Ägäis fuhren. Die Versorgung der Zehntausende von Menschen, die in den türkischen Küstenorten auf ihre Überfahrt warteten, war ein gutes Geschäft für zahlreiche Hotels, Restaurants, Verkäufer von Schlauchbooten und Schwimmwesten sowie Wechselstuben und Versicherungsbüros, die die finanziellen Transaktionen zwischen Schmugglern und Flüchtlingen abwickelten. In Izmir befand sich das Zentrum des Schmugglergeschäfts in unmittelbarer Nähe zweier Polizeistationen, die nur in den seltensten Fällen gegen die illegalen Machenschaften einschritten. Viele Zeugenberichte bestätigen, dass sich ohne das Wegschauen der Polizei und anderer Behörden das Geschäft der Schleuser nie in diesem großen Umfang hätte entfalten können. An dem nötigen Geld, um sich das

Wegschauen zu erkaufen, mangelte es den Schmugglern nicht, denn die Flüchtlinge zahlten für eine Überfahrt im Schnitt gut 1000 Euro pro Person. Das bedeutet, dass allein mit diesen Zahlungen 2015 fast eine Milliarde Umsatz erzielt wurde. Das Geld, das die Flüchtlinge für die Reise von der Südosttürkei an die Ägäisküste und dort für Unterkunft und Verpflegung, Schwimmwesten und Ähnliches ausgaben, kommt noch hinzu.[54] Laut einer Schätzung der europäischen Polizeibehörde Europol wurden 2015 insgesamt etwa fünf Milliarden Euro mit dem Schleusen von Migranten nach Europa erwirtschaftet.[55]

Es wäre naiv, zu glauben, dass in einem zentralisiert und autoritär regierten Land wie der Türkei, wo jede Regierungskritik in den sozialen Medien oder an den Universitäten penibel überwacht wird, wo die Polizei nicht den lokalen Behörden, sondern direkt der nationalen Regierung unterstellt ist und wo sie bei kritischen Demonstrationen sofort massive Präsenz zeigt, die Tolerierung der Schleuser-Industrie nicht von höchster politischer Ebene hingenommen oder sogar gewollt worden wäre. Die Beteuerungen türkischer Politiker, dass sie doch wirklich alles in ihrer Macht Stehende tun würden, um die Schleuser zu stoppen, wurden ab März 2016 unmissverständlich widerlegt. Als es die höchsten politischen Instanzen in der Türkei nämlich nach dem EU-Türkei-Deal tatsächlich wollten, ging die Zahl der Flüchtlinge, die sich von der Türkei auf den Weg nach Griechenland machten, innerhalb weniger Tage stark zurück. Der Marktplatz von Schmugglern, Schlauchboothändlern, Schwimmwestenverkäufern und Finanzdienstleistern verschwand genauso plötzlich, wie er gekommen war.

Machtkampf in der Türkei

Die türkischen Autoritäten drückten ein Auge zu und ließen die Flüchtlinge nach Europa ziehen, weil der syrische Konflikt und die Vielzahl der Flüchtlinge in der Türkei allmählich zu einem innenpolitischen Problem erster Ordnung geworden waren, das Recep Tayyip Erdoğans Machtposition ernsthaft bedrohte. Nachdem die Türkei zu Beginn des Syrienkonflikts vergeblich versucht hatte, seinen ehemaligen Verbündeten Baschar al-Assad zu Reformen und Zugeständnissen an die Opposition zu überreden, vollzog sie eine Kehrtwende und fing an, die syrische Opposition massiv zu unterstützen. Von den Waffenlieferungen und finanzieller und logistischer Hilfe aus der Türkei profitierten nicht nur die Freie Syrische Armee, sondern auch dschihadistische Kampfgruppen wie al-Nusra und Ahrar as-Sham. Sogar dem IS gewährte die Türkei lange Zeit wichtige Hilfsleistungen, etwa indem verletzte IS-Kämpfer in türkischen Krankenhäusern gepflegt wurden und Zehntausende ausländische Kämpfer, viele davon aus Europa, über die Türkei nach Syrien einreisen konnten, um sich dort dem IS anzuschließen. Von der Unterstützung oppositioneller Kampfgruppen erhoffte sich die Türkei nicht nur einen baldigen Sturz des Assad-Regimes, sondern auch eine Eindämmung des wachsenden Einflusses der syrisch-kurdischen YPG in dem an die Türkei grenzenden Teil Nordsyriens. Anfang 2014 kamen die geheimen türkischen Waffenlieferungen an syrische Kampfgruppen ans Licht, als ein Lastwagenkonvoi des türkischen Geheimdienstes an der türkisch-syrischen Grenze durchsucht wurde. Der regionale Staatsanwalt und die Polizisten, die die Durchsuchung angeordnet und durchgeführt hatten, wurden zu hohen, teilweise lebenslänglichen Haftstrafen wegen des Verrats von Staatsgeheimissen und der Unterstützung einer Terrororganisation verurteilt. Über den Vorfall wurde eine vollständige Nachrichtensperre verhängt. Als die Zeitung *Cumhürriyet* im Mai 2015 Videomaterial von der Durchsuchung des Waffenkonvois veröffentlichte, wurden die verantwortlichen Redakteure, darunter Chefredakteur Can Dündar, angeklagt und zu langjährigen Haftstrafen verurteilt. Dündar floh 2016 nach Deutschland, während sein Verfahren in der Berufungsinstanz verhandelt wurde, und bekam dort politisches Asyl.

Trotz der Unterstützung der Türkei, Saudi-Arabiens und Katars für dschihadistische Kampfgruppen blieb der damit erhoffte Sturz von Assad aus, nicht zuletzt, weil sich der Iran und Russland ebenso massiv an der Seite des syrischen Regimes in den Krieg einschalteten. Die nur für kurze Zeit geplante Aufnahme von syrischen Flüchtlingen durch die Türkei wurde so zu einem Dauerproblem. Wohnungsknappheit und steigende Mieten sowie Konkurrenz auf dem informellen Arbeitsmarkt, auf den auch viele ärmere Einheimische angewiesen sind, machten die hohen Flüchtlingszahlen zunehmend zu einer Belastung für die ansässige Bevölkerung.[56] Hinzu kamen die nicht geringen Kosten für die Staatskasse. Recep Tayyip Erdoğan, damals noch Ministerpräsident, beklagte sich bereits Ende Juni 2014 zu Recht darüber, dass «die Türkei 2,5 Milliarden US-Dollar für syrische Flüchtlinge ausgegeben hat, während die internationale Gemeinschaft, und vor allem die EU-Länder, keine signifikante Hilfe angeboten haben, insgesamt nur 250 Millionen Dollar».[57]

Die Unterstützung der Türkei für die al-Nusra-Front, den IS und andere dschihadistische Gruppen stellte auch für den Friedensprozess zwischen der kurdischen Bewegung im Südosten des Landes und der türkischen Regierung eine erhebliche Belastung dar. Im Herbst 2014 befand sich der IS auf dem Höhepunkt seiner Macht und hatte die Stadt Kobane in Nordsyrien, die direkt an der Grenze zur Türkei liegt, eingekesselt. Kurdische Aktivisten aus der Türkei, die die syrischen Kurden unterstützen wollten, wurden von türkischen Truppen zurückgehalten. Weil die Türkei über Jahre hinweg IS-Kämpfern den Grenzübertritt ermöglicht hatte, führte das auf kurdischer Seite zu großer Wut auf die Regierung. Es kam zu gewalttätigen Auseinandersetzungen, bei denen 31 Tote zu beklagen waren. Als es ab Juni 2015 zu einer Serie von blutigen IS-Anschlägen gegen kurdische Ziele in der Türkei kam, brach der Friedensprozess zwischen der türkischen Regierung und der kurdischen Bewegung zusammen.

Eine weitere Zunahme der Belastungen durch syrische Flüchtlinge konnte das Erdoğan-Regime sich in dieser politischen Krise nicht leisten. Der Exodus von Hunderttausenden Flüchtlingen über die Ägäis war somit ein willkommenes Ventil. Ob es jemals eine formelle Entscheidung gegeben hat, die Schleuser gewähren zu lassen, lässt sich nicht nachweisen. Sicher ist aber, dass die Regierung wusste, was passierte, und nichts dagegen unternahm. Zugleich fing sie an, die Grenze zu Syrien zu sichern, um einen weiteren Zustrom von Flüchtlingen zu verhindern. Erste kleinere Abschnitte einer Grenzmauer waren bereits 2014 fertiggestellt worden.[58] Im Juli 2015 beschloss die Regierung, die gesamte Grenze zu Syrien mit einer Mauer abzuriegeln. Bis 2018 wurde die Mauer mit einer Länge von 764 Kilometern fertiggestellt.[59]

Eine griechische Tragödie

Die Nachsichtigkeit der türkischen Behörden alleine kann jedoch den sprunghaften Anstieg der Flüchtlingszahlen von der Türkei nach Griechenland nicht erklären. Die Frage ist auch, warum Griechenland ihn zuließ. Griechenland steckte Anfang 2015 mitten in der Euro-Finanzkrise, die die Wirtschaft des Landes in eine nunmehr fünf Jahre anhaltende tiefe Rezession und viele Griechen in Armut und Arbeitslosigkeit gestürzt hatte. Bei den Wahlen vom Januar 2015 erzielte die linkspopulistische Partei Syriza einen überragenden Sieg, und ihr Führer, Alexis Tsipras, wurde Premierminister in einer Koalition mit der kleinen rechtsnationalistischen Partei ANEL («Unabhängige Griechen»). Beide Parteien einte die Ablehnung der Sparmaßnahmen und Strukturreformen, die von der Europäischen Union und den Schuldnerländern unter deutscher Führung zur Voraussetzung für Rettungsmaßnahmen gemacht wurden.

Bereits einige Jahre zuvor war es von 2010 bis 2012 zu einem Anstieg der Zahl illegaler Einreisen über die türkisch-griechische Grenze gekommen, damals hauptsächlich über die Landgrenze entlang des Evros-Flusses. Obwohl die Zahl der Migranten damals viel niedriger lag als 2015 – auf dem Höhepunkt im Jahr 2011 wurden 56 000 illegale Grenzübertritte registriert –, reagierte die konservative Regierung unter Ministerpräsident Antonis Samaras, die im Juni 2012 an die Macht kam, mit einer Reihe von Verschärfungen. Im Rahmen der «Operation Aspida» wurden im August 2012 an der Grenze zur Türkei 1800 zusätzliche Polizisten stationiert. An dem Grenzabschnitt, an dem die meisten Grenzübertritte stattgefunden hatten, wurde ein 12,5 Kilometer langer Zaun errichtet. Die Zahl der illegalen Einreisen ging daraufhin innerhalb kurzer Zeit von fast 7000 im Juli auf 216 im September zurück.[60] Parallel dazu wurden im Rahmen der «Operation Xenion Zeus» Polizeikontrollen im ganzen Land verstärkt, um Migranten aufzuspüren, die sich illegal in Griechenland aufhielten. In neu eingerichteten Lagern konnten solche Migranten sowie Asylsuchende bis zu 18 Monate lang festgehalten werden. Diese Maßnahmen stießen auf viel Kritik, unter anderem beim Europarat und dem Europäischen Gerichtshof für Menschenrechte.

Die Regierung Tsipras vollzog nun einen radikalen Bruch mit der Migrationspolitik der Vorgängerregierung. Syriza, die «Koalition der radikalen Linken», hatte schon seit Jahren für «offene Grenzen» geworben und mit Parolen wie «Keine Person ist illegal» mobil gemacht. Die neue Regierung beendete die Operation Xenion Zeus und schloss sofort die Migrantenlager, noch bevor die im Syriza-Wahlprogramm versprochenen offenen «Zentren der Gastfreundschaft» für die Versorgung von Migranten fertiggestellt worden waren. Erst im August 2015 öffnete das erste Zentrum dieser Art, mit einer Kapazität für nur 700 Personen. Die Folge war, dass Tausende Migranten und Asylsuchende auf der Straße landeten, vor allem in der Hauptstadt Athen. Trotz der Rede von offenen Grenzen war klar, dass die neue Regierung nicht beabsichtigte, die Migranten in die griechische Gesellschaft zu integrieren. Viel eher sahen Syriza und ihr rechtspopulistischer Regierungspartner ANEL die Lösung der Migrationsproblematik als Aufgabe der Westeuropäer, die sie für die Kriege im Nahen Osten verantwortlich sahen.

Die griechische Regierung machte kein Geheimnis aus ihrer Absicht, die Migranten als Druckmittel gegen ihre europäischen Schuldner einzusetzen. Am Rande eines EU-Treffens am 6. März 2015 drohte der (parteilose) griechische Außenminister Nikos Kotzias damit, dass «Millionen Migranten und Tausende Dschihadisten» ihren Weg in andere EU-Länder finden würden, falls der griechische Staat mangels einer für ihn akzeptablen finanziellen Rettungsaktion («Bailout») zusammenbrechen würde.[61] In einem Interview mit der italienischen Zeitung *Repubblica* pflichtete ihm Verteidigungsminister Panos Kammenos (ANEL) kurz darauf bei: «Wenn uns Europa in der Krise zurücklässt, werden wir es mit Migranten fluten, und es wird für Berlin noch schlimmer kommen, wenn zwischen diesen Millionen Wirtschaftsmigranten auch einige Dschihadisten des Islamischen Staates dabei sind. ... Wenn sie uns treffen, werden wir sie treffen. Wir werden Migranten von überall Dokumente geben, damit sie in die Schengenzone einreisen können und diese menschliche Welle ungehindert bis nach Berlin gehen kann.»[62] Staatsminister und nächster Tsipras-Berater Alekos Flambouraris (Syriza) drohte im Fernsehen damit, den Migranten griechische Pässe zu geben, damit sie in die EU weiterziehen könnten.[63]

Während im Sommer 2015 der Verhandlungspoker mit den Schuldnern aus der Eurozone seinen Höhepunkt erreichte, machte die griechische Regierung ihre Drohung wahr und ließ Hunderttausende Migranten aus Griechenland über die nordmazedonische Grenze nach Westeuropa weiterziehen. Damit verstieß Griechenland offen gegen die Dublin-Vereinbarung, die vorsieht, dass Asylanträge in dem ersten EU-Land, in dem ein Asylsuchender ankommt, gestellt und entschieden werden müssen. Die Aufhebung dieser Vereinbarung war schon 2014 Teil des Wahlprogramms von Syriza gewesen. Man müsse «Flüchtlinge, die nicht in Griechenland bleiben wollen, aus ihren Ketten befreien».[64] Die griechische Regierung tat nicht nur nichts, um die Flüchtlinge daran zu hindern, ins europäische Ausland weiterzuziehen, sondern organisierte teilweise auch ihre Weiterreise. Als die reguläre Kapazität der Fährschiffe von den Inseln zum griechischen Festland nicht mehr

Grafik 2.4: Zahl der illegalen Grenzübertritte auf der Balkanroute, pro Vierteljahr, Mitte 2014 bis Mitte 2016

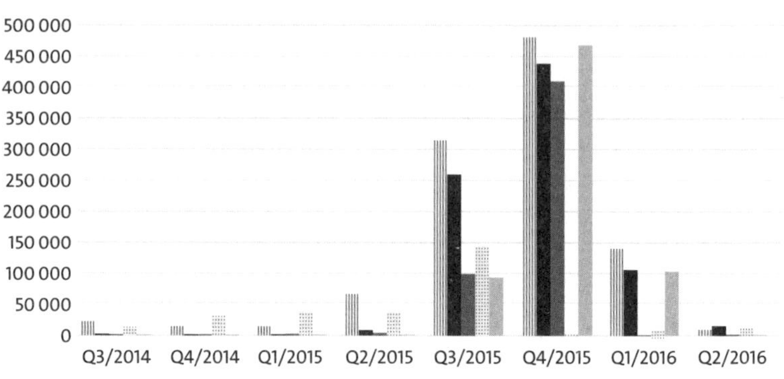

Quelle: Frontex, Western Balkans Quarterly Berichte

ausreichte, charterte die Regierung ab August 2015 Fährschiffe ausschließlich für Flüchtlinge.[65] Als erste dieser Fähren brachte die «Eliftheros Venizelos» am 20. August 2500 Flüchtlinge von Kos in die Hafenstadt Piräus. Von dort wurden sie mit Bussen zum Athener Bahnhof befördert, um mit dem Zug zur nordmazedonischen Grenze weiterzureisen.[66] Grafik 2.4 zeigt, wie die griechische Politik des Durchwinkens ab Juli 2015 zu einem sprunghaften Anstieg der illegalen Übertritte über die griechisch-nordmazedonische Grenze führte. Im dritten Quartal 2015 überquerten mehr als 250 000 Flüchtlinge die Grenze zu Nordmazedonien; im letzten Quartal waren es noch einmal 440 000.

Nächster Bahnhof Budapest

Weil Nordmazedonien weder Teil des Schengenraumes noch EU-Mitglied und deshalb auch nicht dem Dublin-Abkommen unterstellt ist, hatte es weder die Pflicht noch ein Interesse daran, die aus

Griechenland kommenden Flüchtlinge aufzuhalten. Das Gleiche galt für Serbien, das nächste Land auf der Balkanroute. Kein Flüchtling wollte außerdem in Nordmazedonien oder Serbien bleiben – das angestrebte Ziel waren die reichen Wohlfahrtsstaaten Nordwesteuropas. Als die Flüchtlingszahlen im Frühsommer 2015 anwuchsen, wechselten die nordmazedonischen Autoritäten von der passiven Toleranz zur aktiven Förderung des Transits Richtung Norden. Die Flüchtlinge bekamen 72-Stunden-Visa, damit sie das Land legal und mit öffentlichen Verkehrsmitteln bis zur serbischen Grenze durchqueren konnten. Ab Ende August setzte die nordmazedonische Regierung Sonderzüge für den Transit der Flüchtlinge bis zur Grenze zu Serbien ein.[67] Als die Flüchtlingszahlen in Serbien stiegen, gab sich Premierminister Aleksandar Vučić am 19. August bei einem Besuch in einem provisorischen Flüchtlingslager in einem Belgrader Park großzügig und humanitär: «Wir werden alles für euch tun, damit ihr sicher wie in eurem eigenen Haus seid, und ihr werdet immer in unserem Land willkommen sein … Wenn Menschen über Flüchtlinge aus Syrien und Afghanistan sprechen, sehen sie sie oft als ein großes Problem. Wir in Serbien heißen sie willkommen. Wir wissen, wie unser eigenes Volk vor zwanzig Jahren gelitten hat. Ich bin stolz darauf, dass Serbien für sie der beste und sicherste Zufluchtsort ist …», fuhr er fort. Die Essenz der Großzügigkeit kam dann ganz am Ende des Satzes: «… auf ihrem Weg in die EU.»[68] Wie Nordmazedonien stellte Serbien den Flüchtlingen 72-Stunden-Visa aus und organisierte ihren Transfer zuerst zur ungarischen Grenze und später, als Ungarn seine Grenze abriegelte, nach Kroatien (siehe Grafik 2.4).

Das erste EU- und Schengenland, das nach der Öffnung der griechisch-nordmazedonischen Grenze mit dem Zustrom von Flüchtlingen konfrontiert wurde, war Ungarn. Bereits 2014 waren die Flüchtlingszahlen in Ungarn stark angestiegen. Im September des Jahres war ein Abkommen zwischen den serbischen und kosovarischen Regierungen geschlossenen worden, das es Kosovaren erlaubte, mit einem Transitvisum durch Serbien nach Ungarn zu reisen. Innerhalb kurzer Zeit machten sich Zehntausende Kosovaren auf den Weg, freilich nicht mit der Absicht, in Ungarn zu bleiben, sondern um von dort nach Österreich, Deutschland, in die Schweiz und in andere westeuropäische Länder weiterzureisen. 2014 wurden in Ungarn 43 000 Asylanträge registriert, die Hälfte von ihnen wurde von Kosovaren gestellt.[69] Um diese Zahl einordnen zu können, muss man bedenken, dass Ungarn etwas weniger als zehn Millionen Einwohner hat, achteinhalb Mal weniger als Deutschland. Ab Anfang 2015 kamen zahlreiche Flüchtlinge aus Syrien, dem Irak und Afghanistan hinzu, die über die Balkanroute nach Ungarn einreisten. Bis Ende September 2015 belief sich die Zahl der in Ungarn registrierten Asylanträge auf 176 000, allein im August waren es 47 000, mehr als im gesamten Jahr 2014.[70] Wie bereits 2014 war Ungarn damit auch 2015 das EU-Land mit der weitaus höchsten Zahl an Asylanträgen im Verhältnis zur eigenen Bevölkerungszahl.

Um den Zustrom zu stoppen, begann Ungarn im Juni 2015 mit dem Bau eines Zauns entlang der Grenze zu Serbien, der bis Mitte September fertiggestellt wurde. Ebenfalls im Juni erklärte die ungarische Regierung, dass sie angesichts der Überlastung durch die hohen Flüchtlingszahlen nicht länger an sogenannten Dublin-Überstellungen nach Ungarn mitarbeiten würde. Diese ermöglichen es, Flüchtlinge, die in andere EU-Länder weitergereist sind, in das erste EU-Land, in dem sie registriert worden waren, zurückzuschicken. Auf Druck der EU-Kommission, die diesen Bruch der EU-Regel scharf kritisierte, nahm Ungarn zwar seine Weigerung zurück, wirkte aber daraufhin nur widerwillig an Rücküberstellungsgesuchen mit.

In diese Situation platzte am 25. August eine Twitter-Nachricht des deutschen Bundesamtes für Migration und Flüchtlinge (BAMF) in Nürnberg, das erklärte: «Dublin-Verfahren syrischer Staatsangehöriger werden zum gegenwärtigen Zeitpunkt von uns weitestgehend faktisch nicht weiter verfolgt.»[71] Das war eine korrekte Wiedergabe der damaligen Praxis, denn Deutschland wandte nur in wenigen Fällen die Dublin-Regel an, nach der Asylsuchende in Deutschland, die bereits in Ungarn (oder auch Griechenland) als Asylsuchende registriert worden waren, dorthin zurückgeschickt werden konnten. Als offizielle Mitteilung der für die Entscheidung von Asylgesuchen zuständigen deutschen Behörde entfaltete der Tweet aber eine Wirkung, die weit über diese Praxis hinausging. Das galt auch für eine ebenso leicht missverständliche Erklärung von Bundeskanzlerin Angela Merkel, dass die Dublin-Regelung nicht länger funktioniere.

Im Nahen Osten und unter den Flüchtlingen, die sich bereits auf dem Weg befanden, verbreitete sich rasch die Botschaft, Deutschland nehme Syrer auf und werde sie nicht zurückschicken. In den sozialen Medien erschienen an Angela Merkel adressierte Botschaften wie «Wir lieben dich» (auf Deutsch) oder (auf Arabisch) «Angela Merkel verdient Dank dafür, dass sie die Dublin-Regel außer Kraft gesetzt hat. Ich würde ihr gerne eines Tages begegnen.»[72] Auch die ungarische Regierung interpretierte die Aussagen des BAMF und der Bundeskanzlerin – nicht ganz unverständlich – so, als hätte Deutschland die Dublin-Regelung für Syrer vorübergehend außer Kraft gesetzt, sodass diese ohne Einschränkungen in Deutschland einen Asylantrag stellen konnten. Ungarn ließ daher an den folgenden Tagen mehrere Züge mit Flüchtlingen vom Budapester Bahnhof nach Deutschland abreisen. Das deutsche Innenministerium und die Bundeskanzlerin versuchten unterdessen zurückzurudern und erklärten, dass die Dublin-Regelung nach wie vor in Kraft sei und man von Ungarn erwarte, dass es sie anwende. Auf der Sommerpressekonferenz vom 31. August, auf der Angela Merkel ihre berühmten Worte «Wir schaffen das!» sprach, gestand sie die entstandene Kommunikationspanne ein:

> Das wiederum hat dazu geführt, dass der Eindruck entstand: Wenn ein Syrer nach Deutschland kommt und sich als Syrer ausweisen kann, dann ist er in Deutschland willkommen. Das entspricht auch der faktischen Lage, genauso wie man sagen kann,

> dass jemand, der aus dem Kosovo kommt, mit großer Wahrscheinlichkeit kein Bleiberecht hat. Dies hat nun zu dem Missverständnis geführt, nur nach Deutschland könnten alle Syrer kommen. Das entspricht aber nicht der Rechtslage, und das haben wir der ungarischen Regierung auch schon gesagt – die ja nun mit dem faktischen Phänomen zu kämpfen hat, dass viele aus Syrien sagen: Lasst uns nun endlich nach Deutschland.[73]

Am 1. September stoppte Ungarn daraufhin den internationalen Zugverkehr vom Budapester Bahnhof. Ein Zug mit Flüchtlingen der am 3. September vom Bahnhof abfuhr, brachte sie nicht nach Deutschland, sondern in das 40 Kilometer außerhalb von Budapest gelegene Flüchtlingslager Bicske, um sie dort zu registrieren. Die meisten Flüchtlinge weigerten sich auszusteigen, einige gerieten in Konflikt mit der Polizei oder setzten sich auf die Gleise. Aus den Zugfenstern wurde «Germany, Germany!» skandiert. Auch unter den Tausenden Flüchtlingen, die am Budapester Bahnhof zurückgeblieben waren, erschallte dieser Ruf. Viele von ihnen entschieden sich, zu Fuß über die Autobahn Österreich und schließlich Deutschland zu erreichen.

Copy, finger, Merkel

Den Rest der Geschichte hat Robin Alexander in seinem Buch *Die Getriebenen* meisterhaft beschrieben.[74] In der Nacht vom 4. auf den 5. September rangen Angela Merkel, der österreichische Bundespräsident Werner Faymann (SPÖ) und Vertreter der ungarischen Regierung fieberhaft um eine Lösung für die Flüchtlinge an der österreichisch-ungarischen Grenze. Merkel und Faymann entschieden, sie nach Deutschland weiterreisen zu lassen. Es war der Anfang eines monatelangen Ausnahmezustandes, in dem das Dublin-System de facto aufgehoben war und Flüchtlinge ungehindert nach Deutschland einreisen konnten. Bilder von ausgelassenen Deutschen, die Flüchtlinge an Bahnhöfen willkommen hießen, oder von der lächelnden Bundeskanzlerin auf dem Selfie eines Flüchtlings gingen um die Welt und verstärkten den Eindruck, dass jeder, der sich auf den Flüchtlingsstatus berief, in Deutschland von ganzem Herzen willkommen war. Auf der Balkanroute wurde die Durchreise nun zu einer reinen Routinesache. Professionell organisiert, sicher und meistens in aller Offenheit per Bus und Zug, dauerte es während der Herbst- und Wintermonate 2015/16 nur wenige Tage, um von Griechenland nach Deutschland zu gelangen. Ein griechischer Grenzschutzbeamter im Flüchtlingslager Moria fasste die damalige Stimmungslage kernig zusammen, als er nach seinen Aufgaben gefragt wurde. «Copy, finger, Merkel» war seine Antwort: Ausweisdokumente kopieren, Fingerabdrücke nehmen und dann rasch weiterschicken nach Deutschland.[75]

Dass das BAMF, Angela Merkel und andere Vertreter der Bundesregierung das alles nicht so gemeint hatten und eigentlich nur Sachlagen beschreiben oder einer beschränkten Gruppe von Flüchtlingen in Ungarn hatten helfen wollen, wurde genauso irrelevant für den Verlauf der Geschichte wie die Tatsache, dass die SED am 9. November 1989 eigentlich nur eine beschränkte und geordnete Erweiterung der Reisefreiheit für DDR-Bürger verkünden wollte. Durch eine Reihe von Kommunikationspannen geriet die Lage außer Kontrolle und wurde Angela Merkel zum Günther Schabowski der Flüchtlingskrise. Solche Kommunikationspannen und Entscheidungen mit unbeabsichtigten, weitreichenden Folgen finden typischerweise in Krisensituationen statt, in denen unter großem Druck in einer unüberschaubaren Informationslage und innerhalb sehr kurzer Zeit von einem kleinen Kreis von Beteiligten Beschlüsse gefasst werden müssen. Die Entscheidungsspielräume sind in solchen Krisensituationen meistens sehr eingeengt. Wie hätten Faymann und Merkel in dieser Nacht vom 4. auf den 5. September 2015 anders entscheiden sollen? Hätten sie die Tausende von «Deutschland, Deutschland!» rufenden Flüchtlinge an der österreichisch-ungarischen Grenze mit Polizeigewalt an der Einreise hindern sollen?

Die Frage ist deshalb nicht, ob Faymann und Merkel in dieser Nacht die falsche Entscheidung trafen. Sie entschieden sich für die einzige Option, die ihnen in dem Moment realistischerweise noch übrig geblieben war. Der Fehler lag vielmehr viel weiter zurück, denn durch ihre Untätigkeit in den vorangegangenen Jahren hatten sie sich in diese Ecke manövrieren lassen. Seit 2011 wüteten Bürgerkriege in Syrien und anderen Ländern im Nahen Osten, seit Jahren waren Millionen Menschen auf der Flucht in Syrien selbst und in den Nachbarländern Jordanien, dem Libanon und der Türkei. Doch Europa tat nichts, um die Not dieser Menschen und der sie aufnehmenden Länder zu lindern. Die spätere «Flüchtlingskanzlerin» zeichnete sich vor dem Spätsommer 2015 mehrere Jahre lang vor allem durch Abwarten und Wegschauen aus. Selbst als das Erdoğan-Regime in den ersten Monaten 2015 begann, das Schleusergeschäft auf offener Straße zu tolerieren, und immer mehr Boote mit Flüchtlingen die griechischen Inseln erreichten, blieb eine angemessene Reaktion Europas aus. Man ließ den Dingen auch noch ihren Lauf, als Griechenland im Frühsommer 2015 begann, Flüchtlinge an die Grenze zu Nordmazedonien zu transportieren, von wo sie ungehindert über Serbien zur ungarischen Grenze weiterreisen konnten. Dass Ungarn die Flüchtlinge nicht aufnehmen wollte, war spätestens klar, als das Land am 17. Juni begann, die Grenze zu Serbien mit einem Zaun zu sichern. Warnungen hatte es ausreichend gegeben, Möglichkeiten früher, vorausschauender, wirkungsvoller und ja, auch humanitärer einzugreifen ebenfalls. Aber in der Nacht vom 4. auf den 5. September 2015 hatten Merkel und Faymann tatsächlich keine andere Wahl mehr. Hinzu kamen kommunikative Pannen, wie sie fast unvermeidlich sind, wenn man sich durch zu langes Zögern in eine Ecke treiben lässt.[76]

Bittstellerin am Bosporus

Im September und Oktober 2015 kamen täglich bis zu 10 000 Flüchtlinge über die österreichische Grenze nach Deutschland. Angesichts dieser Zahlen musste die Regierung Merkel schon bald an allen Fronten zurückrudern. Bereits am 13. September wurde beschlossen, wieder Grenzkontrollen an der österreichischen Grenze durchzuführen. Zu einer Schließung der Grenze für Flüchtlinge, wie sie ursprünglich zumindest in Teilen geplant gewesen war, kam es aber nicht. Die Bundeskanzlerin zweifelte daran, ob die Maßnahme vor Gericht Bestand haben würde. Außerdem befürchtete sie unpopuläre Bilder, sollten Flüchtlinge an der Grenze zurückgewiesen werden. Jeder, der sich auf das Asylrecht berief – was wohl alle taten, da erst einmal keine weiteren Belege erforderlich waren –, konnte nach wie vor einreisen. Auch das Fehlen gültiger Identitätsdokumente war weiterhin kein Grund, die Einreise zu verweigern. Damit waren die Grenzkontrollen allenfalls ein symbolisches Signal an die eigene Bevölkerung, bewirkten aber keinen Rückgang der Zahl der Einreisenden. Einige Wochen später kamen die Innen- und Justizministerien zu der «gemeinsamen Rechtsauffassung», dass Zurückweisungen durchaus möglich gewesen wären. Der wissenschaftliche Dienst des Bundestages bestätigte dies später.[77]

Da die Bundesregierung nicht willens war, selbst Menschen an der Grenze zurückzuweisen, versuchte sie nun, die Lösung zu externalisieren. Dazu gehörte der Versuch, die anderen EU-Mitgliedstaaten zu einer «fairen Lastenverteilung» bei der Aufnahme von Flüchtlingen zu bewegen. So, wie in Deutschland mithilfe des sogenannten «Königsteiner Schlüssels» Flüchtlinge proportional zur Einwohnerzahl – mit einem gewissen Korrekturfaktor für das Wohlstandsniveau – verteilt werden, solle man auch in Europa Flüchtlinge über die Mitgliedstaaten verteilen, so die Bundesregierung. Dem jahrelangen Beharren Deutschlands zum Trotz sind alle Versuche in diese Richtung bisher kläglich gescheitert, vor allem am Widerstand der osteuropäischen Mitgliedstaaten. Diese waren nicht bereit, die Folgen von Entscheidungen mitzutragen, die die deutsche und die österreichische Regierung im Alleingang und ohne Rücksprache mit den europäischen Partnern getroffen hatten. Außerdem wollten die Flüchtlinge selbst nicht nach Tschechien oder Polen, so, wie sie auch nicht in Griechenland, Serbien oder Ungarn bleiben wollten.

Selbst wenn man Flüchtlinge zum Aufenthalt in dem ihnen zugewiesenen Land gezwungen hätte, etwa durch den Verlust staatlicher Leistungen bei Nichtbefolgung, ist es fraglich, ob eine solche «faire Verteilung» wünschenswerte Effekte gehabt hätte. Der Königsteiner Schlüssel ist auch in Deutschland kein Erfolgsrezept. Im Gegenteil: Die Zuweisung von Flüchtlingen unabhängig davon, wie viele Migranten schon in einer Gegend leben und welche Erfahrungen die dort ansässige Bevölkerung mit der Integration von Menschen aus anderen Kulturkreisen gemacht hat, hat schon in den 1990er-Jahren in Deutschland zu einer rechtsradikalen Gewaltwelle in den ostdeutschen Bundesländern beigetragen. Der Zuzug von Flüchtlingen in eine Stadt, in der bereits seit Jahrzehnten Zuwanderer aus vielen Ländern der Welt leben, ist aus psychologischen und soziologischen Gründen etwas anderes als die vom Umfang her gleiche Flüchtlingszuwanderung in eine Region, in der bisher kaum Zuwanderer aus anderen Teilen der Welt gelebt haben.

In der jüngsten Flüchtlingskrise wurde der Fehler der 1990er-Jahre wiederholt: Auch seit 2015 war die Gewalt gegen Flüchtlinge stark in den ostdeutschen Bundesländern konzentriert, und dort konnte die AfD ihre größten Erfolge feiern. Wie ich in Kapitel 5 zeige, war darüber hinaus die Gewaltkriminalität durch Flüchtlinge in Ostdeutschland stärker ausgeprägt. Auch das ist ein Zeichen dafür, dass diese Teile Deutschlands, die viel weniger Erfahrungen mit Zuwanderung haben, nicht die gleiche Fähigkeit zur Aufnahme von vielen Flüchtlingen haben wie der Westen der Republik, der an Zuwanderung gewöhnt ist. Mit Blick auf die Verteilung der Kosten der Flüchtlingsintegration auf Kommunen und Länder mag der Königsteiner Schlüssel fair sein, doch mit Blick auf die Integration von Flüchtlingen und die Bewahrung des sozialen Friedens stellt er keineswegs eine Erfolg versprechende Blaupause für die europäische Flüchtlingspolitik dar. Wäre Angela Merkel mit ihrer Forderung, Flüchtlinge in großer Zahl nach Polen, Tschechien oder Rumänien umzusiedeln, erfolgreich gewesen, wären wir mit großer Wahrscheinlichkeit mit einer massiven Welle fremdenfeindlicher Gewalt und einer noch weiteren Stärkung rechtspopulistischer Kräfte in Osteuropa konfrontiert worden.

Statt Merkel zu folgen, bestanden im Herbst 2015 die Regierungen Österreichs und verschiedener ost- und südosteuropäischer Länder auf wirkungsvollen Grenzkontrollen auf der Balkanroute. Ungarn sicherte bis Mitte Oktober 2015 auch die kroatische Grenze mit einem Zaun. Im November entschieden sich Serbien, Nordmazedonien, Slowenien und Kroatien, nur noch Syrer, Iraker und Afghanen über ihre Grenze zu lassen.[78] Zugleich begann Nordmazedonien mit dem Bau eines Zauns an der Grenze zu Griechenland, der bis Mitte Februar 2016 fertiggestellt wurde.[79] Auf der Westbalkankonferenz in Wien am 24. Februar 2016 beschlossen die vier EU-Mitgliedstaaten Österreich, Slowenien, Kroatien und Bulgarien sowie die Länder des Westbalkans, die Balkanroute nahezu vollständig zu schließen. Zuerst wurde die Zahl der durchgelassenen Flüchtlinge auf einige Hundert pro Tag begrenzt. Ab dem 9. März ließ Nordmazedonien nur noch Menschen mit gültigen Reisepapieren und einem Visum über die griechische Grenze einreisen. Slowenien, Kroatien und Serbien akzeptierten nur noch Flüchtlinge, die in dem jeweiligen Land selbst Asyl beantragen wollten, was bekannterweise nur ganz wenige waren.

Bundeskanzlerin Merkel wies Einreisebeschränkungen und Grenzschließungen innerhalb des europäischen Raumes und die Bemühungen Österreichs und der Balkanstaaten, die Balkanroute zu schließen, von Anfang an als eine Verletzung europäischer Werte zurück. Stattdessen setzte sie auf Verhandlungen mit der Türkei. Unter dem Gesichtspunkt der Wahrung europäischer Werte war das eine bemerkenswerte Wahl, da die Türkei sich unter der Führung Recep Tayyip Erdoğans seit der Niederschlagung der Gezi-Proteste 2013 immer weiter von genau diesen Werten entfernt hatte. Das wurde nicht besser, als Erdoğans AKP bei den Parlamentswahlen vom Juni 2015 eine Niederlage einstecken musste. Auch weil es der prokurdischen HDP zum ersten Mal gelang, die 10-Prozent-Sperrklausel zu überwinden, verlor die AKP ihre Mehrheit im Parlament. Daraufhin rief Präsident Erdoğan die Justiz auf, Ermittlungen wegen Terrorunterstützung gegen den Spitzenkandidaten Selahattin Demirtaş und andere Parlamentarier der HDP einzuleiten, was die Staatsanwaltschaft Ende Juli 2015 tatsächlich tat.[80] Seit November 2016 sitzen Demirtaş sowie zahlreiche andere Parlamentarier und Bürgermeister der HDP im Gefängnis.

Statt sich ernsthaft auf Koalitionsverhandlungen einzulassen, beraumte Erdoğan Neuwahlen am 1. November an. Im Vorfeld der Wahlen kam es zu einer Welle politischer Gewalt im Land: Die türkische Armee und die Rebellen der PKK bekämpften sich, und AKP-Anhänger griffen wiederholt Büros der HDP und der kemalistischen Oppositionspartei CHP an. Auch regierungskritische Medien waren das Ziel von Angriffen, und einige von ihnen wurden mit fadenscheinigen Begründungen geschlossen. Im September 2015 wurde in Diyarbakir einer der prominenteste Menschenrechtsanwälte der Türkei, Tahir Elçi, erschossen. Verschiedene Journalisten und einfache Bürger, die etwa in den sozialen Medien Kritik an Erdoğan äußerten, wurden wegen «Präsidentenbeleidigung» angeklagt. Eine Beobachtermission der OSZE stellte fest, dass im öffentlichen Fernsehen TRT während der Wahlkampagne 77 Prozent aller ausgestrahlten Statements von AKP-Vertretern stammten, obwohl die Partei bei der Wahl im Juni lediglich 41 Prozent der Stimmen erzielt hatte.[81]

Ausgerechnet mit dieser türkischen Regierung wollte Angela Merkel nun die Flüchtlingszuwanderung eindämmen. Mitte Oktober 2015 einigten sich die Mitglieder der EU auf einen Aktionsplan für die Zusammenarbeit mit der Türkei. Am 18. Oktober reiste Merkel, mitten in der heißen Phase des türkischen Wahlkampfs, selbst nach Istanbul und traf Erdoğan im pompösen Yildiz-Palast am Bosporus. «Politisch drängende Fragen müssen auch in Wahlkampfzeiten besprochen werden», so die Kanzlerin.[82] Sie stellte der Türkei neben finanzieller Unterstützung bei der Integration von Flüchtlingen eine Beschleunigung des EU-Beitrittsprozesses sowie visafreies Reisen in die EU für türkische Staatsbürger in Aussicht, wenn das Land der EU helfen würde, den Zustrom von Flüchtlingen über die Ägäis zu reduzieren. Dies alles geschah weniger als zwei Wochen vor einer entscheidenden türkischen Parlamentswahl, die Beobachtern des Europarats und der OSZE zufolge unfair war, Erdoğan aber wieder zu einer Mehrheit verhalf und die Türkei definitiv vom Pfad der Demokratisierung wegführte. Dass die Türkei sich immer weiter von Demokratie und Menschenrechten entfernte, war auch das Fazit des jährlichen Fortschrittsberichts der EU-Kommission, in dem die Erfüllung der EU-Beitrittskriterien dokumentiert wird. Der Bericht hätte eigentlich bereits vor dem Merkel-Besuch in Istanbul erscheinen sollen, wurde aber von der EU-Kommission zurückgehalten, um Erdoğan nicht zu verärgern.[83] Er erschien neun Tage nach der Wahl, als der Schaden für die türkische Demokratie bereits eingetreten war.

Nach mehreren Monaten, in denen weiterverhandelt wurde, trat die Vereinbarung zwischen der Türkei und der EU am 18. März 2016 in Kraft.[84] Die Bedingungen für syrische Flüchtlinge in der Türkei wurden verbessert, vor allem, was den Zugang zum Arbeitsmarkt und zur Gesundheitsfürsorge betraf. Für die Integration der Flüchtlinge erhielt die Türkei von der EU finanzielle Hilfen in Milliardenhöhe, während die Türkei gegen die Schlepper vorging. Andere Bestandteile der Vereinbarung wurden nie wirklich umgesetzt. Die Visumfreiheit für türkische Staatsbürger gibt es bis heute nicht, weil die Türkei die Bedingungen dafür weiterhin nicht erfüllt. Das Gleiche gilt für den EU-Beitrittsprozess, der kaum vorangeschritten ist. Auch die vorgesehene Aufnahme von Flüchtlingskontingenten aus der Türkei durch EU-Mitgliedstaaten wurde nur in einem sehr geringen Umfang realisiert. Dennoch hielt die Vereinbarung im Großen und Ganzen, weil beide Seiten einen Vorteil davon haben. Für die EU zählt, dass deutlich weniger Flüchtlinge über die Türkei nach Europa kommen. Für das Regime in der Türkei ist es von großem außenpolitischem Vorteil, die EU von sich abhängig zu wissen und jederzeit mit einer erneuten Flüchtlingswelle drohen zu können. So verschaffte sich Erdoğan Rückendeckung für die weitere Unterdrückung der Opposition und der Presse, für die Bombardierung der eigenen Zivilbevölkerung ab Dezember 2015 im Südosten des Landes, für die Inhaftierung von Parlamentariern, Akademikern und Journalisten oder Menschenrechtsaktivisten wie Osman Kavala sowie für militärische Interventionen in Syrien und im Nordirak. Die Türkei hat von der EU freie Hand bekommen und muss allenfalls verbale Verurteilungen Deutschlands oder der EU fürchten. Nach wie vor ist die Türkei, die mittlerweile in allen internationalen Rankings als eindeutige Autokratie eingestuft wird, ein Beitrittskandidat für die EU und genießt alle Vorteile der Zollunion und des bevorzugten Zugangs zum europäischen Markt. Was das Gas für Russland ist, sind die Flüchtlinge für Erdoğans Türkei.

Das Ende der Flüchtlingskrise: Schließung der Balkanroute oder EU-Türkei-Deal?

Die Grafiken 2.3 und 2.4 haben gezeigt, dass die Zahl der Flüchtlinge, die über die verschiedenen Stationen der Balkanroute sowie über die türkisch-griechische Seegrenze nach Europa kamen, im zweiten Quartal 2016 deutlich abnahm und auch in den Jahren danach nicht mehr annähernd das Niveau der zweiten Jahreshälfte 2015 und der ersten beiden Monate von 2016 erreichte. Während im letzten Quartal 2015 von der europäischen Grenzagentur Fron-

Grafik 2.5: Tägliche Zahl der Illegalen Grenzübertritte an drei Stationen der Balkanroute, Januar – April 2016

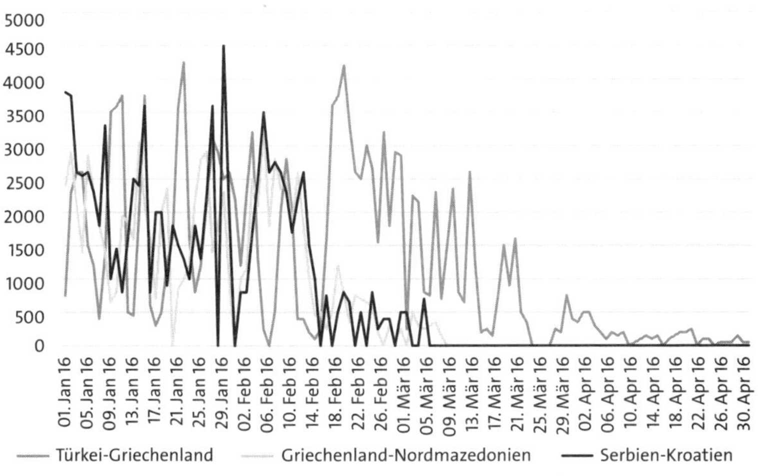

Quelle: Frontex, West Balkans Quarterly Berichte

tex fast eine halbe Million und im ersten Quartal 2016 unter meist winterlichen Bedingungen immerhin noch 140 000 illegale Grenzübertritte – das heißt ohne erforderliche Reisepapiere oder Visum – über die Ägäis von der Türkei nach Griechenland registriert wurden, waren es im zweiten Quartal 2016 nur noch gut 7000. Ganz ähnlich war es an den griechisch-nordmazedonischen und serbisch-kroatischen Grenzübergängen: Im letzten Quartal 2015 wurden an beiden Grenzen über 400 000 und im ersten Quartal 2016 noch über 100 000 illegale Grenzübertritte registriert, dagegen kamen im zweiten Quartal 2016 nur noch knapp 15 000 Menschen über die nordmazedonische und weniger als 100 über die kroatische Grenze. Die Flüchtlingswanderung über die ungarische Grenze war bereits in den letzten Monaten von 2015, nach den Grenzschließungen Ungarns, fast vollständig zum Erliegen gekommen.

Bis heute ist umstritten, was mehr und effizienter zum Rückgang der Flüchtlingszahlen beigetragen hat: die Schließung der Balkanroute oder die von Angela Merkel verhandelte Vereinbarung zwischen der EU und der Türkei. Aufschluss darüber gibt Grafik 2.5 mit den von Frontex täglich gezählten illegalen Grenzübertritten an drei wichtigen Stationen entlang der Balkanroute. Demnach nahm bereits ab Mitte Februar 2016 die Zahl der Grenzübertritte an den griechisch-nordmazedonischen und serbisch-kroatischen Grenzen stark ab, um ab dem Tag der offiziellen Schließung der Balkanroute am 9. März nahezu zum Erliegen zu kommen.[85] Mit etwas Verzögerung ging ab Anfang März auch die Zahl der Flüchtlinge über die türkisch-griechische Seegrenze stark zurück. Als die EU-Türkei-Erklärung am 18. März veröffentlicht wurde, hatte sich die Migration über die Ägäis im Vergleich zu den vorangegangenen Monaten bereits erheblich verringert. Am 18. März selbst und an den beiden folgenden Wochenenden schien der EU-Türkei-Deal noch keine größere Wirkung zu entfalten, denn es setzten noch einmal rund 4000 Menschen nach Griechenland über. Ab Montag, den 21. März, deuten die Daten dann aber darauf hin, dass die türkischen Behörden das Abkommen konsequent umsetzten: Von da an gelang nur noch wenigen Flüchtlingen die Überfahrt nach Griechenland.

Die Daten machen deutlich, dass beide Maßnahmen einen Beitrag zur Reduzierung der Flüchtlingszahlen geleistet haben. Es kann keine Rede davon sein, dass die Schließung der Balkanroute keine Wirkung gehabt hätte. Im Gegenteil: Die Schließung der Balkanroute verringerte den Anreiz zur Migration von der Türkei nach Griechenland stark. Trotz der sich verbessernden Wetterbedingungen machten sich ab Anfang März weniger Menschen auf den Weg nach Griechenland als in den beiden Monaten zuvor. Die Nachricht, dass die Reise in Griechenland zu Ende sein würde und keine guten Aussichten mehr bestanden, nach Westeuropa zu gelangen, muss sich in Izmir und anderen türkischen Küstenorten herumgesprochen haben. Möglich ist aber auch, dass die türkischen Behörden bereits im Vorfeld des Deals mit der EU anfingen, stärker gegen Schlepper vorzugehen.

Wie man auch über die relative Bedeutung der Schließung der

Balkanroute und der EU-Türkei-Erklärung denkt, gemeinsam widerlegt die Wirkung dieser Maßnahmen einen hartnäckigen Mythos in der Migrationsdiskussion, nämlich dass Zuwanderung nicht aufgehalten werden kann. Der Migrationsdruck sei zu groß, und die Grenzen von Nationalstaaten könnten im Zeitalter der Globalisierung ohnehin nicht wirkungsvoll kontrolliert werden. «Migration ist unausweichlich – und das ist gut so!», so Argentina Szabados, die Direktorin des deutschen Büros der International Organization for Migration.[86] François Crépeau, Sonderberichterstatter der UNO für Migration, kritisierte «die lächerliche Vorstellung, die Migration lasse sich stoppen».[87] Die Jahre 2015 und 2016 zeigen, dass Migration sehr wohl kontrollierbar ist, wenn der politische Wille dazu vorhanden ist.

Ebenso falsch ist das verwandte Argument, die Blockierung bestimmter Migrationswege führe nur zu einer Verlagerung der Migration auf andere Routen.[88] Auch das trifft im Falle der sogenannten Flüchtlingskrise eindeutig nicht zu. Nach der Schließung der Balkanroute und der starken Reduktion der Migration über den Seeweg zwischen Griechenland und der Türkei (von 857 000 Personen in 2015 auf 173 000 in 2016) kam es im Laufe des Jahres 2016 nur zu einem sehr geringfügigen Anstieg der Migration über die zentralmediterrane Route (von 154 000 auf 181 000 Personen).[89] Migration im Allgemeinen und Fluchtmigration im Besonderen kann man also sehr wohl steuern und begrenzen. Wie man das auf eine Art und Weise tun kann, die sowohl den Schutzbedürfnissen der Flüchtlinge als auch den Interessen der aufnehmenden Länder besser gerecht wird, darauf werden wir am Ende dieses Buches zurückkommen.

Kapitel 3

Ein neues Wirtschaftswunder?

Geburtshelfer und Lebensretter

Im November 2018 wurde unsere Tochter in einem Berliner Krankenhaus geboren. In der letzten Phase der Entbindung kam es zu Komplikationen. Ein Arzt kam herbeigeeilt. Als das Baby endlich da war, wurde es wieder spannend, weil es nicht anfing zu atmen. Der Arzt nahm das Kind, forderte mich auf, mit ihm zu kommen. Wir rannten in ein Nebenzimmer, wo die Kleine Sauerstoff bekam. Zum Glück hörten wir bald das befreiende Schreien. Als das kerngesunde Mädchen auf der Brust seiner Mutter lag, konnten wir aufatmen. Der Arzt fragte, wie sie denn heißen würde. «Delal», antwortete meine Frau. «Was für eine passende Wahl!», antwortete der Arzt, «den Namen gibt es in meinem Heimatland auch. Dort bedeutet er ‹die Schöne›.» «Wo kommen Sie denn her?», fragten wir. «Aus Syrien», lautete die Antwort. Der Name «Delal» ist kurdischen Ursprungs. Der Wortstamm «dil» bedeutet «Herz». «Delal» steht für «die Beliebte» oder, in der Tat, «die Schöne». Der Name ist auch in dem an Kurdistan angrenzenden arabischen Sprachraum geläufig. Die ganze Zeit hatten wir uns auf Deutsch unterhalten. Der Arzt, so stellte sich heraus, der unserer Tochter auf die Welt geholfen hatte, war ein arabischstämmiger Syrer, der erst vor wenigen Jahren als Flüchtling nach Deutschland gekommen war. Eine bessere Erfolgsgeschichte der «Flüchtlingskrise» gibt es nicht – zumindest nicht aus unserer Sicht.

Es handelt sich hier bei Weitem nicht um einen Einzelfall. Im Dezember 2020 gab es in Deutschland nicht weniger als 4970 syrische Ärzte; 4234 davon arbeiteten in Krankenhäusern, die übrigen waren in anderer Form ärztlich tätig.[90] Damit ist Syrien das Land, aus dem die meisten ausländischen Ärzte in Deutschland stammen (knapp 9 Prozent der 56 107 ausländischen Ärzte in Deutschland). Nicht alle von ihnen sind seit 2015 nach Deutschland gekommen, aber die große Mehrheit schon.[91] Syrer sind sogar im Vergleich zum Bevölkerungsdurchschnitt bei den Ärzten überrepräsentiert: Sie stellen 0,9 Prozent der Ärzte, aber nur 0,8 Prozent der Bevölkerung. Im Gesundheitsbereich, wo qualifiziertes Personal dringend gesucht wird, hat die Flüchtlingszuwanderung aus Syrien also wichtige Lücken schließen können. Das ist ein Beitrag ganz besonderer Art, weil es um Menschen geht, die geflohen sind, um ihr Leben zu retten, und die nun hier in Deutschland helfen, Leben zu retten und neues Leben in die Welt zu setzen.

Andere Flüchtlingsgruppen sind allerdings lange nicht so stark unter den Ärzten vertreten, auch wenn man berücksichtigt, dass sie insgesamt weniger zahlreich sind als die Syrer. Fast 5000 syrischen stehen 569 irakische, 210 afghanische und 125 nigerianische Ärzte und nicht mehr als eine Handvoll Ärzte aus Ländern wie Somalia und Eritrea gegenüber.[92] Nur der Iran stellt auch eine größere Zahl an Ärzten (1173), aber diese kamen fast ausschließlich lange vor 2015 nach Deutschland. Der hohe Anteil syrischer Ärzte bedeutet nicht, dass die Arbeitsmarktintegration der Syrer insgesamt besser gelungen ist als die anderer Flüchtlingsgruppen. Syrer stellen nicht nur die größte Zahl an Ärzten, sondern verglichen mit anderen größeren Flüchtlingsgruppen, wie wir weiter unten sehen werden, auch den höchsten Prozentsatz an Empfängern von Sozialleistungen. Erfolgsbeispiele wie das der syrischen Ärzte hervorzuheben ist wichtig und zeigt, wie gut die Arbeitsmarktintegration gelingen und wie groß der Gewinn für eine aufnehmende Gesellschaft sein kann. Aber die grundsätzliche Frage, wie es um die Arbeitsmarktintegration von Flüchtlingen steht, kann mit einzelnen Geschichten von Erfolg – oder auch Scheitern – nicht beantwortet werden.

Euphorische Arbeitgeber

Die Debatte um die Arbeitsmarktintegration von Flüchtlingen und ihren Beitrag zur deutschen Wirtschaft wurde anfänglich von optimistischen, teils euphorischen Stimmen dominiert. Bundeskanzlerin Angela Merkel gab auf der Bundespressekonferenz am 31. August 2015, wo sie auch die berühmten Worte «Wir schaffen das!» sprach, den Ton vor: «Unsere Wirtschaft ist stark, unser Arbeitsmarkt ist robust, ja sogar aufnahmefähig. Denken wir an den Bereich der Fachkräfte.» «Von gelungener Einwanderung hat ein Land noch immer profitiert– wirtschaftlich wie gesellschaftlich», legte sie, etwas tautologisch, in ihrer Neujahrsansprache am 31. Dezember 2015 nach. Im Bundestag betonte Wirtschaftsminister Sigmar Gabriel die Chancen, die die Flüchtlingszuwanderung biete, um zwei der großen Strukturprobleme Deutschlands zu lindern, den Fachkräftemangel und die wirtschaftlichen Folgen der Alterung der Bevölkerung: «Schaffen wir es, die Menschen, die zu uns kommen, schnell auszubilden, weiterzubilden und in Arbeit zu bringen, dann lösen wir eines unserer größten Probleme: den Fachkräftemangel.» Durch den Geburtenrückgang fehlten, so Gabriel, bis 2030 sechs Millionen Arbeitskräfte, die nicht für die Erarbeitung des Wohlstands zur Verfügung stehen würden: «Die Zuwanderer, die jetzt kommen, können uns helfen, das wieder zu ändern.» Arbeitsministerin Andrea Nahles warnte allerdings vor zu hohen Erwartungen:

> Ich will auch klar darauf hinweisen: Nicht alle, die da kommen, sind hoch qualifiziert. Ganz klar: Das ist nicht so. Der syrische Arzt ist nicht der Normalfall [...]. Nicht einmal jeder Zehnte kann

> direkt in Arbeit oder Ausbildung kommen. Zumeist fehlen Deutschkenntnisse, aber auch anderes. […] Vielleicht findet sich auch ein Betrieb, der mit Ausbildung oder Training on the Job motivierte Mitarbeiter für die Zukunft gewinnen will. Die Signale, die ich alleine in den letzten Tagen aus der deutschen Wirtschaft erhalten habe, stimmen mich hier sehr optimistisch.[93]

In der Tat, Vertreter der Wirtschaft äußerten sich im Herbst 2015 geradezu begeistert über die Flüchtlingszuwanderung, etwa Daimler-Chef Dieter Zetsche:

> Im besten Fall kann es auch eine Grundlage für das nächste deutsche Wirtschaftswunder werden – so wie die Millionen von Gastarbeitern in den 50er- und 60er-Jahren ganz wesentlich zum Aufschwung der Bundesrepublik beigetragen haben […]. Natürlich ist nicht jeder Flüchtling ein brillanter Ingenieur, Mechaniker oder Unternehmer, sicher nicht. Aber viele sind top-ausgebildet. Ich glaube, wer sein komplettes Leben zurücklässt, ist hoch motiviert […]. Genau solche Menschen suchen wir bei Mercedes und überall in unserem Land.[94]

Der Vorsitzende der Industrie- und Handelskammer Frankfurt, Mathias Müller, zeigte sich nicht weniger optimistisch:

> Bei den Flüchtlingen sind viele junge Leute dabei, die eine Ausbildung machen können – wir brauchen diese Leute, um dem Fachkräftemangel von morgen vorzubeugen. […] Wir sollten uns daran erinnern, dass das deutsche Wirtschaftswunder auch nur mit Hilfe von Flüchtlingen aus den Ostgebieten möglich war, die hoch motiviert an die Arbeit gingen, obwohl sie alles verloren hatten.[95]

Sein Kollege bei der Industrie- und Handelskammer Wuppertal-Solingen-Remscheid, Thomas Meyer, meinte, die deutsche Industrie werde selbst dann profitieren, wenn ein Teil der Flüchtlinge in ihre Herkunftsländer zurückkehre: «Rückkehrer werden nicht vergessen, wo sie ausgebildet wurden. Das wird uns als Exportland zugutekommen.»[96]

Andreas Rees, Chefvolkswirt der Großbank UniCredit, prognostizierte durch die Flüchtlingszuwanderung eine Zunahme der deutschen Wirtschaftsleistung bis 2020 um etwa 1,7 Prozent: «Das entspricht einem Zuwachs von rund 50 Milliarden Euro, verglichen mit einem Szenario ohne zusätzliche Einwanderung. [...] Wenn man davon ausgeht, dass jeder zweite Einwanderer mittelfristig einen Job findet, dann erhöht sich dadurch das Arbeitskräfteangebot. Das ist eine Chance für mehr Wachstum in Deutschland in den kommenden Jahren.» David Folkerts-Landau, Chefvolkswirt der Deutschen Bank, formulierte es so:

> Dass eine Million Flüchtlinge nach Deutschland gekommen sind, ist für mich das Beste, was 2015 passiert ist. Das ist eine Riesenchance für das Land, die die Position Deutschlands in der Weltwirtschaft und innerhalb Europas in den kommenden Jahrzehnten stärken kann. Ich kann mir sogar vorstellen, dass sich wieder eine kulturelle und wirtschaftliche Blüte ähnlich der in den Jahrzehnten vor dem Ausbruch des Ersten Weltkriegs entwickelt. [...] Ich verstehe, dass die Menschen vorsichtig und verunsichert sind, aber ich bin absolut überzeugt, dass dies ein Glücksfall für Deutschland ist. Dass Angela Merkel Deutschland für Flüchtlinge geöffnet hat, war wahrscheinlich die größte Tat ihrer bisherigen Kanzlerschaft.[97]

Auch manche Wirtschaftswissenschaftler, die nicht für Unternehmen arbeiteten, nährten den Optimismus, allen voran Marcel Fratzscher, Leiter des Deutschen Instituts für Wirtschaftsforschung (DIW), der zusammen mit seinem DIW-Kollegen Simon Junker eine Studie verfasste, die breite öffentliche Resonanz fand:

> Die zentrale Frage ist nicht, ob die Flüchtlinge langfristig einen wirtschaftlichen Nutzen für Deutschland bedeuten, sondern ledig-

> lich, wie schnell die Leistungen der Flüchtlinge die zusätzlichen Ausgaben übertreffen. Denn auch wenn die Integration in den Arbeitsmarkt langsamer verlaufen sollte als erhofft, so werden die Flüchtlinge langfristig einen positiven wirtschaftlichen Beitrag für Deutschland leisten. Mehr noch: Auch die bereits in Deutschland lebenden Bürger werden langfristig von der Zuwanderung profitieren und ein höheres Pro-Kopf-Einkommen erzielen.[98]

«Nach knapp fünf bis sieben Jahren» würden die Leistungen, die Flüchtlinge durch ihre Arbeitskraft und Steuerabgaben erbringen, die Kosten übersteigen. «Viele der Geflüchteten werden die Renten der Babyboomer zahlen», so der Wirtschaftsexperte.[99]

Andere Ökonomen sahen das skeptischer, wie es ein im Februar 2016 erschienenes Sonderheft des Münchner Leibniz-Instituts für Wirtschaftsforschung (ifo) zeigt.[100] Darin legten neben Fratzscher und Junker eine ganze Reihe anderer prominenter Ökonomen ihre Einschätzung der langfristigen Auswirkungen der Flüchtlingszuwanderung dar. Einigkeit herrschte darüber, dass Investitionen in die Ausbildung, den Spracherwerb und die Arbeitsmarktintegration von Flüchtlingen wichtig und nützlich sind, weil es maßgeblich vom Gelingen der Arbeitsmarktintegration abhängt, wie die Kosten-Nutzen-Bilanz der Flüchtlingszuwanderung ausfällt. Da das Qualifikationsniveau der meisten Flüchtlinge eher gering ist und Erfahrungen aus der Vergangenheit zeigen, dass die Integration von Flüchtlingen deutlich mühsamer verläuft als die von anderen Zuwanderern, teilte aber keiner der anderen im Heft vertretenen Wirtschaftswissenschaftler die optimistische Einschätzung der DIW-Ökonomen, dass selbst bei niedriger Arbeitsproduktivität und Arbeitsmarktbeteiligung positive wirtschaftliche Effekte zu erwarten seien.

In einer für die Heinrich-Böll-Stiftung der Grünen verfassten Studie widersprach Holger Bonin vom Mannheimer Zentrum für europäische Wirtschaftsforschung der These, dass die Flüchtlingszuwanderung helfen könne, die durch die Bevölkerungsalterung drohende Finanzierungslücke der Staatsfinanzen abzumildern.[101] Dafür müssten Flüchtlinge nämlich mehr an Steuern und Sozialabgaben in die Staats- und Sozialkassen einzahlen, als sie an Leistungen erhalten. Das wiederum hängt entscheidend von der Arbeitsmarktbeteiligung sowie dem damit verdienten Einkommen von Flüchtlingen ab. Das ernüchternde Ergebnis der Studie, die trotzdem den Titel «Gewinne der Integration» trug, war, dass nur im günstigsten Fall, in dem alle Flüchtlinge innerhalb von zehn Jahren die «fiskalische Leistungsfähigkeit» – heißt: das steuerpflichtige Einkommen – von Einheimischen mit abgeschlossener Berufsausbildung erreichen, ein kleines Plus für die Staatsfinanzen resultieren würde. In allen anderen Szenarien vergrößere die Flüchtlingszuwanderung die Lasten für die Staatskasse, da bei langsamerer Arbeitsmarktintegration oder einem geringeren Qualifikationsniveau Flüchtlinge insgesamt mehr Leistungen vom Staat beziehen, als sie an Steuern und Sozialabgaben zahlen. Dies wird für die Bürger nur teilweise dadurch kompensiert, dass durch die zuwanderungsbedingte Vergrößerung der arbeitenden Bevölkerung die Steuerlast über mehr Köpfe verteilt werden kann. Auch wenn das berücksichtigt wird, gilt nach den Berechnungen Bonins, dass das Ergebnis für die Staatskasse negativ ausfällt, wenn nicht innerhalb von zehn Jahren mindestens 60 Prozent der Flüchtlinge die fiskalische Leistungsfähigkeit von Einheimischen mit abgeschlossener Berufsausbildung erreichen. Eine so schnelle und erfolgreiche Integration liegt angesichts der von den meisten Flüchtlingen mitgebrachten Startqualifikationen jedoch weit außerhalb des realistisch Erwartbaren. Die Freiburger Ökonomen Raffelhüschen und Moog kamen zu ähnlichen Ergebnissen.[102]

Dass gerade viele Arbeitgeber die Flüchtlingszuwanderung so positiv sahen, ist nicht verwunderlich, wenn man bedenkt, dass die Mehrausgaben, die für die Integration von Flüchtlingen getätigt werden – direkt durch öffentliche Aufträge etwa für den Bau von Unterkünften und die Versorgung ihrer Bewohner oder indirekt durch den gestiegenen Konsum –, den Kapitaleigentümern zugutekommen.[103] Dass die staatlichen Ausgaben für die Flüchtlingszuwanderung zu einer Steigerung des Bruttoinlandsproduktes führen und die Wirtschaft wachsen lassen, wird von keinem Ökonomen bestritten. Tobias Hentze und Galina Kolev vom Kölner Institut der deutschen Wirtschaft errechneten in einer Studie aus dem Jahr 2016, dass das Bruttoinlandsprodukt durch die Flüchtlingszuwanderung bis 2020 kumulativ um bis zu 95 Milliarden Euro höher ausfallen könnte.[104] Das sind 95 Milliarden mehr an Umsatz für die Wirtschaft, wovon auch der Staat in der Form von Steuermehreinnahmen mitprofitiert. Allerdings nehmen auch die Bevölkerung (kumulativ seit 2015 um etwa zwei Prozent) und die Staatsausgaben durch die Flüchtlingszuwanderung zu. Hentze und Kolev zeigen, dass trotz des Wachstums der Gesamtwirtschaft die Effekte der Flüchtlingszuwanderung auf das durchschnittliche Pro-Kopf-Einkommen der Bevölkerung und die fiskalische Bilanz des Staates leicht negativ sind.[105] Hinzu kommt, dass die Einkommenseffekte von (im Falle der Flüchtlinge meist niedrig qualifizierter) Zuwanderung nicht gleichmäßig über verschiedene Bevölkerungsgruppen verteilt sind. Die Münsteraner Ökonomen Ulrich van Suntum und Daniel Schultewolter kommen zu dem Schluss, dass die Flüchtlingszuwanderung zwar positive Effekte für das Pro-Kopf-Einkommen von Kapitaleigentümern hat, aber nicht für das der Arbeitnehmer.[106]

Natürlich sind Arbeitgeber angesichts der bestehenden Engpässe auf dem Arbeitsmarkt gerne bereit, Flüchtlinge einzustellen, die über die richtige Qualifikation und Motivation verfügen. Allerdings tun sie das immer in der Gewissheit, dass die Kosten für die Flüchtlinge, die sich nicht leicht in den Arbeitsmarkt integrieren lassen, von der Gemeinschaft getragen werden. Insofern sind die Vergleiche, die manche Arbeitgeber mit der Ära der «Gastarbeiter» zogen, nicht unzutreffend. Auch damals übten Arbeitgeber großen Druck auf die Politik aus, damit «Gastarbeiter» angeworben wurden und später das anfängliche Rotationsmodell aufgegeben wurde. Als es nach der Ölkrise von 1973 ökonomisch bergab ging und die

Automatisierung sowie die Konkurrenz auf dem Weltmarkt viele der niedrig qualifizierten Jobs, in denen die Gastarbeiter tätig waren, verschwinden ließen, verloren viele von ihnen ihre Arbeit. Am Nutzen der Arbeitskraft der Gastarbeiter hatte sich die Industrie gerne beteiligt, die später anfallenden Kosten wurden der Gesellschaft aufgebürdet.

In einem Interview mit der Zeitung *Die Welt* wurde der oben bereits zitierte Chefvolkswirt der Deutschen Bank, David Folkerts-Landau, gefragt: «Wie viele dieser Einwanderer wird die Deutsche Bank denn einstellen? Vermutlich kaum einen, wenn Sie ehrlich sind.»[107] Die Antwort von Folkerts-Landau war ausweichend, aber Daten aus einer Umfrage der Zeitschrift *Business Insider* vom Juni 2019 deuten darauf hin, dass *Die Welt* mit ihrer rhetorischen Frage einen wunden Punkt getroffen hatte.[108] Bei den meisten Konzernen, die zu den Top 30 des Deutschen Aktienindexes DAX gehören, arbeiteten zu dem Zeitpunkt nur sehr wenige Flüchtlinge. Eine große Ausnahme war die Deutsche Post, die gut 4000 Mitarbeiter mit einem Flüchtlingshintergrund eingestellt hatte, was wohl mit den geringen Qualifikationsanforderungen mancher Aufgaben bei der Post zu tun hat, wie eine Konzernsprecherin erklärte: «Insgesamt fokussieren wir uns auf ein Angebot im eher niedrigschwelligen Job-Level, so können in unseren Brief- und Paketzentren auch Geflüchtete einen Job finden, die noch nicht über fundierte Sprachkenntnisse in Deutsch verfügen.» Dagegen arbeiteten insbesondere im Bereich Banken und Versicherungen kaum Flüchtlinge, was wohl mit den höheren Qualifikationsanforderungen für Jobs in diesem Sektor zusammenhängen dürfte.

Wenn überhaupt aus der Flüchtlingszuwanderung positive Effekte auf die Staatsfinanzen und das Einkommen der Bevölkerung hervorgehen, dann erst auf längere Sicht. Langfristige Prognosen sind allerdings mit großen Unsicherheitsmargen behaftet und laufen unter der Prämisse «falls nichts dazwischenkommt». Nur kommt meistens etwas dazwischen, wie nach der Gastarbeiteranwerbung die Ölkrise und der Strukturwandel der Industrie, oder in jüngerer Zeit die Corona-Pandemie oder der Krieg in der Ukraine und der dadurch ausgelöste neue Flüchtlingsstrom. Deshalb sollte man sich lieber nicht mit Erträgen in der mittleren und fernen Zukunft reich rechnen. Auch für Ökonomen gilt, dass nichts so schwer vorherzusagen ist wie die Zukunft.

Integration in den Arbeitsmarkt

Letztlich sollte bei Flüchtlingen die Frage nach dem Nutzen für die aufnehmende Gesellschaft nicht im Vordergrund stehen. Humanitäre Hilfe darf ja etwas kosten, und der wichtigste Nutzen sollte darin liegen, dass Menschen in Not geholfen wird. Die Frage, wie gut die Integration von Flüchtlingen in den Arbeitsmarkt gelungen ist, ist aber auch aus vielen anderen Gründen von entscheidender Bedeutung. In erster Linie natürlich für die Flüchtlinge selbst, die nur durch Arbeit ihren Platz in der Gesellschaft finden und ihre Träume von Wohlstand und sozialer Mobilität realisieren können. Ein Misslingen der Integration hat darüber hinaus viele andere negative Konsequenzen. Ohne sie wird auch die soziale Integration scheitern und werden Flüchtlinge und Einheimische einander fremd bleiben, denn der Arbeitsplatz bietet wichtige Gelegenheiten für Kontakt und Austausch. Ohne ein Einkommen aus Arbeit haben Flüchtlinge außerdem geringe Chancen auf dem Wohnungsmarkt. Dadurch droht eine räumliche Segregation, die auch die Zukunftschancen ihrer Kinder beeinträchtigt. Fehlende Arbeit, ein geringes Einkommen und räumliche Segregation erhöhen wiederum das Risiko einer religiösen Radikalisierung oder eines Abgleitens in die Kriminalität. Dass humanitäre Hilfe etwas kosten darf, bedeutet außerdem nicht, dass man sich der Frage verschließen sollte, ob mit einer anders gestalteten Flüchtlingspolitik die humanitären Ziele mit geringeren Kosten und größerem Nutzen für die aufnehmende Gesellschaft hätten erreicht werden können.

Als Angela Merkel gegen Ende ihrer Kanzlerschaft und sechs

Jahre nach ihren berühmten Worte nach ihrer Bilanz der Flüchtlingsintegration gefragt wurde, lautete ihre Antwort: «Ja, wir haben das geschafft.»[109] Bereits drei Jahre zuvor, im Dezember 2018, hatte Ingo Kramer, Präsident der Bundesvereinigung der Deutschen Arbeitgeberverbände, den gleichen Schluss gezogen. Die Integration der Flüchtlinge in Deutschland laufe deutlich erfolgreicher als angenommen: «Von mehr als einer Million Menschen, die vor allem seit 2015 nach Deutschland gekommen sind, haben heute bald 400 000 einen Ausbildungs- oder Arbeitsplatz.» «Die Unternehmer machen das schon», fügte er hinzu, und: «Angela Merkel hat mit ihrem Satz ‹Wir schaffen das› recht behalten.»[110]

Eine Studie des Nürnberger Instituts für Arbeitsmarkt- und Berufsforschung (IAB) der Bundesagentur für Arbeit, die Anfang 2020 mit großer Medienresonanz veröffentlicht wurde, schien diese Einschätzungen zu bestätigen.[111] «Die Hälfte der Flüchtlinge hat einen Job», unter solchen Überschriften berichteten *Süddeutsche Zeitung*, *Tagesschau* und andere Medien darüber.[112] «Fünf Jahre nach dem Zuzug sind 49 Prozent, also knapp die Hälfte der Geflüchteten, erwerbstätig, gut achtzig Prozent davon sozialversicherungspflichtig», so Studienleiter Herbert Brücker in einem Interview mit dem Berliner *Tagesspiegel*. Nicht nur das, ergänzte Brücker, die Flüchtlinge arbeiteten auch überwiegend als Fachkräfte: «Uns hat überrascht, dass 57 Prozent der erwerbstätigen Geflüchteten eine qualifizierte Tätigkeit als Fachkraft oder eine noch anspruchsvollere Tätigkeit ausüben.»[113]

Es sieht so aus, als könnten wir dieses Kapitel hier beenden. Die Arbeitsmarktintegration der Flüchtlinge ist weitgehend gelungen, die Arbeitgeber haben die Fachkräfte bekommen, die sie sich erhofft hatten, und ja, die Kanzlerin hatte recht: Wir haben es geschafft. Doch ein genauerer Blick auf die Daten zeigt ein anderes Bild. Obwohl man zunächst den Eindruck hat, die Ergebnisse der Studie beruhten auf statistischen Daten, handelt es sich tatsächlich um Schätzungen auf der Basis einer Stichprobe. Diese Stichprobe umfasst insgesamt knapp 8000 Flüchtlinge, die zwischen dem 1. Januar 2013 und dem 31. Dezember 2016 nach Deutschland eingereist sind. Die Befragung fand in mehreren Wellen statt, wobei das Ziel war, die gleichen Befragten über die Zeit zu verfolgen, eine sogenannte Panelbefragung. Die Anfang 2020 veröffentlichte Studie zur Arbeitsmarktintegration von Flüchtlingen bezog sich auf die Befragungen in den Jahren 2016 f.und 2018. Die Aussage, dass nach fünf Jahren Aufenthalt 49 Prozent der Flüchtlinge einen Job haben, kann sich demnach nur auf den Teil der Befragten beziehen, die bereits 2013 nach Deutschland kamen, da nur diese zum Zeitpunkt der letzten Befragung im Jahr 2018 bereits fünf Jahre in Deutschland waren.[114] Diese Gruppe macht tatsächlich aber nur einen kleinen Teil der Stichprobe aus, da die meisten Flüchtlinge 2015 und 2016 nach Deutschland kamen und im Jahr 2018 erst seit zwei bis drei Jahren in Deutschland waren. Über die Frage, wie es dieser Mehrheit der Flüchtlinge fünf Jahre nach der Ankunft in Deutschland geht, hätte die Studie eigentlich nichts sagen können.

Hinzu kommt das Problem der sogenannten «Panel-Attrition», mit dem alle Panelstudien zu kämpfen haben: Von den Befragten, die an der ersten Befragung teilnahmen, nimmt nur ein Teil auch an der zweiten teil, davon wieder nur ein Teil an der dritten Befragung und so weiter. Auch in der IAB-Studie war der Panelausfall erheblich: Von den 2016 befragten 4465 Teilnehmern nahmen 2630 (59 Prozent) auch an der zweiten und nur 1761 (39 Prozent) auch an der dritten Befragung teil. Aussagen über Integrationsverläufe der gleichen Personen über den Zeitraum der Studie können so nur auf der Basis dieser Befragtengruppe gemacht werden. Diesem Problem begegnet man normalerweise – und so auch in dieser Studie – dadurch, dass die Stichprobe mit neuen Befragten «aufgefrischt» wird. Außerdem werden Gewichtungen nach Merkmalen vorgenommen, die mit der Wahrscheinlichkeit zusammenhängen, aus dem Panel herauszufallen (oder überhaupt nie eine Teilnahme zuzusagen). Zu diesen Merkmalen gehören üblicherweise Geschlecht, Alter, Bildungsniveau und Arbeitsmarktstatus. Problematisch wird das allerdings, wenn man gerade über den zeitlichen Verlauf dieser Merkmale repräsentative Aussagen machen will, aber kein Bild von der sogenannten «Grundgesamtheit» hat. Panelausfall in Bezug auf Bildungsniveau oder Arbeitsmarktstatus kann man nur korrigieren, wenn man die richtigen Zahlen bereits kennt, wie dies zum Beispiel für Geschlecht und Alter auf der Basis verfügbarer Statistiken gilt. Wenn Flüchtlinge, die nicht auf dem Arbeitsmarkt aktiv und von staatlichen Leistungen abhängig sind, weniger geneigt sind, an der Studie teilzunehmen, oder dazu tendieren, an weiteren Befragungsrunden nicht mehr teilzunehmen, lässt sich dies nicht zuverlässig korrigieren. Ein solches Szenario ist nicht unwahrscheinlich und würde dazu führen, dass von Befragungswelle zu Befragungswelle die Arbeitsmarktbeteiligung der Befragten höher und die Leistungsabhängigkeit niedriger ausfällt, als sie es tatsächlich sind.

Bei einem Panelausfall von 61 Prozent in einem Zeitraum von nur zwei Jahren sind das bestimmt keine vernachlässigbaren Probleme, die allerdings in der medialen Darstellung der Studie nicht zur Sprache kamen. Hinzu kommt: Die Begriffe «erwerbstätig sein» und «einen Job haben» wurden in der Studie großzügig definiert. Zwischen Vollzeitbeschäftigten, Teilzeitbeschäftigten, geringfügig Beschäftigten, Absolventen einer bezahlten Ausbildung oder eines vergüteten Praktikums wurde in der medialen Darstellung nicht differenziert. So fiel es leicht, auf die Zahl von 49 Prozent Erwerbstätige zu kommen.

Inwieweit die Befunde der IAB-Studie mit der realen Arbeitsmarktsituation von Flüchtlingen übereinstimmen, lässt sich mithilfe der Arbeitsmarktstatistiken der Bundesagentur für Arbeit (BA, zu der übrigens auch das IAB gehört) nachprüfen. Die Bundesagentur für Arbeit publiziert regelmäßig Statistiken über die Arbeitsmarktposition und Abhängigkeit von staatlichen Leistungen von Personen aus sogenannten «Asylherkunftsländern».[115] Diese Personengruppe umfasst Menschen, die aus den acht wichtigsten nichteuropäischen Herkunftsländern von Asylsuchenden

Grafik 3.1: Prozentsatz der Menschen im erwerbsfähigen Alter (15–64 Jahre), die sozialversicherungspflichtig beschäftigt sind, Personen aus den acht wichtigsten Asylherkunftsländern versus deutsche Staatsangehörige, 2012–2021

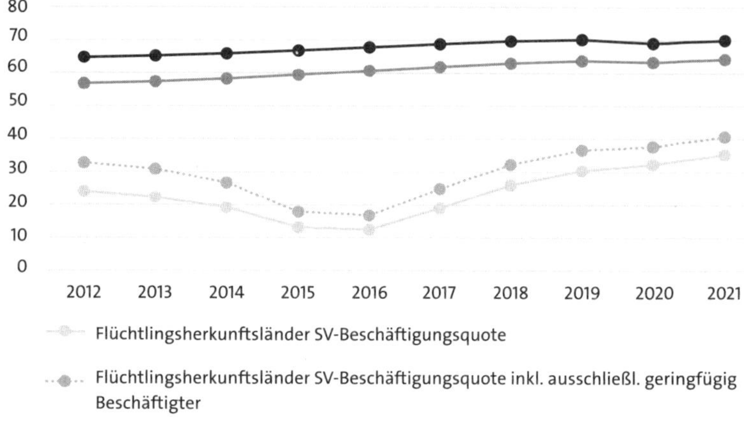

stammen: Afghanistan, Eritrea, Irak, Iran, Nigeria, Pakistan, Somalia und Syrien.[116] Da die Erhebung auf der Basis der Nationalität und nicht auf der des Flüchtlingsstatus erfolgt, umfassen diese Statistiken auch Menschen, die nicht als Flüchtling, sondern zum Beispiel als Arbeits- oder Heiratsmigrant nach Deutschland gekommen sind. Auch umfassen sie Personen, die bereits vor Anfang der jüngsten Flüchtlingswelle nach Deutschland gekommen sind. Die meisten Menschen (72 Prozent, Stand 2020), die aus diesen acht Ländern stammen, sind allerdings Flüchtlinge. Über 85 Prozent von ihnen kamen seit 2014 nach Deutschland. Das gilt insbesondere für die zahlenmäßig größte Gruppe der Syrer, von denen 95 Prozent seit 2014 nach Deutschland kamen.[117] Auch diese Daten bieten nur eine Annäherung an die reale Arbeitsmarktposition derjenigen Flüchtlinge, die seit etwa 2014 nach Deutschland gekommen sind. Wir werden den Arbeitsmarkterfolg dieser Flüchtlingsgruppe mit Blick auf die BA-Daten tendenziell etwas überschätzen, da sie auch Menschen, die bereits länger in Deutschland sind oder die als Arbeitsmigrant gekommen sind, enthalten.

Grafik 3.1 zeigt für den Zeitraum von 2012 bis 2021 den Anteil der erwerbsfähigen Bevölkerung – das heißt der 15- bis 64-Jährigen – aus den acht Flüchtlingsherkunftsländern, der sozialversicherungspflichtig beschäftigt war. Durch den Zustrom neuer Flüchtlinge, die erst einmal nicht auf dem Arbeitsmarkt aktiv waren, sank dieser Anteil zunächst von 24 Prozent 2012 auf 12 Prozent 2016, um dann wieder langsam auf 35 Prozent am Jahresende 2021 zu wachsen. Schließen wir die geringfügig Beschäftigten mit ein, erhöht sich die Beschäftigungsquote auf 41 Prozent Ende 2021. Zu keinem Zeitpunkt erreicht sie aber auch nur annähernd die 49 Prozent, die in der IAB-Studie genannt wurden. Nun bezogen sich diese 49 Prozent allerdings nicht auf alle Flüchtlinge, sondern nur auf die, die bereits fünf Jahre in Deutschland waren. Die durchschnittliche Aufenthaltsdauer aller in Deutschland lebenden Flüchtlinge betrug allerdings bereits Ende 2020 acht Jahre,[118] das heißt im Schnitt drei Jahre mehr als die fünf Jahre, die laut IAB-Studie bereits zu einer Beschäftigungsquote von 49 Prozent geführt haben müssten. Für alle Ausländer aus den acht Flüchtlingsherkunftsländern betrug die durchschnittliche Aufenthaltsdauer Ende 2020 zwischen 4,8 Jahren für Syrer und 8,5 Jahren für Iraner. Auch das hätte – wären die Hochrechnungen des IAB zutreffend gewesen – ein Jahr später, zum Jahresende 2021, zu einer Beschäftigungsquote von deutlich mehr als 49 Prozent führen müssen, statt zu einer mit 41 Prozent erheblich niedrigeren Quote.

Die Nachricht «die Hälfte der Flüchtlinge hat einen Job» wird hoffentlich in der Zukunft Wahrheit werden, als Zustandsbeschreibung entsprach sie aber nicht der tatsächlichen Sachlage, weder zum Zeitpunkt der Erhebung der Daten (2018) noch zum Zeitpunkt der Veröffentlichung der Studie (Februar 2020), und sie tut es bis zum heutigen Tag nicht. Obwohl sich die Unterschiede allmählich verringern, liegt die Beschäftigungsquote von Menschen aus den wichtigsten Asylherkunftsländern immer noch weit unter der deutscher Staatsangehöriger (70 Prozent insgesamt, 64 Prozent ohne geringfügig Beschäftigte), aber auch unter der aller Ausländer in Deutschland (54 bzw. 48 Prozent).

Wie ist es zu erklären, dass Flüchtlinge auch sechs Jahre nach dem Höhepunkt der Flüchtlingskrise so schlecht in den Arbeitsmarkt integriert sind? Erstens ist es ein allgemeines Phänomen, dass Flüchtlinge eine niedrigere Erwerbsquote als andere Migranten haben, weil ihre Motivation zur Migration nicht in erster Linie die Suche nach Arbeit, sondern die Flucht vor Krieg oder Unterdrückung ist. Während Arbeitsmigranten im Vergleich zu anderen Migranten aus den gleichen Herkunftsländern im Hinblick auf ihre Motivation und Qualifikation «positiv selektiert» sind, gilt dies für Flüchtlinge weniger oder gar nicht. Hinzu kommen manchmal Traumata, die die Integration in den Arbeitsmarkt erschweren. Diese Nachteile im Hinblick auf die Integration sind unvermeidlich, wenn man Migranten aus humanitären statt aus wirtschaftlichen Gründen aufnimmt.

Hinzu kommt ein zweiter Faktor, der die Integration erschwert, die Tatsache nämlich, dass die Arbeitsaufnahme durch noch nicht anerkannte Asylsuchende gesetzlichen Einschränkungen unterliegt. Der lange Zeit erschwerte Zugang zum Arbeitsmarkt in Deutschland während der Antragstellung war ein wichtiger Grund dafür, dass die Integration in den Arbeitsmarkt in Ländern wie den USA, Kanada und Großbritannien schneller verlief, denn hier werden die meisten Flüchtlinge über Kontingente aufgenommen, müssen deshalb kein Asylverfahren durchlaufen und stehen somit direkt dem Arbeitsmarkt zur Verfügung. In Deutschland wurden fast alle diese Hürden, die den Zugang zum Arbeitsmarkt unmöglich machen oder erschweren, in den letzten Jahren abgeschafft. 2014 wurde das absolute Arbeitsverbot für Asylbewerber auf die ersten drei Monate nach ihrer Registrierung verkürzt. In den ersten fünfzehn Monaten galt zunächst noch die sogenannte Vorrangprüfung, bei der die Bundesanstalt für Arbeit prüfen muss, ob für eine Stelle keine anderen arbeitslosen Arbeitskräfte – Deutsche, Ausländer mit

Grafik 3.2: Quote der sozialversicherungspflichtig Beschäftigten (ohne Auszubildende) für die acht wichtigsten Flüchtlingsherkunftsländer und die deutsche Gesamtbevölkerung, getrennt nach Männern und Frauen, 2021

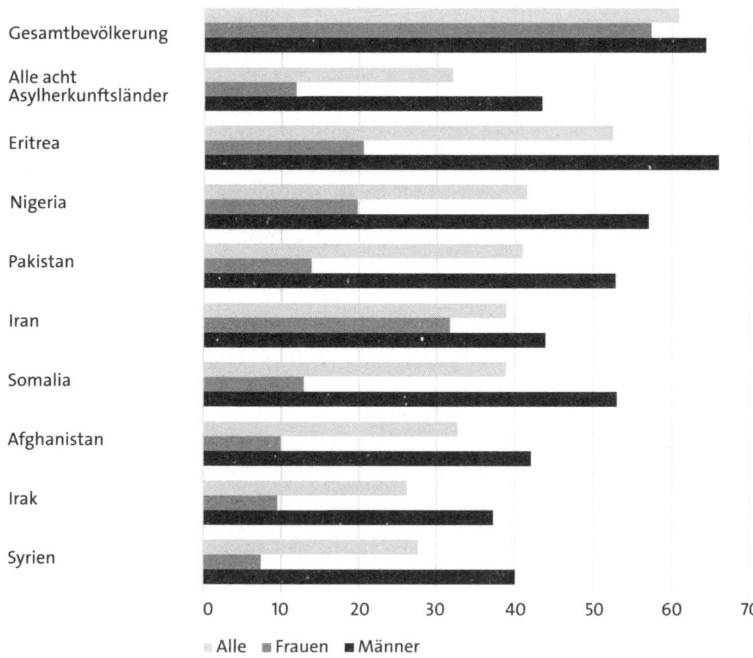

einer Aufenthaltserlaubnis oder auch anerkannte Flüchtlinge – zur Verfügung stehen. Seit 2016 wurde diese Prüfung jedoch in den meisten Arbeitsmarktbezirken ausgesetzt und 2019 bundesweit gestrichen.

Zur Erklärung der mangelnden Integration in den Arbeitsmarkt, die es auch Ende 2020, gut fünf Jahre nach dem Höhepunkt der Flüchtlingskrise, immer noch gibt, tragen die anfänglichen Arbeitsmarktbeschränkungen auch deshalb wenig bei, weil der bei Weitem größte Teil der Flüchtlinge mittlerweile einen anerkannten Status und deshalb den gleichen Zugang zum Arbeitsmarkt hat wie Einheimische. Ende 2020 hatten zum Beispiel 95,3 Prozent der syrischen Flüchtlinge einen anerkannten Status. Trotzdem gingen nur 32 Prozent der Syrer im erwerbsfähigen Alter einer sozialversicherungspflichtigen Beschäftigung nach (mit geringfügigen Beschäftigungen waren es 37 Prozent).

Ein wichtiger Grund für die niedrige Arbeitsmarktbeteiligung der Flüchtlinge, die in der Diskussion kaum beachtet wird, zeigt sich, wenn wir die Erwerbstätigkeit nach Geschlechtern differenziert betrachten. Grafik 3.2 zeigt für die acht Flüchtlingsherkunftsländer die sozialversicherungspflichtige Beschäftigungsquote (ohne Auszubildende), getrennt für Männer und Frauen. Während in der Gesamtbevölkerung die Beschäftigungsquote der Frauen nur geringfügig unter der von Männern liegt,[119] ergeben sich für die Asylherkunftsländer große Unterschiede zwischen Männern und Frauen. Von den syrischen, irakischen und afghanischen Frauen sind weniger als 10 Prozent sozialversicherungspflichtig beschäftigt, und bei pakistanischen und somalischen Frauen ist die Beschäftigungsquote nur geringfügig höher. Eritreische und nigerianische Frauen sind mit etwa 20 Prozent etwas häufiger beschäftigt, aber auch sie viel weniger häufig als Männer aus den gleichen Herkunftsländern. Nur die Iranerinnen haben mit 32 Prozent eine Beschäftigungsquote, die sich der der iranischen Männer (43 Prozent) annähert. Für die sehr niedrigen Beschäftigungsquoten von Frauen gibt es offensichtliche kulturelle Gründe: Auch in den betreffenden Herkunftsländern partizipieren nur wenige Frauen am Arbeitsmarkt. So ist der Irak, nach dem Jemen, das Land mit der weltweit zweitgeringsten Beteiligung von Frauen am Arbeitsmarkt.[120] Auch andere wichtige Flüchtlingsherkunftsländer wie Syrien, Iran, Pakistan, Afghanistan und Somalia gehören zu den zwanzig Ländern, in denen die wenigsten Frauen außerhalb des Hauses arbeiten. Achtzehn dieser zwanzig Länder sind mehrheitlich islamisch.[121] Dass iranische Frauen in Deutschland deutlich besser in den Arbeitsmarkt integriert sind als Frauen im Iran oder Frauen aus anderen Asylherkunftsländern in Deutschland hängt mit der besonderen Zusammensetzung der iranischen Bevölkerungsgruppe zusammen. Die meisten Iraner in Deutschland sind vor dem theokratischen Regime der Mullahs geflüchtet. Dementsprechend befinden sich unter den iranischen Flüchtlingen viele Christen und Religionslose, die zusammen die deutliche Mehrheit dieser Gruppe ausmachen. Anders als die übergroße Mehrheit der iranischen Bevölkerung sind die meisten iranischen Flüchtlinge in Deutschland keine Muslime. Auch die etwas höhere weibliche Arbeitsmarktbeteiligung nigerianischer und eritreischer Frauen dürfte mit der religiösen Zusammensetzung zusammenhängen. Nigeria und Eritrea sind zwar religiös gemischte Länder, wo Muslime und Christen sich in etwa die Waage halten, die nigerianischen Flüchtlinge in Deutschland sind aber fast ausschließlich, die aus Eritrea stark überwiegend christlich.[122]

Bei den Frauen aus den wichtigsten acht Asylherkunftsländern ist somit der Unterschied zur durchschnittlichen Arbeitsmarktbeteiligung der Frauen in der Gesamtbevölkerung riesig. Bei den Männern fällt dieser Unterschied, insbesondere für manche Asylherkunftsländer, deutlich geringer aus. Eritreische Männer sind sogar etwas häufiger als der männliche Bevölkerungsdurchschnitt sozialversicherungspflichtig beschäftigt (66 Prozent zu 64 Prozent). Auch unter Nigerianern (57 Prozent), Somaliern (53 Prozent) und Pakistanern (53 Prozent) ist die Beschäftigungsquote ziemlich hoch. Unter den vier Herkunftsgruppen aus dem Nahen Osten arbeiten deutlich weniger Männer (zwischen 37 Prozent der Iraker und 44 Prozent der Iraner). Dennoch gilt auch für diese Gruppen, dass die insgesamt sehr niedrigen Beschäftigungsquoten von unter 30 Prozent bei Syrern und Irakern und von etwas mehr als 30 Prozent bei Afghanen zu einem erheblichen Teil durch die extrem niedrige Arbeitsmarktbeteiligung der Frauen verursacht werden.

Diese Geschlechterkomponente, die mit der stark patriarchalen Kultur vieler Flüchtlingsherkunftsländer zusammenhängt, wird in den optimistischen Szenarien eines potenziellen Beitrags von Flüchtlingen zur Linderung von Knappheiten auf dem Arbeitsmarkt und zur Behebung der Nachteile der demographischen Alterung der Bevölkerung meist völlig außer Acht gelassen. Zwar sind viele

Flüchtlinge jung und haben insofern einen Großteil ihres Lebens im erwerbsfähigen Alter noch vor sich. Wenn aber der weibliche Teil dieser Gruppe – der durch Heiratsmigration zukünftig vermutlich deutlich steigen wird – kaum auf dem Arbeitsmarkt aktiv ist und somit auch keine Steuern und Sozialabgaben zahlt, mindert sich der potenzielle Beitrag von Flüchtlingen zu einer Linderung der Folgen des demographischen Wandels erheblich. In den letzten Jahrzehnten ist es in Deutschland gerade die starke Zunahme der Erwerbstätigkeit von Frauen gewesen, die die Folgen der Alterung der Bevölkerung wesentlich abgefedert hat.

Ein weiterer Grund für die niedrige Arbeitsmarktbeteiligung der Flüchtlinge und insbesondere der Frauen hängt mit dem niedrigen Bildungsniveau zusammen, das viele von ihnen aus ihren Herkunftsländern mitbringen. Nach den Daten der Stichprobe von IAB, BAMF und SOEP haben 35 Prozent der Flüchtlinge keine Bildung, die über die Grundschule hinausgeht. Am höchsten ist diese Zahl mit 56 Prozent unter den Flüchtlingen aus Afghanistan. Zum Vergleich: Unter der deutschen Bevölkerung gilt das für lediglich zwei Prozent. Daten des Bundesamtes für Migration und Flüchtlinge zeigen, dass bei iranischen Flüchtlingen der Anteil der Ungebildeten vergleichsweise niedrig ist (7 Prozent unter den Erstantragstellern 2015; 5 Prozent 2016). Die BAMF-Daten zeigen auch, dass das Bildungsniveau der Frauen noch niedriger ist als das der Männer. Unter den Asylantragstellern der Jahre 2015 und 2016 hatten 38 Prozent der weiblichen Flüchtlinge nur die Grundschule besucht, bei den männlichen Flüchtlingen liegt dieser Wert bei 28 Prozent.

Ein Teil der Flüchtlinge bringt allerdings höhere Bildungsabschlüsse mit. Von den Antragstellern der Jahre 2015 und 2016 hatten 17 Prozent der Männer und 15 Prozent der Frauen einen Abschluss an einer Fachhochschule oder Universität in ihrem Herkunftsland (zum Vergleich deutsche Bevölkerung: 24 Prozent der Männer und 23 Prozent der Frauen). Iraner stechen auch hier mit 33 Prozent Hochschulabsolventen heraus. Unter Afghanen (7 Prozent), Eritreern (3 Prozent) und Somaliern (2 Prozent) ist der Anteil Hochgebildeter dagegen gering. Bei den Syrern ergibt sich das am wenigsten einheitliche Bild: Auf der einer Seite hatten 2015 20 Prozent nicht mehr als die Grundschule besucht (18 Prozent der Männer; 25 Prozent der Frauen), auf der anderen Seite hatten 27 Prozent einen Hochschulabschluss (28 Prozent der Männer; 24 Prozent der Frauen). Dass die Syrer sowohl durch die hohe Anzahl der Ärzte als auch durch eine insgesamt niedrige Beschäftigungsquote herausstechen, hat seine Wurzel in diesem gespaltenen Bildungsprofil.

Bei der Gruppe mit mittleren oder dem Abitur äquivalenten ausländischen Schulabschlüssen ist das größte Problem für die Integration in den Arbeitsmarkt, dass die wenigsten Flüchtlinge über fachspezifische abgeschlossene Berufsausbildungen verfügen. Während von der deutschen Gesamtbevölkerung 58 Prozent eine Berufsausbildung haben, bringen lediglich vier Prozent der Flüchtlinge gleichwertige Abschüsse aus ihren Herkunftsländern mit. Zum Teil bedeutet das Fehlen eines formalen Abschlusses nicht, dass es Flüchtlingen an beruflichen Erfahrungen fehlt, aber diese sind angesichts der großen wirtschaftlichen und kulturellen Unterschiede zu den Herkunftsändern oft nur begrenzt auf den Arbeitsmarkt in Deutschland und in anderen westeuropäischen Ländern übertragbar. Zu Fachkräften, die den Anforderungen des hiesigen Arbeitsmarktes gewachsen sind, müssen viele Flüchtlinge erst noch gemacht werden. Flüchtlinge ohne Berufsabschlüsse haben ein stark erhöhtes Risiko, arbeitslos zu bleiben oder zu werden. Von den Mitte 2021 bei der Bundesagentur für Arbeit gemeldeten Arbeitslosen und Arbeitssuchenden aus den acht wichtigsten Asylherkunftsländern hatten 87,3 Prozent keinen Berufsabschluss. Auch unter den sozialversicherungspflichtig Beschäftigten machen diejenigen ohne Berufsabschluss die Mehrheit aus (58 Prozent).[123]

In der Folge ist die Hälfte der arbeitenden Flüchtlinge in Berufen wie Altenpflegehelfer, Lagerhelfer, Postsortierer oder Versandarbeiter tätig, die keine oder nur eine geringfügige Ausbildung erfordern, während in der gesamten erwerbstätigen Bevölkerung nur 16 Prozent in solchen Berufen beschäftigt sind. Von den 1,75 Millionen Menschen aus den acht wichtigsten Herkunftsländern von Asylsuchenden, die Ende 2021 in Deutschland lebten (davon 1,22 Millionen im erwerbsfähigen Alter zwischen 15 und 64 Jahren), arbeiteten nur etwa 200 000 als Fachkraft. Über 200 000 zusätzliche Fachkräfte freut sich die deutsche Wirtschaft ganz bestimmt, und auch manche Stellen für Helferberufe wären ohne die Flüchtlinge schwer zu besetzen gewesen. Aus Arbeitgebersicht fällt die Bilanz der Arbeitsmarktintegration von Flüchtlingen deshalb trotz der niedrigen Beschäftigungsquoten positiv aus. Gesamtgesellschaftlich betrachtet müssen aber auch die Kosten, die mit einer geringen Beteiligung am Arbeitsmarkt einhergehen, in Betracht gezogen werden.

Abhängigkeit von Sozialleistungen

Dass Ende 2021 knapp 41 Prozent der Menschen aus den acht wichtigsten Asylherkunftsländern im erwerbsfähigen Alter einer Beschäftigung nachgingen, heißt nicht, dass sie alle in der Lage waren, sich und ihre Familie mit ihrer Arbeit zu versorgen. 6 Prozent von ihnen hatten nur eine geringfügige Beschäftigung (auch «Minijob» genannt), die mit maximal 450 € im Monat entlohnt wird. Zu den sozialversicherungspflichtigen Jobs, denen die verbleibenden 35 Prozent der Flüchtlinge nachgehen, zählen nicht nur reguläre Vollzeit-, sondern auch Teilzeitjobs sowie bezahlte Praktika und Ausbildungsstellen. Je nach Gehalt und Familiensituation können auch diese Beschäftigten teilweise auf Sozialleistungen angewiesen sein, um ihren Lebensunterhalt zu bestreiten. Tatsächlich gab es im Juli 2021 121 000 Menschen, darunter 70 000 sozialversicherungspflichtig Beschäftigte, aus den acht Asylherkunftsländern, die zwar einer Beschäftigung nachgingen, aber daneben trotzdem auf staatliche Leistungen angewiesen waren. Wenn man das in Betracht zieht, er-

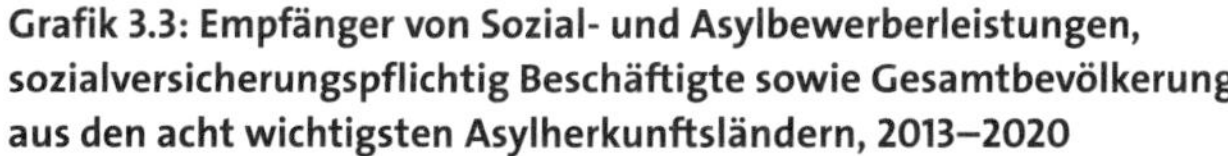

Grafik 3.3: Empfänger von Sozial- und Asylbewerberleistungen, sozialversicherungspflichtig Beschäftigte sowie Gesamtbevölkerung aus den acht wichtigsten Asylherkunftsländern, 2013–2020

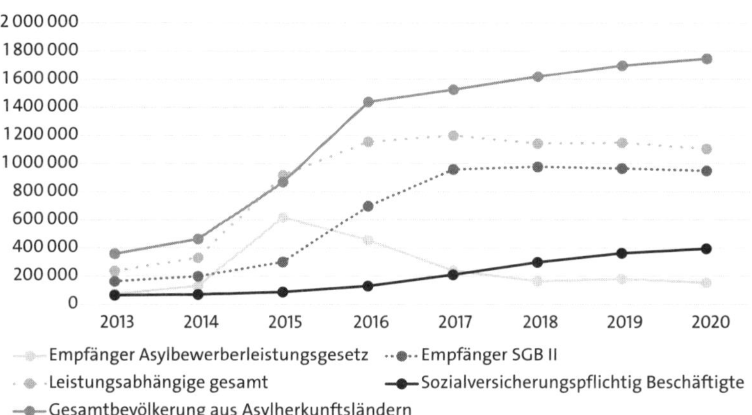

gibt sich, dass lediglich 30 Prozent der erwerbsfähigen Personen aus den acht Asylherkunftsländern im Jahr 2021 imstande waren, selbst ihren Lebensunterhalt zu sichern.

Insgesamt gab es laut der Statistik der Bundesagentur für Arbeit im Juli 2021 für die acht Flüchtlingsherkunftsländer 605 000 erwerbsfähige – das heißt 15- bis 64-jährige – Empfänger von Sozialleistungen («Hartz IV») und nur 425 000 sozialversicherungspflichtig Beschäftigte. Zählt man dazu noch die Familienmitglieder von Leistungsabhängigen, die unter 15 oder über 64 Jahre alt sind, ergibt sich eine Gesamtzahl von 936 000 Leistungsabhängigen aus den acht Asylherkunftsländern bei einer Gesamtbevölkerung aus diesen Ländern von gut 1,7 Millionen. Hinzu kommen die Flüchtlinge, die sich noch im Asylverfahren befinden, deshalb noch kein Anrecht auf reguläre Sozialleistungen haben, aber dafür staatliche Unterstützung nach dem Asylbewerberleistungsgesetz erhalten. Ihre Zahl betrug Ende 2020 insgesamt 375 000, davon 154 000 aus den acht Asylherkunftsländern.

Grafik 3.3 gibt für den Zeitraum von 2012 bis 2020 eine Übersicht über die Entwicklung der Gesamtbevölkerung, der Zahl der sozialversicherungspflichtig Beschäftigten sowie der Zahl der von Sozial- oder Asylbewerberleistungen abhängigen Personen aus den acht Asylherkunftsländern. Die Grafik macht deutlich, dass die Zahl derer, die von staatlichen Leistungen abhängig sind, deutlich überwiegt, obwohl der allmähliche Anstieg der Zahl der sozialversicherungspflichtig Beschäftigten erfreulich ist. Von der Bevölkerung aus den acht Asylherkunftsländern waren Ende 2020 63 Prozent abhängig von staatlichen Leistungen (54 Prozent von Hartz IV, 9 Prozent von Leistungen nach dem Asylbewerberleistungsgesetz). Zum Vergleich: In der deutschen Gesamtbevölkerung waren lediglich 4,6 Prozent von Hartz IV abhängig, 12 bis 14 Mal so wenig (je nachdem, ob wir die Leistungen nach dem Asylbewerberleistungsgesetz in den Vergleich mit einbeziehen oder nicht). Wenn die Abhängigkeit von staatlichen Leistungen unter Flüchtlingen so viel höher ist als in der Gesamtbevölkerung und wenn innerhalb dieser Gruppe die Zahl der Leistungsabhängigen so viel größer ist als die Zahl derjenigen, die selbst ihren Lebensunterhalt bestreiten können, dann dürfte klar sein, dass wir noch sehr weit von einer Situation entfernt sind, in der die Flüchtlinge in der Gesamtrechnung einen positiven Beitrag zur Wirtschaft, zu den staatlichen Finanzen sowie zur Absicherung des Sozialstaats erbringen. Die 2015 mit großer Überzeugung vom DIW-Präsidenten Marcel Fratzscher gemachte Vorhersage, dass «nach knapp fünf bis sieben Jahren» die Leistungen, die Flüchtlinge durch ihre Arbeitskraft und Steuerabgaben erbringen, die Kosten übersteigen würden, hat sich als eine Utopie erwiesen, die bisher nicht mal annähernd in Erfüllung gegangen ist.

Tabelle 3.1 zeigt, dass es im Verhältnis von Beschäftigten und Leistungsabhängigen erhebliche Unterschiede zwischen den Herkunftsgruppen gibt. Bei den Syrern kommen auf jeden Beschäftigten fast drei Leistungsabhängige, bei den Afghanen und Irakern sind es um die zwei und bei den Somaliern etwa anderthalb. Bei den vier anderen Herkunftsgruppen ist zumindest die Zahl der Beschäftigten größer als die der Leistungsabhängigen. Dass Iraner und

Tabelle 3.1: Das Verhältnis zwischen sozialversicherungspflichtig Beschäftigten und leistungsberechtigten Personen für die acht wichtigsten Asylherkunftsländer, sonstige Ausländer sowie deutsche Staatsangehörige, Dezember 2021

	Sozialversicherungspflichtig Beschäftigte	Erwerbsfähige Leistungsberechtigte	Alle Leistungsberechtigte	Leistungsberechtigte pro sozialversicherungspflichtig Beschäftigte
Syrer	179 873	324 319	516 855	2,87
Iraker	56 789	83 732	126 611	2,23
Afghanen	80 520	86 460	137 063	1,70
Somalier	14 610	11 931	21 298	1,46
Eritreer	33 969	18 852	30 287	0,89
Nigerianer	22 786	9406	17 523	0,77
Iraner	46 457	27 489	34 114	0,73
Pakistani	27 940	12 623	16 340	0,58
Gesamt Asylherkunftsländer	463 034	575 172	900 631	1,95
Sonstige Ausländer	4 232 116	789 545	1 020 302	0,24
Deutsche Staatsangehörige	29 607 646	2 248 210	3 102 945	0,10
Gesamtbevölkerung	34 303 500	3 612 962	5 023 952	0,15

Pakistani relativ am besten abschneiden, hängt mit dem Zusammenwirken verschiedener Faktoren zusammen: höheren Bildungsabschlüssen, insbesondere bei den Iranern, einer im Schnitt etwas längeren Aufenthaltsdauer sowie einem geringeren Anteil von Flüchtlingen als bei den anderen Gruppen. Der besonders hohe Anteil an Leistungsabhängigen unter den Syrern zeigt, dass die Unterschiede zwischen den Gruppen wenig mit der Dauer der Asylverfahren oder den Anerkennungsquoten zu tun haben. Von allen Flüchtlingsgruppen war die Verfahrensdauer bei den Syrern sogar am kürzesten (2016 zum Beispiel 3,8 Monate),[124] und nahezu alle syrischen Flüchtlinge (99 Prozent; Stand 2020) wurden anerkannt, entweder nach der Genfer Flüchtlingskonvention oder als subsidiär Schutzberechtigte. Damit genossen sie den vollen Zugang zum Arbeitsmarkt.

Für alle Asylherkunftsländer gilt, dass das Verhältnis zwischen Beschäftigten und Leistungsabhängigen um ein Vielfaches ungünstiger ist als bei anderen Ausländern, bei denen vier Beschäftigte auf einen Leistungsabhängigen kommen, oder bei den deutschen Staatsangehörigen, wo das Verhältnis sogar zehn zu eins ist. Auch daraus wird ersichtlich, wie weit die Arbeitsmarktintegration der Flüchtlinge davon entfernt ist, einen positiven Beitrag zur Nachhaltigkeit der Sozialsysteme zu leisten. Es sei noch einmal betont: Das ist auch nicht das vorrangige Ziel einer Flüchtlingspolitik. Das Ergebnis ist aber trotzdem hoch relevant, weil am Anfang der Flüchtlingskrise von Politik, Wirtschaft und einem Teil der Wissenschaft die Botschaft verbreitet wurde, die Aufnahme von Flüchtlingen sei ein Geschäft, das nur Gewinner kennt und das den deutschen Staat und seinen Bürgern bereits nach wenigen Jahren mehr einbringen würde, als es koste. Manche Ökonomen meinten bereits damals, dass diese Einschätzung viel zu optimistisch sei. Im Nachhinein können wir feststellen, dass diese Skeptiker recht hatten und dass es noch viele Jahre dauern wird – sofern es überhaupt gelingt –, bis das finanzielle Erbe der Flüchtlingskrise gesamtgesellschaftlich positiv ausfällt.

Kapitel 4

Verkannte Terrorgefahr

Mörder im Orient-Express

Bilal C., ein zwanzigjähriger Algerier, der schon als Kind von einem Leben in Europa träumte, war einer von vielen, die als Schlepper auf der Balkanroute arbeiteten. Ende 2014 lernte er in der türkischen Grenzstadt Edirne einen gewissen Omar kennen, dessen wirklicher Name Abdelhamid Abaaoud lautete. Abaaoud, ein Belgier marokkanischer Herkunft, der als ausländischer Kämpfer ins IS-Gebiet in Syrien ausgereist war, redete mit Bilal über den Glauben, überzeugte ihn vom Kampf des IS und schickte ihn daraufhin in ein syrisches IS-Trainingslager. Im Juni 2015 erhielt Bilal von Abaaoud, der mittlerweile wegen seiner Fernkoordination eines aufgeflogenen Terrorplans im belgischen Verviers weit oben auf den europäischen Fahndungslisten stand, den Auftrag, Syrien zu verlassen, um die Balkanroute auszuspähen. Über verschlüsselte Nachrichten verschickte er von unterwegs Informationen über Grenzkontrollen, Unterkünfte und Transportmittel auf der Strecke von Griechenland nach Ungarn.[125] Mit den detaillierten Auskünften machte sich nun Abaaoud selbst auf den Weg und erreichte am 1. August Ungarn. Sein Wegbegleiter auf der Balkanroute war ein Marokkaner namens Ayoub El-Khazzani, der in Spanien gelebt hatte, weshalb er den Kampfnamen «al-Andalusi» trug. Am 4. August verließen sie Budapest getrennt, El-Khazzani mit dem Zug Richtung Wien, Abaaoud wurde von einem Auto mit belgischem Kennzeichen abgeholt.

Bilal C. machte sich auf den Weg nach Deutschland und beantragte dort Asyl. Erst im April 2016 wurde er wegen mehrerer Diebstähle in Aachen festgenommen, und die Polizei stellte fest, dass er von der französischen Polizei wegen Beihilfe zum Terror gesucht wurde. Wenige Wochen nachdem er von Budapest nach Frankreich gereist war, versuchte El-Khazzani am 21. August 2015, bewaffnet mit einem automatischen Gewehr, ein Blutbad in einem Thalys-Hochgeschwindigkeitszug nahe der französisch-belgischen Grenze anzurichten. Einige Zugpassagiere schafften es, ihn zu überwältigen, und der Vorfall ging mit drei Verletzten glimpflich aus.[126] Von Abdelhamid Abaaoud sollte die Welt später noch hören.

Auf die möglichen Sicherheitsrisiken der unkontrollierten Zuwanderung von Hunderttausenden Menschen aus Bürgerkriegsgebieten hinzuweisen, war in der kollektiven Euphorie der Willkommenskultur vom Frühherbst 2015 nicht gern gesehen. In einer dem Thema gewidmeten Sendung von ARD Monitor am 15. Oktober wurde mit Warnungen unter anderem des bayerischen Finanzministers Markus Söder kurzer Prozess gemacht: «Panikmache mit Terrorangst» und «eine Angst, gegen die Fakten nicht ankommen», so lautete das Fazit der Programmmacher.[127] Terrorismus-Experte Peter Neumann meinte, es gebe «nicht einen einzigen Hinweis, einen belegten Hinweis darauf, dass sich ein IS-Sympathisant nach Europa eingeschmuggelt hätte. Und es gibt noch weniger Hinweise darauf, dass dies eine aktive Strategie des Islamischen Staates gewesen sei.» Holger Münch, Präsident des Bundeskriminalamtes, pflichtete ihm bei und wusste außerdem zu berichten, dass solches für Terrorgruppen wie den IS gar keinen Sinn ergebe: «Wenn Sie schauen, welchen Risiken man sich auch aussetzt, wenn man zum Beispiel über das Mittelmeer nach Deutschland kommt, dann glaube ich, gibt's einfachere Möglichkeiten, um hierher zu kommen, wenn man das planen würde. Dafür braucht man keinen Flüchtlingsstrom, den man nutzen muss.» Ähnlich hatte sich einige Wochen zuvor bereits der damalige Präsident des Bundesamtes für Verfassungsschutz Hans-Georg Maaßen in einem Interview mit dem Deutschlandfunk-Journalisten Rolf Clement geäußert:

> Clement: «Wenn ich jetzt mir vorstelle, eine Organisation wie der IS schickt einen Kämpfer nach Deutschland – der IS hat so viel Geld, der muss den Kämpfer nicht über diese Flüchtlingsströme, mit all den Risiken, mit den Unbillen, mit den Schwierigkeiten, die es da gibt, schicken, der kann doch ein Flugticket buchen.»
> Maaßen: «Herr Clement, das ist natürlich ein Argument, das sehen wir auch. Wir halten es für möglich, dass es durchaus auch derartige Attentäter gibt, aber in der Tat, es sprechen genügend Gründe dagegen.»[128]

Die Vorstellung der Leiter der beiden wichtigsten deutschen Sicherheitsbehörden Holger Münch und Hans-Georg Maaßen, IS-Kämpfer könnten sich einfach ein Flugticket kaufen, ist gewagt, wenn man sich die Kontrolldichte an internationalen Flughäfen vergegenwärtigt. Außerdem brauchen sogar Türken, erst recht Syrer oder Iraker, ein Visum für die reguläre Einreise in den Schengenraum. Wenn es so einfach wäre, hätten sich wohl auch die Hunderttausende Flüchtlinge, die immerhin Tausende Euro an Schmuggler zahlten, einen leichteren Weg aussuchen können. Für Menschen wie Abdelhamid Abaaoud, die auf internationalen Fahndungslisten standen, erhöhte sich die relative Attraktivität des Landwegs umso mehr, als die Risiken wie auch die Dauer der Reise über die Türkei und die Balkanroute im Laufe des Jahres 2015 immer geringer wurden. Wie konnte es sein, dass so viele Menschen die Gefahr eines Missbrauchs der offenen Grenzen während der «Flüchtlingskrise» nicht sehen konnten oder wollten? Es war jedenfalls kennzeichnend für diese außergewöhnliche Zeit im Spätsommer und Frühherbst 2015, als fast die ganze Nation rationale Überlegungen außer Kraft gesetzt zu haben schien und sich in der eigenen Weltoffenheit sonnte.

Das böse Erwachen kam am Freitag, den 13. November, in Paris. Bei verschiedenen Bars und Restaurants, einem Fußballstadion und in der Konzerthalle Bataclan schossen Terroristen in die Menschenmenge und sprengten sich Selbstmordattentäter in die Luft: 130 Menschen starben, darunter zwei deutsche Staatsbürger, über 400 wurden verletzt. Am nächsten Tag bekannte sich der IS zu der Tat, und bei einem der Attentäter wurde ein – wie sich später herausstellte – gefälschter syrischer Pass gefunden. Noch am selben Abend teilten die griechischen Behörden aufgrund eines Abgleichs der Fingerabdrücke auf dem Pass mit, dass der Inhaber am 3. Oktober 2015 auf der Insel Leros als Flüchtling registriert worden war. Bundesjustizminister Heiko Maas (SPD) war sich trotzdem zwei Tage später im ARD «Morgenmagazin» immer noch sicher: «Es gibt keine Verbindung, keine einzige nachweisbare Verbindung zwischen dem Terrorismus und den Flüchtlingen – außer vielleicht eine: nämlich dass die Flüchtlinge vor den gleichen Leuten in Syrien flüchten, die verantwortlich sind für die Anschläge in Paris.»

Aus den weiteren Ermittlungen wurde klar, dass die meisten der Pariser Attentäter die Gelegenheit des Kontrollverlustes über die Flüchtlingszuwanderung genutzt hatten, um unerkannt von Syrien über die Balkanroute nach Europa einzureisen. Zwei von ihnen, darunter der Inhaber des gefundenen Passes, waren Iraker, die anderen französische und belgische Staatsangehörige marokkanischer und algerischer Herkunft, die sich als ausländische Kämpfer dem IS angeschlossen hatten. Insgesamt wurden vier Mitglieder der Terrororganisation am 3. Oktober auf Leros als syrische Flüchtlinge registriert. Zwei von ihnen nahmen kurz darauf die Fähre nach Piräus und erreichten am 7. Oktober das serbische Flüchtlingslager Presevo. Dort verliert sich ihre Spur, bis sie sich in Paris am Stade de France in die Luft sprengten. Die beiden anderen schafften es nicht rechtzeitig nach Paris, weil Grenzschutzbeamte in Griechenland ihre Geschichte nicht glaubten. Der eine, ein

Pakistaner, sprach kaum Arabisch; der andere, ein Algerier, wusste nichts über seine angebliche Heimatstadt Aleppo zu erzählen. Trotzdem konnten sie einige Wochen später weiterreisen und bekamen unterwegs die Anweisung von ihrer IS-Kontaktperson, sich nicht wie geplant nach Frankreich zu begeben, sondern auf weitere Instruktionen zu warten. Ohne Ausweisdokumente reisten sie nach Österreich ein und stellten dort am 4. Dezember Asylanträge unter falschen Namen, aber diesmal der Wahrheit entsprechend als Pakistaner und Algerier. Durch einen intensiven Austausch von Daten zwischen europäischen Sicherheitsbehörden wurden die beiden als Wegbegleiter der Pariser Attentäter identifiziert und am 10. Dezember in einer Flüchtlingsunterkunft in Salzburg verhaftet.[129]

Die drei Attentäter, die das Blutbad in der Konzerthalle Bataclan anrichteten, allesamt gebürtige Franzosen algerischer Herkunft, kamen ebenfalls im Herbst 2015 über die Balkanroute von Syrien nach Europa. Am 9. September erreichten sie Budapest und wurden eine Woche später von dem marokkanischstämmigen Belgier Salah Abdeslam abgeholt. Am 30. August hatte dieser bereits Bilal Hadfi und Chakib Akrouh in Empfang genommen, die fünf Tage zuvor in Ungarn angekommen waren. Hadfi war einer der Attentäter am Stade de France; Akrouh war Teil der Gruppe, die in Pariser Bars und Restaurants um sich schoss. Abdeslams Bruder Ibrahim, der sich im Restaurant *Comptoir Voltaire* in die Luft sprengte, war ebenfalls über die Balkanroute nach Belgien zurückgekehrt, wie und wann genau ist unbekannt. Der Anführer und Organisator der Pariser Terrorgruppe schließlich war der oben bereits erwähnte Abdelhamid Abaaoud. Er wurde wenige Tage nach den Pariser Anschlägen zusammen mit zwei Komplizen bei einem Schusswechsel mit der französischen Polizei im Pariser Vorort Saint-Denis getötet.

Salah Abdeslam, der seinen Bruder und einige andere Attentäter von Brüssel nach Paris gefahren hatte, konnte entkommen, wurde jedoch am 18. März 2016 im Brüsseler Stadtteil Molenbeek festgenommen. Nur vier Tage nach Salah Abdeslams Verhaftung kamen bei Selbstmordattentaten auf dem Brüsseler Flughafen Zaventem sowie in einer U-Bahn-Station im Brüsseler EU-Viertel 32 Menschen, darunter eine Deutsche, ums Leben; über 300 weitere wurden verletzt. Einer der Selbstmordattentäter, Mohamed Laachroui, hatte sowohl die in Brüssel als auch die in Paris eingesetzten Bomben gebaut. Auch er war Syriengänger und in der IS-Hauptstadt Raqqa für die Bewachung von westlichen Geiseln zuständig gewesen. Der wie ein Terroristen-Taxifahrer hin und her reisende Salah Abdeslam hatte ihn und ein anderes Mitglied der Brüsseler Terrorzelle am 9. September in Budapest abgeholt.[130] Zwei Komplizen der Brüsseler Attentäter, Sofien Ayari und Osama Krayem, waren am 20. September mit einem Flüchtlingsboot auf Leros gelandet, wurden am 1. Oktober im bayerischen Feldkirchen als Asylbewerber registriert und zwei Tage später von Abdeslam in Ulm abgeholt.[131] Wie Laachroui hatte auch Krayem in Syrien eine prominente Rolle beim IS gespielt. Er war unter anderem bei der berüchtigten Szene im Januar 2015 dabei, als der jordanische Luftwaffenpilot Moaz al Kasasbeh bei lebendigem Leibe in einem Käfig verbrannt wurde.

Ein deutsches Nachspiel gab es, als im September 2016 drei Syrer in verschiedenen Flüchtlingsunterkünften in Schleswig-Holstein festgenommen wurden. Mit gefälschten Pässen, die aus der gleichen Werkstatt wie die der Pariser und Brüsseler Attentäter stammten, waren sie im November 2015 über die Balkanroute nach Deutschland eingereist und hatten dort Asyl beantragt. Im März 2018 wurden sie vom Oberlandesgericht Hamburg zu Haftstrafen zwischen dreieinhalb und sechseinhalb Jahren verurteilt. Ein in Frankreich inhaftiertes IS-Mitglied sagte aus, dass sie zur gleichen Gruppe von nach Europa eingeschleusten IS-Mitgliedern gehörten wie er selbst und einige der Pariser Attentäter. Das Gericht sah es als erwiesen an, dass sie vom IS Pässe, große Summen Bargeld und Mobiltelefone erhalten hatten, mit dem Auftrag, sich in Deutschland als «Schläfer» zu etablieren und auf weitere Instruktionen zu warten.[132] Insgesamt wurden nach und nach mindestens 27 Individuen identifiziert, die als Flüchtlinge getarnt die offene Balkanroute als eine Art Orient-Express des Terrors genutzt hatten und entweder selbst an den Pariser oder Brüsseler Anschlägen beteiligt waren oder zum gleichen Netzwerk gehörten und, wie die in Salzburg und Schleswig-Holstein Festgenommenen, für spätere Anschläge bereitgehalten wurden.[133]

Der Terror kommt nach Deutschland

Unter dem Druck der Ereignisse änderten die deutschen Sicherheitsbehörden mehrfach ihre Einschätzung der Terrorgefahr, die von der Flüchtlingszuwanderung ausging. Dass Hans-Georg Maaßen und Holger Münch sich vor den Pariser Anschlägen so ähnlich über die angeblich geringe Terrorgefahr äußerten, beruhte auf einer «gemeinsamen Sprachregelung» des Bundesinnenministeriums und der ihm unterstellten Sicherheitsbehörden, des Bundeskriminalamtes und des Bundesamtes für Verfassungsschutz.[134] Die Möglichkeit, dass Terrorgruppen wie der IS und ihre Sympathisanten den Flüchtlingsstrom nutzen würden, um Kämpfer nach Europa einzuschleusen, galt nach dieser Sprachregelung als «wenig wahrscheinlich …, da andere Einreisemöglichkeiten plausibler erscheinen». Nach den Pariser Anschlägen wurde die Vorgabe am 30. November 2015 geändert. Nun hieß es: «Angesichts der aktuellen Zuwanderungsbewegungen nach Deutschland ist nicht auszuschließen, dass sich unter den Flüchtlingen auch Personen aus dem Bereich der Allgemeinkriminalität, Kriegsverbrecher, Mitglieder militanter Gruppen bzw. terroristischer Organisationen oder Einzelpersonen extremistischer Gesinnung befinden können.» «Aufgrund des konstant hohen Hinweisaufkommens» wurde die Sprachregelung am 4. März 2016 erneut angepasst. Nun hieß es: «Angesichts der anhaltenden Zuwanderungsbewegungen nach Deutschland ist davon auszugehen, dass sich unter den Flüchtlingen auch aktive und ehemalige Mitglieder, Unterstützer und Sympathisanten terroristischer Organisationen gemäß den §§ 129a, 129b des Strafgesetzbuches – StGB (wie dem sogenannten IS) sowie Einzelpersonen mit extremistischer Gesinnung und/oder islamistisch motivierte Kriegsverbrecher befinden können.» Zu keinem Zeitpunkt konnte hier von einer vorausschauenden Risikoeinschätzung die Rede sein, wie man sie von Sicherheitsbehörden erwarten darf. Viel eher lief der Wandel der Gefahreneinschätzung von «wenig wahrscheinlich» über «nicht auszuschließen» bis zu «ist davon auszugehen» den Entwicklungen in der Realität immer einen Schritt hinterher.

Als die Sicherheitsbehörden im Frühling 2016 auf dem Boden der Tatsachen ankamen, war es in einer entscheidenden Hinsicht zu spät: Bis dahin waren etwa zwei Millionen Menschen weitgehend ohne Identitätsprüfung als – wirkliche oder angebliche – Flüchtlinge nach Europa eingereist, gut eine Million davon nach Deutschland. In einer Reportage im Nachrichtenmagazin *Spiegel* skizzierten Sicherheitsbeamte die Lage so:

> «Es rächt sich nun, dass wir über die Menschen, die in den vergangenen Jahren zu uns gekommen sind, nichts wissen», sagt ein Staatsschützer aus Nordrhein-Westfalen. «Wir kennen nicht ihre Namen, nicht ihre Vorstrafen, es ist häufig vollkommen unklar, ob sie sich terroristischen Vereinigungen angeschlossen hatten oder ob sie deren Opfer waren.» Eine Bewertung, ob bestimmte Personen gefährlich seien, sei auf dieser Grundlage kaum zu treffen. «Ab der ersten Registrierung bekamen die Flüchtlinge quasi eine neue Identität, das könnte sich nun als Riesenproblem herausstellen», heißt es in Sicherheitskreisen.[135]

Schon bald stellte sich heraus, dass die Terrorgefahr nicht nur von ausdrücklich vom IS geschickten Kämpfern ausging, sondern auch von Personen, die auf eigene Faust als Flüchtling eingereist waren, manche mit, mache ohne vorheriges Engagement beim IS oder in anderen Terrorgruppen. Bereits am 12. Januar 2016 waren zwölf deutsche Touristen und ein Peruaner in Istanbul bei einem Selbstmordattentat auf dem Platz vor der Istanbuler Sultan-Ahmet-Moschee ums Leben gekommen. Heute fast in Vergessenheit geraten, war es der Terroranschlag mit den meisten deutschen Todesopfern seit dem rechtsextremistisch motivierten Oktoberfestattentat von 1980, das ebenfalls zwölf, allesamt deutsche, Todesopfer forderte.[136] Der Täter des Anschlags in Istanbul war eine Woche vorher aus dem vom IS kontrollierten Teil Syriens eingereist und hatte sich als Flüchtling ausgegeben und registrieren lassen. Wenige Tage zuvor hatte der Tunesier Tarek Belgacem, mit einem Fleischer-Hackmesser bewaffnet, versucht, in eine Pariser Polizeistation einzudringen. Er wurde erschossen, bevor er jemanden verletzen konnte. Belgacem lebte seit August 2015 in einer Flüchtlingsunterkunft in Recklinghausen. Später stellte sich heraus, dass er unter insgesamt zwanzig verschiedenen Namen in sieben europäischen Ländern, darunter auch Österreich und der Schweiz, Asylanträge gestellt hatte, sich mal als Syrer, mal als Iraker ausgebend.

Am 18. Juli 2016 schlug der Terror zum ersten Mal seit Anfang der Flüchtlingskrise auch in Deutschland zu. In einem Regionalzug in der Nähe von Würzburg griff der Pakistaner Riaz Khan mit einer Axt Passagiere an und verletzte eine vierköpfige Touristenfamilie aus Hongkong zum Teil lebensgefährlich.[137] Auf dem Bahnsteig fügte er einer Passantin schwere Verletzungen zu und wurde dann von der Polizei erschossen. Bis kurz vor der Tat hatte er in intensivem Chatkontakt zu einer IS-Kontaktperson gestanden. Später verbreitete die IS-Nachrichtenplattform sein Bekennervideo. Auch Khan hatte sich, wie sich herausstellte, einer falschen Identität bedient. Ende Juni 2015 war er ohne Pass nach Deutschland eingereist und hatte sich als minderjähriger afghanischer Flüchtling ausgegeben. Er lebte in Erwartung der Entscheidung über seinen Asylantrag bei einer Pflegefamilie und absolvierte ein Praktikum bei einer Bäckerei mit Aussicht auf eine Lehrstelle.

Im Kanzleramt war man sich aber auch nach den Anschlägen in Istanbul und Würzburg noch sicher: Alle Erkenntnisse aus den vergangenen zwölf Monaten deuteten darauf hin, so Kanzleramtschef Peter Altmaier (CDU) in der *ZEIT*, dass die Gefahr des Terrorismus bei Flüchtlingen «nicht größer und nicht kleiner ist als in der übrigen Bevölkerung».[138] Zwei Tage nach Altmaiers Aussage, am 24. Juli, sprengte sich der Syrer Mohammed Daleel im bayerischen Ansbach in die Luft. Sein Ziel war eigentlich ein Musikfestival, als er aber nicht durch die Sicherheitskontrollen kam, zündete er seine Bombe in einem nahe gelegenen Restaurant. Er selbst starb bei der Explosion, fünfzehn Menschen wurden verletzt, vier davon schwer. Auch Daleel stand vor und sogar während des Anschlags in intensivem Kontakt mit einer IS-Kontaktperson und erstellte ein vom IS verbreitetes Bekennervideo. In einem Nachruf des IS hieß es, dass Daleel bis 2013 für den IS gekämpft habe und nach einer Kampfverletzung nach Bulgarien gezogen sei. Im Einklang mit der Behauptung des IS, Daleel habe früher in Syrien für die Terrororganisation gekämpft, fanden Ermittler an seinem Körper Spuren von früheren Verletzungen durch Granatsplitter. Laut der von Daleel erzählten Flüchtlingsgeschichte stammten diese Verletzungen von der Bombardierung seines Hauses durch das Assad-Regime, bei der seine Frau und Kinder ums Leben gekommen seien.[139]

Fünf Tage vor Weihnachten 2016 fuhr der Tunesier Anis Amri einen Lkw, dessen polnischen Fahrer er vorher mit einer Pistole erschossen hatte, in die Menschenmenge auf dem Weihnachtsmarkt am Berliner Breitscheidplatz. 11 weitere Menschen starben, 67 wurden zum Teil schwer verletzt. Einer der Schwerverletzten starb 2021 an den Spätfolgen.[140] Mit insgesamt 13 Toten ist der Anschlag auf dem Berliner Weihnachtsmarkt damit der tödlichste Terrorangriff, den es bisher in Deutschland gegeben hat. Anis Amri selbst wurde zwei Tage nach dem Anschlag bei dem Versuch, ihn festzunehmen, in einem Schusswechsel mit der Polizei in Italien erschossen. Am 23. Dezember veröffentlichte das IS-Nachrichtenportal Amaq ein Video, in dem Amri dem IS-Kalifen Abu Bakr al-Baghdadi die Treue schwört. Bereits am 10. November hatte er vom IS eine Anleitung für Selbstmordattentäter mit dem Titel «Die frohe Botschaft zur Rechtleitung für diejenigen, die Märtyrer-Operationen durchführen» erhalten. Amri stand außerdem sowohl in Nordrhein-Westfalen als auch in Berlin in engem Kontakt zu salafistischen Kreisen und Moscheen. Noch kurz bevor er in die Menschenmenge raste, schrieb er einem von ihnen: «Mein Bruder, alles in Ordnung, so Gott will. Ich bin jetzt im Auto, bete für mich mein Bruder, bete für mich.»

Amri stammte aus einem Dorf in Tunesien, das als salafistische Hochburg gilt. Er kam im April 2011 auf der italienischen Insel Lampedusa an, gab fälschlich 1994 als sein Geburtsjahr an und wurde so als unbegleiteter minderjähriger Flüchtling registriert. Im Oktober 2011 legten er und vier andere in Räumen des Jugendheims, wo sie untergebracht waren, Feuer und verprügelten einen Erzieher. Amri wurde wegen Körperverletzung und Brandstiftung zu vier Jahren Haft verurteilt. Im Juni 2015 kam er auf freien Fuß mit der Auflage, Italien binnen sieben Tagen zu verlassen. Er reiste daraufhin nach Deutschland und beantragte unter dem Namen «Anis Amir» Asyl. Insgesamt beantragte er unter mindestens vierzehn Namen Asyl- und Sozialleistungen (mit unterschiedlichen Geburtsdaten und sich teilweise als Ägypter ausgebend) an verschiedenen Orten in Deutschland. Nachdem seine Identitätsfälschungen und die damit verbundenen Leistungserschleichungen aufgeflogen waren, wurde sein Asylantrag abgelehnt. Seit Juni 2016 war er ausreisepflichtig. Kurze Zeit kam er sogar in Abschiebehaft, wurde dann aber wieder mit einer Duldung entlassen, weil weder seine wahre Identität noch die Frage, ob er Tunesier war, zweifelsfrei geklärt waren und auch keine Aussicht bestand, dass dies innerhalb der vorgeschriebenen Frist von drei Monaten geschehen könnte. Die für die Abschiebung notwendige Mitteilung aus Tunesien, dass Amri als tunesischer Staatsbürger identifiziert worden sei, erreichte die deutschen Behörden zwei Tage nach dem Anschlag auf dem Breitscheidplatz.

Tödliche Sicherheitslücken

Wenn wir die wichtigsten Terroranschläge in Europa seit 2015, bei denen es einen Täterbezug zu Flüchtlingen gab, in ihrer Gesamtheit betrachten, zeigen sich einige deutliche Muster.[141] Was die Herkunft der Täter betrifft, sind die Fälle unterschiedlich. Die meisten Täter der Anschläge in Paris und Brüssel waren nach Syrien ausgereiste Belgier und Franzosen marokkanischer und algerischer Herkunft, die mit gefälschten Pässen eine Flüchtlingsidentität annahmen, um so unbemerkt nach Westeuropa einreisen zu können. Täter, die einen tatsächlichen Flüchtlingshintergrund hatten, kamen aus vielen unterschiedlichen Ländern: Syrien, Irak, Afghanistan, Marokko, Tunesien, Libyen, Somalia, Sudan, Tschetschenien, Usbekistan sowie Palästina. Heterogen sind die Fälle auch im Hinblick auf den Flüchtlingsstatus, obwohl die größte Gruppe aus Personen bestand, deren Asylgesuch abgelehnt worden war. Die Personen, die zu dem Terrornetzwerk gehörten, das vom IS eingeschleust wurde, wurden zwar bei der Ankunft und bei ihren Zwischenstationen in Flüchtlingslagern in Serbien und Ungarn als Flüchtlinge registriert, aber die meisten von ihnen stellten nie einen formellen Asylantrag. Ausnahmen waren die beiden in Flüchtlingsunterkünften in Salzburg und Schleswig-Holstein verhafteten Gruppen, die vom IS als «Schläfer» für weitere Anschläge bereitgehalten worden waren.

Andere Täter, wie der Zugattentäter von Würzburg, warteten noch auf ihre erste Asylentscheidung. Wieder andere, zum Beispiel der in Deutschland wohnhafte Afghane Jawed S., der 2018 am Amsterdamer Bahnhof zwei amerikanische Touristen niederstach, waren nach einer Ablehnung ihres Antrags in Berufung gegangen und warteten auf die Berufungsentscheidung.[142] Imam Abdelbaki Es Satty, der marokkanische Drahtzieher der Attentate in Barcelona und Cambrils 2017, bei denen 16 Menschen umkamen, konnte – trotz einer Verurteilung wegen Drogenschmuggels – durch einen

Asylantrag seine Abschiebung verhindern.[143] Andere, wie die Täter der tödlichen Anschläge im französischen Romans-sur-Isère (2020)[144] und im englischen Reading (2020), waren anerkannte Flüchtlinge.[145] Auch der Afghane Abdul Malik A., der im September 2021 in Berlin eine Gärtnerin erstach, angeblich weil er es nicht ertragen konnte, dass sie als Frau arbeitete, war ein anerkannter Flüchtling.[146] Der Somalier Abdirahman J. A., der 2021 in einem Kaufhaus in Würzburg drei Frauen tötete, hatte als Bürgerkriegsflüchtling subsidiären Schutz bekommen.[147] In etwas weniger als der Hälfte der Fälle schließlich waren die Asylgesuche der Täter endgültig abgelehnt worden.

Neben diesen Unterschieden ergeben sich aber auch einige beunruhigende Gemeinsamkeiten. In fast der Hälfte der Fälle reisten die Täter entweder ohne Pass oder mit gefälschtem Pass ein und bedienten sich einer oder mehrerer falscher Identitäten. Das galt natürlich für die im Auftrag des IS eingeschleusten Täter der Anschläge in Paris und Brüssel sowie auf den Thalys-Schnellzug. Aber auch die Täter der Anschläge in einem Zug bei Würzburg (2016), auf dem Berliner Weihnachtsmarkt (2016), in einem Würzburger Kaufhaus (2021) sowie der Anschläge in Turku (2017)[148] und Liverpool (2021)[149] bedienten sich falscher Identitäten, manchmal, wie im Fall von Anis Amri, sogar mehrerer. In einigen Fällen, wie in Turku, wo der Marokkaner Abderrahman Bouanane mit zwei Küchenmessern bewaffnet zwei Frauen tötete und acht weitere Menschen verletzte, wurde die wahre Identität des Täters erst nach den Anschlägen bekannt. Bouanane hatte 2015 einige Zeit illegal in Deutschland gelebt und war dort unter verschiedenen Namen polizeilich auffällig geworden. Anfang 2016 zog er nach Finnland und stellte dort einen Asylantrag, der abgelehnt wurde. Er legte gegen die Entscheidung Berufung ein. Zum Zeitpunkt des Anschlags stand die Berufungsentscheidung noch aus. Nach der Tat stellte sich heraus, dass auch der Name, unter dem er in Finnland Asyl beantragt hatte, nicht der Wahrheit entsprach.

Mit der Identitätsverschleierung gingen oft falsche Angaben bezüglich des Herkunftslandes und des Alters einher, mit dem Ziel, die Chancen auf eine Anerkennung des Asylgesuchs zu verbessern oder den Schutz gegen Abschiebung zu vergrößern. Der pakistanische Täter des Zuganschlags bei Würzburg gab sich als Afghane aus, Anis Amri war manchmal Ägypter. Der irakische Muslim Emad El-Swealmeen, der 2021 bei einem Anschlagsversuch auf eine Geburtsklinik in Liverpool starb, hatte behauptet, er sei Syrer. Außerdem hatte er sich als Christ ausgegeben, um seine Chancen auf eine Anerkennung zu vergrößern. Mehrere der Täter gaben sich fälschlicherweise als Minderjährige aus, um sich damit einen sichereren Bleibestatus und besseren Schutz gegen Abschiebung zu sichern und, sofern sie wegen Straftaten polizeilich auffällig wurden, geringere Jugendstrafen zu bekommen. Dies traf unter anderem auf den Täter des Zuganschlags von Würzburg und auf Anis Amri zu. Dabei ging es manchmal um erhebliche Altersunterschiede. Beim somalischen Täter des Kaufhausanschlags von 2021 in Würzburg wurde erst nach der Tat deutlich, dass er acht Jahre älter war, als er angegeben hatte.

Mehrere der Attentäter stellten entgegen der Regel, dass der erstaufnehmende EU-Staat für die Prüfung des Asylgesuchs zuständig ist, in mehreren europäischen Ländern Asylanträge. Dass sie das tun konnten, hängt teilweise mit der Identitätsverschleierung zusammen. So zog Anis Amri, nachdem er die Aufforderung erhalten hatte, Italien zu verlassen, nach Deutschland und stellte dort mehrere neue Asylanträge. Der Iraker, der 2020 auf der Berliner Stadtautobahn mehrere Motorradfahrer schwer verletzte, hatte bereits in Finnland Asyl beantragt, war nach der Ablehnung nach Deutschland gezogen und hatte dort einen neuen Antrag gestellt.[150] Aber auch ohne Identitätsfälschung war es möglich, in mehreren Ländern Asylanträge zu stellen. Mohammed Daleel, der Attentäter von Ansbach, hatte 2013 in Bulgarien einen Asylantrag gestellt und subsidiären Schutz als Bürgerkriegsflüchtling erhalten. Im Jahr 2014 kam er nach Deutschland und stellte dort erneut einen Asylantrag, der aber wegen des vorherigen Antrags in Bulgarien abgelehnt wurde. Obwohl er entsprechend den Dublin-Regeln nach Bulgarien hätte abgeschoben werden müssen, erhielt er eine Duldung, für die sich der Bundestagsabgeordnete der Linken Harald Weinberg, auf Bitte einer Flüchtlingsorganisation erfolgreich eingesetzt hatte. Die Duldung wurde elf Tage vor dem Anschlag aufgehoben; ihm wurde eine Frist gesetzt, innerhalb von dreißig Tagen auszureisen. Der Afghane Abdul Malik A., der 2021 in Berlin eine Rentnerin erstach, war erstmals Anfang Dezember 2015 nach Deutschland eingereist. Sein Asylantrag wurde abgelehnt, weil er zuvor bereits in Bulgarien als Asylbewerber registriert worden war. Er wurde daraufhin tatsächlich nach Bulgarien abgeschoben, kehrte aber nach einer kurzen Einreisesperre nach Deutschland zurück und beantragte erneut Asyl. Diesmal wurde er im Oktober 2017 als Flüchtling anerkannt. Der Palästinenser Ahmed Alhaw, der 2017 aus Hass auf Christen in einem Hamburger Supermarkt mit einem Messer einen Menschen tötete und fünf weitere verletzte, hatte bereits zweimal in Norwegen und einmal in Spanien vergeblich Asyl beantragt, bevor er im März 2015 einen Antrag in Deutschland stellte.[151] Auch dieser wurde abgelehnt, aber er wurde nicht abgeschoben, obwohl er zum Zeitpunkt des Anschlags bereits seit sieben Monaten ausreisepflichtig war.

Dass sie auch als abgelehnte Asylbewerber bleiben konnten, ist eine dritte verstörende Gemeinsamkeit vieler Attentäter. Von den abgelehnten Asylbewerbern waren etwa der Berliner Weihnachtsmarktattentäter Anis Amri, der Täter des Anschlags auf der Berliner Stadtautobahn (2020) sowie der Syrer Abdullah al H., der 2020 in Dresden aus religiös motivierter Homophobie einen Mann tötete und seinen Ehemann schwer verletzte, im Besitz einer Duldung, die sie vor Abschiebung bewahrte.[152] Andere abgelehnte Asylbewerber waren zwar ausreisepflichtig, bekamen von den Behörden aber lediglich eine Frist zur Ausreise mitgeteilt, ohne in Abschiebehaft genommen oder anders überwacht zu werden. Der Usbeke Rakhmat Akilov, der 2017 in Stockholm mit einem Lkw in einer Einkaufsstraße fünf Menschen tötete und vierzehn schwer verletzte, hatte die Aufforderung bekommen, Schweden innerhalb von vier Wochen zu verlassen, er tauchte aber unter. Der Asylantrag des Tunesiers Brahim Aouissaoui, der im Oktober 2020 in Nizza drei Menschen in einer Kirche tötete, war eine Woche zuvor in Italien abgelehnt worden.[153] Er bekam die Aufforderung, Italien zu verlassen, machte sich aber auf den Weg nach Frankreich, wo er am Tag seiner Ankunft die schreckliche Tat beging. Auch die Täter von Ansbach (2015) und Hamburg (2017) waren ausreisepflichtig.

Insgesamt ergibt sich so ein Bild gravierender Sicherheitslücken mit tödlichen Folgen: gefälschte oder fehlende Dokumente, Mehrfachidentitäten, wahrheitswidrige Angaben bezüglich des Herkunftslandes und des Alters, mehrere Asylanträge an unterschiedlichen Orten, Nicht-Durchsetzung des Dublin-Prinzips, sogar wenn bereits in anderen europäischen Ländern Asylanträge gestellt und entschieden worden waren, Duldungen für Menschen, die Straftaten begangen oder sich des Asylbetrugs schuldig gemacht hatten, ignorierte Ausreisepflichten. Die Täter nutzten diese Sicherheitslücken des europäischen Asylsystems gnadenlos aus und konnten so seit 2015 insgesamt um die 250 Menschen töten und Tausende weitere verletzen und traumatisieren. Das Verhältnis zwischen den Rechten von Asylbewerbern, inklusive solcher, die Straftaten und Asylbetrug begangen hatten, und der staatlichen Fürsorgepflicht für die Sicherheit der eigenen Bürger geriet im Zuge der Flüchtlingskrise in eine eklatante Schieflage.

Einige Terroranschläge deuten darauf hin, dass die mit einer unkontrollierten Flüchtlingszuwanderung verbundenen Sicherheitsrisiken lange, auch noch in der nächsten Generation, nachhallen können. Am 22. Mai 2017 zündete in Manchester Salman Ramadan Abedi bei einem Konzert der Sängerin Ariana Grande eine Bombe an seinem Körper: 22 meist junge Menschen starben; das jüngste Opfer war ein achtjähriges Mädchen.[154] Abedi wurde 1994 in Manchester geboren als Sohn einer libyschen Familie, die kurz zuvor in Großbritannien Asyl bekommen hatte. Sein Vater hatte in den Reihen einer salafistisch-dschihadistischen Kampfgruppe gegen den

Diktator Muammar al-Gaddafi gekämpft. 2011 war die ganze Familie nach Libyen zurückgekehrt, wo sich Salman und sein Bruder wie zuvor schon ihr Vater einer dschihadistischen Gruppe anschlossen. Salman wurde bei Kämpfen verletzt. 2014 evakuierte die Royal Navy ihn und andere Briten aus Libyen, und so kam er zurück nach Manchester. Der Fall zeigt ein weiteres Sicherheitsproblem: Manche der Menschen, die Asyl bekommen, sind zwar tatsächlich in ihrer Heimat Verfolgung ausgesetzt, aber das bedeutet nicht unbedingt, dass sie friedliche Demokraten sind. Als überzeugte Salafisten und ehemalige dschihadistische Kämpfer waren Abedi und seine Familie auch eine Bedrohung für das Land, in dem sie Asyl bekamen.

Auch in anderen Fällen sehen wir diese Gefahr. Ein anderer libyscher Flüchtling in Großbritannien, Khairi Saadallah, hatte im libyschen Bürgerkrieg ebenfalls auf der Seite einer dschihadistischen Miliz, Ansar al-Sharia, gekämpft, verschwieg dies aber in seinem Asylantrag. Am 20. Juni 2020 tötete er, «Allahu akbar» rufend, in der englischen Stadt Reading drei homosexuelle Männer und verletzte drei weitere. Mohammed Daleel, der Täter von Ansbach, war laut seinem IS-Nachruf vor seiner Abreise nach Europa in Syrien ein IS-Kämpfer gewesen. Auch beim Mord an dem französischen Lehrer Samuel Paty am 16. Oktober 2020 dürfte ein im Herkunftsland verwurzelter islamistischer Familienhintergrund eine Rolle gespielt haben.[155] Der Täter, der achtzehnjährige Tschetschene Abdoullakh Abouyedovich Anzorov, war 2008 mit seiner Familie als Flüchtling nach Frankreich gekommen. Seine Halbschwester hatte sich 2014 dem IS angeschlossen. Nach seinem Tod wurde Anzorovs Leichnam nach Tschetschenien gebracht, wo er im Heimatdorf der Familie ein Heldenbegräbnis erhielt.

Es bleibt eine letzte Gemeinsamkeit zwischen den Fällen zu erwähnen, die, gerade weil sie ausnahmslos ist, kaum auffällt: Alle Täter waren Muslime. Muslime machen einen erheblichen Teil der Flüchtlinge aus, die seit 2015 nach Europa gekommen sind. In Deutschland waren 70 Prozent der Flüchtlinge in diesem Zeitraum

Muslime. Aber unter den Flüchtlingen waren auch viele Christen aus Syrien, dem Irak und Iran. Auch die große Mehrheit der Flüchtlinge aus Eritrea und Nigeria waren Christen. Aus dem Irak kam eine größere Zahl von Jesiden nach Europa. Allein nach Deutschland kamen 311 000 christliche (etwa ein Sechstel aller Flüchtlinge) und etwas über 100 000 jesidische Flüchtlinge (6 Prozent). Dennoch gab es keine Terroranschläge von ihnen. Diese Tatsache wirft auch ein anderes Licht auf die psychische Labilität einiger der Täter, mit der die Anschläge oft erklärt werden. Die Täter der Anschläge auf der Berliner Stadtautobahn 2020 und in Würzburg 2021 waren beide zuvor bereits wegen psychischer Probleme auffällig geworden. Psychische Probleme gibt es aber in allen Bevölkerungsgruppen, und sie bieten für sich allein keine Erklärung für die Art und die Stoßrichtung von Terroranschlägen. Auch wenn psychische Probleme der Täter eine Rolle gespielt haben, bedurfte es einer extremistischen Ideologie, die ihrer Aggression und ihrem Hass eine Richtung gab und die ihnen das Gefühl vermitteln konnte, Teil eines größeren Kampfes zu sein. Das ist beim Islamismus nicht anders als beim Rechtsextremismus. Auch der Attentäter, der in Hanau Anfang 2020 neun Menschen mit Migrationshintergrund tötete, hatte eine lange Geschichte psychischer Probleme. Dass diese dazu beitrugen, dass er einen Terrorakt gegen eine bestimmte Opfergruppe verübte, kann man nur verstehen, wenn man das rassistische und verschwörungstheoretische Gedankengut, unter dessen Einfluss der Täter stand, in die Erklärung einbezieht.

Umgekehrt kann die Abwesenheit eines extremistischen ideologischen Umfeldes erklären, warum es trotz der sicherlich auch in diesen Gruppen vorhandenen psychischen Probleme nicht zu Terroranschlägen von Christen oder Jesiden aus dem Nahen Osten gekommen ist. Der Vergleich wirft auch ein anderes Licht auf die Traumatisierung von Flüchtlingen durch die erlebten Ereignisse in ihren Herkunftsländern, die manchmal als Teil der Erklärung für Radikalisierung angeführt wird. Angesichts der Tatsache, dass sie die bevorzugten Opfer des Terrorregimes des IS waren, mangelte es den Christen und den Jesiden aus Syrien und dem Irak nun wirklich nicht an traumatischen Erfahrungen. Ohne einen mit dem islamischen Fundamentalismus vergleichbaren ideologischen Zündstoff übersetzten sich diese Traumata aber nicht in Gewalt und Terror.

Flüchtlingsfeindliche Gewalt von rechts

An einem Sonntagabend im Februar 2018 macht sich der siebzigjährige Deutsche kasachischer Herkunft Willi B. auf den Weg zum wenige Hundert Meter von seiner Wohnung entfernten Heilbronner Marktplatz. Er hat seine Medikamente eingenommen, dazu Alkohol getrunken und macht sich Sorgen um seine Tochter, die trotz ihrer Ausbildung keine Arbeit finden kann. Und noch etwas habe ihn umgetrieben, erzählt er der Polizei später: die Flüchtlingspolitik der Bundesregierung. Aus seiner Wohnung hat er ein Küchenmesser mitgenommen, mit dem er auf dem Marktplatz von hinten auf eine nichts ahnende Gruppe von Flüchtlingen einsticht. Den fünfundzwanzigjährigen Iraker Samer A. trifft das Messer in den Arm, wo es einen Nerv durchtrennt. Mit der Hand kann Samer seitdem nicht mehr schreiben, zwei Finger kann er gar nicht mehr bewegen. Er leidet unter Panikattacken und Schlafstörungen. «Ich bin aus dem Irak hierher gekommen, um in Sicherheit zu leben. Seit ich angegriffen wurde, habe ich Albträume», sagt er vor Gericht aus. Den siebzehnjährigen Mohammed T. aus Afghanistan trifft das Messer des Täters in den Bauch. Nur durch Glück erwischt es keine lebenswichtigen Organe. Er traue sich seither kaum noch auf die Straße. Ein weiterer Flüchtling wird leicht verletzt, ein vierter kann den Stichen gerade noch ausweichen, bis Umstehende Willi B. überwältigen und ihn der Polizei übergeben. Er habe ein Zeichen setzen wollen und hoffe, dass Angela Merkel von der Tat erfährt, sagt Willi B. nach seiner Verhaftung. Das Gericht verurteilt ihn im Oktober 2018 zu fünf Jahren Haft wegen versuchten Mordes.[156]

Bisher haben wir uns in diesem Kapitel mit islamistisch motivierten Anschlägen befasst, die durch Flüchtlinge oder durch Menschen, die sich als solche ausgaben, verübt wurden. Wie das Beispiel der Messerattacke in Heilbronn zeigt, hat die politische Gewalt im Zuge der «Flüchtlingskrise» auch eine andere Seite, in der Flüchtlinge zu Opfern rechtsextrem oder rassistisch motivierter Gewalt wurden. Laut dem Bericht *Leben in Gefahr* der Amadeu Antonio Stiftung ist solche Gewalt zu einer Alltagserscheinung geworden:

> In dieser Publikation kommen Menschen zu Wort, die nach Deutschland flohen. Geflüchtete Personen leben nicht nur aus asylpolitischer Perspektive unter gewaltvollen, oft menschenverachtenden Bedingungen. Sie sind auch jenseits des strukturellen Rassismus, von dem Deutschland geprägt ist, jeden Tag körperlicher und psychischer Gewalt im Alltag ausgesetzt, die unmittelbar, überraschend und manchmal auch tödlich sein kann.[157]

Wie sehr Flüchtlinge laut dem Bericht in Deutschland von Gewalt bedroht werden, erschließt sich auch aus der Überschrift eines der Kapitel: «Verdammt sei der Tag, an dem ich hierher kam» – so wird eine geflüchtete Frau zitiert.[158] Das Medienecho zu der Studie übernimmt diese Lageeinschätzung. «Schutzlos ausgeliefert in Deutschland. Asylsuchende erfahren täglich Gewalt», titelte zum Beispiel die Zeitung *Neues Deutschland.*[159] Statistisch untermauert werden diese Einschätzungen durch die Antworten der Bundesregierung auf die seit 2014 vierteljährlich von der ehemaligen Bundestagsabgeordneten der Linken Ulla Jelpke gestellten «Kleinen Anfragen» zu «Übergriffen» auf Flüchtlinge oder Flüchtlingsunterkünfte, insbesondere solche, die zu dem vom Bundeskriminalamt erfassten Bereich der «politisch motivierten Kriminalität rechts» (PMK rechts) gerechnet werden können. Die Antworten auf die Kleinen Anfragen listen zwischen 2015 und 2019 gut 11 000 Ereignisse mit dem «Angriffsziel» Flüchtlingsunterkunft oder Asylbewerber/

Flüchtling auf, weitaus die meisten davon aus dem Bereich «PMK rechts». Seit 2016 sind die Zahlen zwar etwas zurückgegangen, aber auch 2020 sind es weiterhin viele: «Zahlen des Innenministeriums – mehr als 1600 Angriffe gegen Flüchtlinge», so berichtete das Zweite Deutsche Fernsehen.[160] Auch in anderen Medienberichten ist die Rede von über 1600 «Angriffen», «Übergriffen» oder Fällen von «rechter Gewalt» 2020.[161]

Wer sich allerdings die Listen des Bundeskriminalamtes genauer anschaut, erkennt schnell, dass sich hinter den Rubriken «Angriffe» und «Übergriffe» nur in einer Minderheit der Fälle tatsächliche Gewalttaten verstecken. Genauer genommen verweisen die Statistiken auf «Delikte» bzw. «Straftaten», von denen die meisten zur Kategorie der «Volksverhetzung» nach Paragraph 130 des Strafgesetzbuches gehören. Schmierereien wie «Ausländer raus!» auf einer Asylunterkunft oder ein an Flüchtlinge gerichteter Ausruf «Geht doch zurück in eurer eigenes Land!» sind Beispiele von Volksverhetzungsdelikten. Für die Betroffenen sind das bestimmt erschütternde Erfahrungen, aber «Gewalt», ein «Übergriff» oder «Angriff» auf Leib und Leben sind sie nicht. Das Gleiche gilt für das «Verwenden von Kennzeichen verfassungswidriger Organisationen» (wie etwa eine Hakenkreuzschmiererei) oder Beleidigungen – zwei andere häufige Delikte unter den «Angriffen». In der Erfassungssystematik des Bundeskriminalamts ist nur etwa ein Sechstel der aufgeführten Fälle als «Gewaltdelikt» einzustufen. Tabelle 4.1 gibt eine Übersicht nach Deliktkategorien der Gewalttaten mit rechtsgerichteter politischer Motivation von 2015 bis 2020.

Den weitaus größten Anteil (87 Prozent) an den insgesamt über 2000 erfassten flüchtlingsfeindlichen Gewalttaten stellen die Körperverletzungen. Es gab aber auch fast 200 Brandstiftungen sowie 20 Anschläge mit – meist nicht sehr wirkungsvollen – Sprengsätzen auf Flüchtlingsunterkünfte oder -wohnungen, die meisten davon in den Jahren 2015 und 2016. Viele dieser Anschläge richteten sich gegen designierte, noch unbewohnte Unterkünfte. Neunzehn der körperlichen Angriffe sowie Brandstiftungen und Sprengstoff-

Tabelle 4.1: Zahl der rechtsgerichteten Gewalttaten gegen Flüchtlinge, 2015–2020

Raub	21
Körperverletzung	1777
Freiheitsberaubung	3
Sexuelle Nötigung	1
Brandstiftung	198
Sprengstoffanschlag	20
Totschlag[162]	7
Mord	12
Gesamt	2051

Quelle: Bundeskriminalamt; Antworten auf Kleine Anfragen an die Bundesregierung

anschläge, bei denen eine Gefahr für Menschenleben bestand, wurden als Tötungsdelikte – Mord oder Totschlag – eingestuft.[163] Viele davon gingen aber glimpflich aus: Bei 13 der 19 Tötungsdelikte gab es überhaupt keine Verletzten, zum Beispiel weil sich ein Brandsatz nicht entzündete, an einer Mauer abprallte oder unschädlich gemacht werden konnte, ohne dass Menschen zu Schaden kamen. In drei Fällen gab es nur Leichtverletzte, in den drei verbleibenden Fällen Schwerverletzte. Zu Tode kam bei den versuchten Tötungsdelikten seit 2015 kein einziger Flüchtling.

Einer der Fälle mit Schwerverletzten war die bereits erwähnte Messerattacke in Heilbronn. Ein weiterer Fall ereignete sich am 9. August 2015 in Hennigsdorf. Der fünfunddreißigjährige René B. geriet dort an einem Imbiss-Stand, wo sie zusammen getrunken hatten, in einen Streit mit zwei afrikanischen Flüchtlingen und beschuldigte die beiden, sein Handy entwendet zu haben. Daraufhin fügte er ihnen mit einer abgebrochenen Bierflasche tiefe Schnitte im Gesicht und im Halsbereich zu. Bezüglich seiner eigenen Handverletzung soll er gerufen haben: «Das ist Arierblut. Ich bin Arier, kein scheiß Nigger.» Der Täter wurde 2016 zu drei Jahren Haft verurteilt. Im dritten Fall, der sich am 30. Juni 2016 in Zerbst zutrug, beleidigten und bedrohten zwei junge deutsche Männer einen pakistanischen Flüchtling am Bahnhof und jagten ihn auf die Bahngleise, wo er einem anfahrenden Zug nur knapp ausweichen konnte und sich eine schwere Schulterverletzung zuzog. Die Täter wurden wegen versuchten Totschlags zu einer Haftstrafe von sechseinhalb Jahren bzw. einer Jugendstrafe von vier Jahren verurteilt.

Zwar waren bei keinem der rechtsgerichteten Angriffe auf Flüchtlinge Tote zu beklagen, dies galt aber nicht für einige flüchtlingsfeindlich motivierte Gewalttaten, denen Menschen zum Opfer fielen, die keine Flüchtlinge waren. So gab es zwei Brandstiftungen, bei denen deutsche Staatsangehörige ums Leben kamen. Da Flüchtlinge nicht die direkten Opfer waren, sind diese Fälle nicht in den Übersichten des Bundeskriminalamtes enthalten. Am 1. März 2017 starb die fünfundachtzigjährige Ruth K. aus Döbeln (Sachsen) an einer Rauchvergiftung. Eine Nachbarin hatte im Keller des Hauses Feuer gelegt, um den Tatverdacht auf einen ebenfalls im Haus lebenden iranischen Flüchtling zu lenken. Sie wurde 2018 zu einer neunjährigen Haftstrafe wegen schwerer Brandstiftung mit Todesfolge verurteilt.[164] Am 17. April 2018 starb der achtunddreißigjährige Philip W. bei einem Brand in einem Wohnhaus im saarländischen Neunkirchen-Wiebelskirchen, wo auch mehrere syrische Flüchtlinge lebten. Der Täter hatte sich das «Ausländerhaus» als Ziel ausgewählt, weil er sich für angebliche Belästigungen seiner Freundin durch «Ausländer» habe rächen wollen. Er wurde wegen schwerer Brandstiftung mit Todesfolge zu einer Haftstrafe von acht Jahren verurteilt.[165]

Auch der Mord an dem hessischen Beamten Walter Lübcke gehört zu dieser Kategorie. Er wurde am 1. Juni 2019 vor seiner Wohnung von dem Rechtsextremisten Stephan Ernst mit einem Revolver erschossen. Der Täter nannte als Motiv das Engagement Lübckes für Flüchtlinge. Ernst wurde 2021 zu einer lebenslangen Haftstrafe verurteilt. Knapp mit dem Leben davon kam am 17. Oktober 2015 die Kandidatin für das Kölner Bürgermeisteramt, Henriette Reker. Sie wurde von dem Rechtsextremisten Frank S. mit einem Messer lebensgefährlich am Hals verletzt. Im Anschluss an das Attentat verletzte der Täter noch vier weitere Personen, eine davon schwer. Als Motiv für seine Tat nannte auch Frank S. seine Unzufriedenheit mit der Asylpolitik. Er erhielt eine vierzehnjährige Haftstrafe.

Exkurs: Was ist «politisch motivierte Kriminalität»?

Die Unterscheidung zwischen politisch motivierter und «gewöhnlicher» Kriminalität ist schwierig und umstritten. Manche Leser oder auch manche Richter mögen sich bei der Einstufung einiger der bisher behandelten Gewalttaten fragen, ob es sich hier tatsächlich um politisch motivierte Gewalt handelt. War Abdirahman J. B., der in Würzburg «Allahu akbar» rufend drei Menschen tötete und erklärte, damit seinen persönlichen Dschihad verwirklichen zu wollen, tatsächlich von einer islamistischen Ideologie zur Tat motiviert worden, oder waren seine psychischen Probleme der wichtigste Auslöser? War es die Kritik an der deutschen Flüchtlingspolitik, die Willi B. dazu trieb, ein Messer aus seiner Küche zu nehmen und damit Flüchtlinge auf dem Heilbronner Marktplatz anzugreifen? Oder war es die Kombination von Alkohol und Medikamenten, verknüpft mit der Sorge um seine Tochter? In beiden Fällen dürfte es wohl eine Mischung aus beidem gewesen sein, und die Einstufung als «politisch motivierte Kriminalität» ist keineswegs eindeutig.

Umgekehrt kann es Fälle geben, bei denen eine islamistische oder rassistische Motivation eine Rolle spielte, die aber in den Statistiken nicht als solche klassifiziert wurde. Dieses Dunkelzifferproblem wird oft von Organisationen, die sich mit Rassismus und Rechtsextremismus beschäftigen, hervorgehoben, aber es dürfte auch in anderen Bereichen eine Rolle spielen. Während es im Bereich des Rechtsextremismus einen großen Druck auf die Strafverfolgungsbehörden gibt – von zivilgesellschaftlicher Seite durch Organisationen wie Pro Asyl oder die Amadeu Antonio Stiftung, von politischer Seite etwa durch die regelmäßigen Kleinen Anfragen der Bundestagsfraktion der Linken –, fehlt ein solches Engagement weitgehend, wenn es um den Islamismus geht. Am deutlichsten wird diese unterschiedliche Sensibilität im Bereich der nicht-gewalttätigen Straftaten. So gab es laut der Statistik des BKA 2020 fast 14 000 rechtsextreme sogenannte «Propagandadelikte» (Verbreitung von Propagandamitteln und Verwenden von Kennzeichen verfassungswidriger Organisationen), während es im Bereich Linksextremismus 118 und im Bereich «religiöse Ideologie» (was fast ausschließlich Islamismus heißt) lediglich 34 solcher Delikte gegeben haben soll. Das hat vermutlich sehr wenig damit zu tun, dass Rechtsextremisten ihre Ideologie in einem solchen Ausmaß stärker verbreiten als Linksextremisten und Islamisten, sondern viel eher damit, dass die Verbreitung im Bereich Rechtsextremismus strafbar ist, zur Anzeige gebracht und strafrechtlich geahndet wird, während dies bei den anderen Formen von Extremismus viel weniger der Fall ist. Ähnlich ist es bei «Beleidigungen». Im Bereich des Rechtsextremismus soll es laut BKA 2020 2589 Beleidigungsdelikte gegeben haben, im Bereich des Islamismus dagegen lediglich 47. Volksverhetzungen soll es 3877 Mal aus dem Bereich Rechtsextremismus gegeben haben und lediglich 29 Mal aus dem Bereich «religiöse Ideologie». Wer glaubt, dass das der Wirklichkeit entspricht, lebt auf einem anderen Planeten.

Auch polizeiliche Klassifizierungsregeln spielen eine Rolle bei der Definition politisch motivierter Kriminalität. So werden von der Polizei antisemitische Straftaten dem Bereich Rechtsextremismus zugeordnet, wenn keine direkten Hinweise auf einen bestimmten ideologischen Hintergrund vorliegen. Straftaten, die gegen Homosexuelle und Personen mit anderer nicht-heterosexueller Identität gerichtet sind, werden standardmäßig als «politisch motivierte Kriminalität» erfasst, meist ohne dass sie einer bestimmten Ideologie zugeordnet werden können. Das Gleiche gilt aber nicht für Tötungs- («Femizid») und Sexualdelikte, die gegen Frauen gerichtet sind. Zumindest bei einem Teil der Gewaltdelikte gegen Frauen spielen männliche Normen über «angemessenes» bzw. «unangemessenes» Verhalten von Frauen sowie Auffassungen über weibliche sexuelle Verfügbarkeit und männliche «Ehre» eine Rolle. Es ist schwer nachvollziehbar, warum Gewalttaten, die auf Normen und Vorstellungen bezüglich zulässiger sexueller Identitäten beruhen, immer als «politisch motiviert» klassifiziert werden, Gewalttaten, die von Vorstellungen über weibliche Genderrollen motiviert sind, dagegen nie.

Die Kategorie «politisch motivierte Kriminalität» ist somit zu einem erheblichen Teil politisch und sozial konstruiert. Manche Phänomene werden dazu gerechnet, andere nicht, ohne dass es dafür nachvollziehbare Gründe gibt. Außerdem wurde die Kategorie im Laufe der Zeit immer mehr erweitert. «Religiöse Ideologie» wird zum Beispiel erst seit 2017 als eigenständiger Bereich des politischen Extremismus erfasst, die Aufnahme von Gewalt gegen Homosexuelle erfolgte noch später, und Gewalt gegen Frauen gilt nach wie vor immer als unpolitisch. Aus all diesen Gründen wird auch unter der «gewöhnlichen» Gewaltkriminalität, die im Zentrum des nächsten Kapitels stehen wird, ein Teil enthalten sein, den man bei höherer polizeilicher und politischer Sensibilität auch – zumindest teilweise – als politisch motiviert einstufen könnte.

Kapitel 5

Opfer und Täter

Flüchtlinge und Kriminalität

Wenn die Bevölkerung um etwa 1,8 Millionen Menschen wächst, wie es mit der Flüchtlingszuwanderung zwischen 2015 und 2020 geschah, kann man nicht erwarten, dass dies keinerlei Auswirkungen auf die Kriminalität hat. Flüchtlinge sind Menschen, keine Engel, und unter ihnen werden sich, wie unter allen anderen Bevölkerungsgruppen, auch böswillige oder verhaltensgestörte Personen befinden. Ganz ohne negative Begleiterscheinungen ist die Aufnahme einer so großen Gruppe von Menschen nicht zu haben. Immerhin ist die Aufnahme von Flüchtlingen auch gerade deshalb eine humanitäre Leistung, weil sie mit gewissen Kosten und Risiken für die aufnehmende Gesellschaft verbunden ist. Allerdings sind solche Risiken nur dann vertretbar und akzeptabel, wenn es sich um eine begrenzte Erhöhung der Kriminalitätsrate handelt, die proportional zum Bevölkerungsanstieg wächst. Steigt die Kriminalität weit über das Ausmaß an, das man aufgrund der Größe der Gruppe erwarten dürfte, wird das fast zwangsläufig die Unterstützung für die Flüchtlingszuwanderung untergraben. Dies ist ein erster Grund, warum man der schwierigen Diskussion um das Thema Kriminalität und Flüchtlinge nicht aus dem Weg gehen kann und sollte. Der zweite Grund ist, dass die Kriminalitätsrate, neben anderen Indikatoren wie der Arbeitsmarktbeteiligung, ein wichtiges Indiz dafür ist, wie es um die Integration von Flüchtlingen in die Gesellschaft bestellt ist. Drittens können Erkenntnisse darüber, welche Teilgruppen der Flüchtlingsbevölkerung mehr oder weniger anfällig für kriminelles Verhalten sind, wichtige Hinweise auf Fehlentwicklungen in der Flüchtlingspolitik geben.

Laut einer Sonderauswertung des Statistischen Bundesamtes lebten in Deutschland zum Jahresende 2020 1856785 «Schutzsuchende», das heißt Menschen, die sich entweder noch im Asylverfahren befanden oder deren Asylgesuch anerkannt oder abgelehnt wurde. Die Kategorie der abgelehnten Schutzsuchenden umfasst sowohl Personen mit einer sogenannten «Duldung», deren Ausreisepflicht temporär ausgesetzt ist, als auch tatsächlich Ausreisepflichtige, die sich unerlaubt in Deutschland aufhalten. Bei einer Gesamteinwohnerzahl von gut 83 Millionen Menschen machten anerkannte, abgelehnte sowie sich noch im Verfahren befindliche Flüchtlinge damit 2,23 Prozent der Bevölkerung aus. Seit 2015 veröffentlicht das Bundeskriminalamt auf der Basis der Polizeilichen Kriminalstatistik (PKS) den sogenannten Bundeslagebericht *Kriminalität im Kontext von Zuwanderung*. Als «Zuwanderer» werden in diesen Berichten alle Personen betrachtet, deren Aufenthaltsanlass als «Asylbewerber/in», «Schutzberechtigte/r und Asylberechtigte/r Kontingentflüchtling», «Duldung» oder «unerlaubter Aufenthalt» registriert wurde.[166] Anders als der Name der Berichte vermuten lässt, geht es also nicht um Zuwanderer im weiten Sinne, sondern nur um solche Kriminalität, bei der Asylsuchende und Flüchtlinge als Tatverdächtige oder Opfer in Erscheinung treten. Die Definitionen dieser Personengruppe sind in den Daten des BKA und des Statistischen Bundesamtes nahezu deckungsgleich.

Schauen wir nun auf die Kriminalitätsstatistik, dann zeigt sich, dass im Jahr 2020 136588 Flüchtlinge als Tatverdächtige einer Straftat ermittelt wurden, was 7,33 Prozent aller Tatverdächtigen entspricht. Tatverdächtige im Sinne der Polizeilichen Kriminalstatistik sind Personen, die nach Abschluss der polizeilichen Ermittlungen

Grafik 5.1: Anteil von Flüchtlingen an allen Tatverdächtigen sowie Anteil der Flüchtlinge, die einer Straftat verdächtigt wurden, 2014–2020

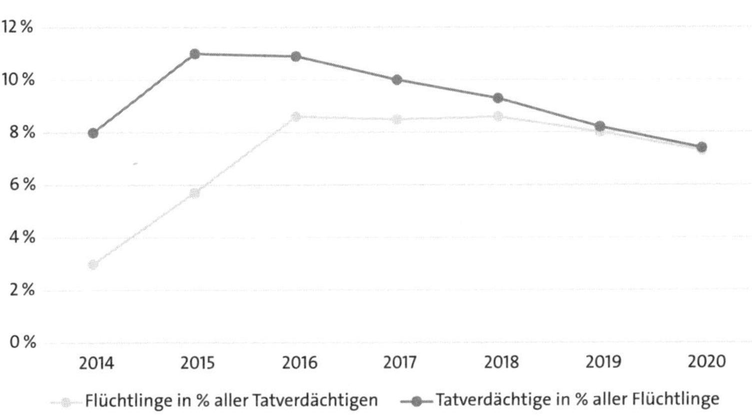

aufgrund ausreichender Anhaltspunkte verdächtig sind, eine rechtswidrige Straftat begangen zu haben. Ein Tatverdächtiger, für den im Berichtszeitraum mehrere Straftaten festgestellt wurden, wird nur einmal gezählt («echte» Tatverdächtigenzählung).[167] Unter den tatverdächtigen Flüchtlingen waren im Vergleich zur allgemeinen Kriminalität relativ viele Mehrfachstraftäter (32,4 Prozent gegenüber 27,5 Prozent aller Tatverdächtigen). Dadurch lag der Anteil der aufgeklärten Straftaten, an denen mindestens ein Flüchtling als Tatverdächtiger beteiligt war, mit 253 640 (8,58 Prozent aller Straftaten) noch etwas höher. Flüchtlinge wurden entsprechend 3,3 Mal häufiger als Tatverdächtige von Straftaten ermittelt und waren an 3,8 Mal so vielen Straftaten beteiligt, als es aufgrund ihres Bevölkerungsanteils (2,23 Prozent) zu erwarten gewesen wäre. Dabei ist zu bedenken, dass in diesen Zahlen sogenannte «ausländerrechtliche Verstöße» wie unerlaubter Aufenthalt oder unerlaubte Einreise, die nur von Ausländern begangen werden können, bereits außer Betracht gelassen wurden.

Grafik 5.1 zeigt, dass der Anteil von Flüchtlingen an den Tatverdächtigen in den letzten Jahren noch deutlich höher lag. Betrug dieser Anteil 2014, vor der großen Flüchtlingswelle, lediglich 3,0 Prozent, stieg er bis 2018 auf 8,6 Prozent an.[168] Teilweise hängt dies natürlich mit dem Anstieg der Flüchtlingszahlen zusammen. Die Grafik zeigt deshalb auch die Entwicklung des Anteils der Flüchtlingsbevölkerung, der als Tatverdächtiger in Erscheinung trat. Dieser stieg zuerst von 8 Prozent 2014 auf 11 Prozent 2015 und 2016 an, um dann allmählich auf 7,3 Prozent 2020 abzunehmen. Daraus lassen sich zwei wichtige Schlüsse ziehen. Einerseits wurde nur ein kleiner Teil der Flüchtlingsbevölkerung strafrechtlich auffällig. Sogar auf dem Höhepunkt der Kriminalitätsbelastung in den Jahren 2015 und 2016 wurden 89 Prozent der Flüchtlinge innerhalb eines Kalenderjahrs keiner Straftat verdächtigt. Andererseits liegt, wie die Grafik zeigt, der Anteil der Tatverdächtigen unter den Flüchtlingen um ein Vielfaches höher als unter der Gesamtbevölkerung, von der in den Jahren 2014 bis 2020 jährlich lediglich etwas über 2 Prozent einer Straftat verdächtigt wurden.

Wie Tabelle 5.1 exemplarisch für das Jahr 2020 zeigt, liegen die Anteile der Flüchtlinge an der Gesamtzahl der Tatverdächtigen gerade bei schwereren Gewaltverbrechen noch deutlich höher. Jeder achte Tatverdächtige einer Straftat gegen das Leben war ein Flüchtling, bei Totschlag sogar jeder sechste. Bei Straftaten gegen die sexuelle Selbstbestimmung lag der Anteil von Flüchtlingen an den Tatverdächtigen mit 8,5 Prozent fast vier Mal so hoch wie ihr Bevölkerungsanteil, bei Vergewaltigungen waren sogar 14,1 Prozent der Tatverdächtigen Flüchtlinge. Bei einer anderen besonders schweren Form sexueller Delinquenz, dem Missbrauch von Kindern, ist der Flüchtlingsanteil unter den Tatverdächtigen mit 5,5 Prozent deutlich geringer, aber auch dieser Anteil ist noch mehr als doppelt so hoch, wie aufgrund des Bevölkerungsanteils erwartet werden dürfte. Auch für Formen von Gewalt, die, wie wir im letzten Kapitel gesehen haben, von rechtsgerichteten Straftätern häufig gegen Flüchtlinge angewandt wurden, zeigen die polizeilichen Statistiken, dass sie ebenfalls überdurchschnittlich oft von Flüchtlingen ausgeübt werden. Bei einfachen Körperverletzungen betrug 2020 der Flüchtlingsanteil unter den Tatverdächtigen 8,8 Prozent,

Tabelle 5.1: Anteile von Flüchtlingen an den Tatverdächtigen von schweren Gewaltverbrechen, 2020

Delikt	Gesamtzahl der Tatverdächtigen	Tatverdächtige Flüchtlinge	Anteil tatverdächtiger Flüchtlinge
Straftaten gegen das Leben	**3649**	**452**	**12,4 %**
Davon: Mord	763	100	13,1 %
Davon: Totschlag	1895	320	16,9 %
Straftaten gegen die sexuelle Selbstbestimmung	**60 992**	**5185**	**8,5 %**
Davon: Vergewaltigung	7797	1097	14,1 %
Davon: sexueller Missbrauch von Kindern	10 929	604	5,5 %
Rohheitsdelikte	**584 014**	**51 322**	**8,8 %**
Davon: Raub	25 813	3739	14,5 %
Davon: einfache Körperverletzung	306 649	26 892	8,8 %
Davon: gefährliche und schwere Körperverletzung	137 188	180 94	13,2 %
Schwere Brandstiftung	**1596**	**156**	**9,8 %**
Alle Straftaten (ohne ausländerrechtliche Verstöße)	**1 863 118**	**136 588**	**7,3 %**

bei schweren Brandstiftungen 9,8 Prozent und bei gefährlichen und schweren Körperverletzungen sogar 13,2 Prozent. In den vorangegangenen Jahren waren diese Anteile zum Teil noch höher.

Tatverdächtige, Anzeigeverhalten und Verurteilungen

Könnte selektives Anzeigeverhalten ein Grund für die Überrepräsentierung von Flüchtlingen unter den Tatverdächtigen sein? Die Kriminalstatistik beruht auf der Zahl der Tatverdächtigen nach abgeschlossenen Ermittlungen und lässt bloße Anzeigen oder Anschuldigungen von Bürgern unberücksichtigt. Sie beschränkt sich notwendigerweise auf das sogenannte «Hellfeld» von Straftaten, die der Polizei entweder durch eigene Fahndung oder durch Anzeige zur Kenntnis gekommen sind. Daneben gibt es ein weitgehend unbekanntes «Dunkelfeld» von Straftaten, die außerhalb des Blickfelds der Polizei bleiben. Verschiedene kriminologische Studien haben darauf hingewiesen, dass das Anzeigeverhalten von Opfern von der ethnischen Zugehörigkeit der Straftäter abhängen kann. Befragungen unter Schülern zeigen, dass jugendliche Opfer von Gewaltdelikten diese etwa zwei Mal so häufig bei der Polizei anzeigen, wenn der Täter nicht deutsch war. Das galt auch dann, wenn das Opfer selbst nicht deutsch war. Die Ausnahme bildete die Konstellation, in der Opfer und Täter zur gleichen nichtdeutschen ethnischen Gruppe gehörten; dann war die Anzeigebereitschaft sogar am niedrigsten.[169] Dieses Muster wird dadurch erklärt, dass Auseinandersetzungen innerhalb der gleichen Ethnie eher durch informelle Konfliktbewältigung als durch eine polizeiliche Anzeige gelöst werden.

Dieses Anzeigemuster könnte also für einen Teil der Überrepräsentierung von nichtdeutschen Tatverdächtigen im Allgemeinen und von Flüchtlingen im Besonderen in den Kriminalstatistiken verantwortlich sein. Allerdings muss dabei bedacht werden, dass diese Befunde auf Schülerpopulationen beruhen und dass die dort berichteten Gewalterfahrungen überwiegend leichte Körperverletzungen betreffen. Außerdem basieren die Schlussfolgerungen grundsätzlich nur auf solchen Fällen, in denen das Opfer den Täter identifizieren konnte, was bei manchen Delikten (etwa Diebstahl oder Brandstiftung) eher die Ausnahme ist. Auch zu Delikten ohne direktes Opfer – wie etwa Drogendelikte – können Opferbefragungen nichts aussagen. Befragungen aus der Täterperspektive stellen deshalb eine alternative Methode zur Erhellung des Dunkelfeldes dar. Auch diese beziehen sich im deutschen Kontext vor allem auf Schüler, die befragt wurden, ob sie Delikte begangen haben, wenn ja, welche, und ob sie dafür polizeilich angezeigt wurden – sei es vom Opfer, von der Polizei oder von anderen Akteuren wie Ladendetektiven. In seiner Dissertation konnte der Kriminologe Tilman Köllisch zeigen, dass das Risiko, für eine Straftat polizeilich registriert zu werden, nur bei leichten Delikten wie Ladendiebstahl und Diebstahl signifikant nach Tätermerkmalen variierte. Er folgerte daraus, «dass bei schwerer Delinquenz kaum Verzerrungen zwischen Hell- und Dunkelfeld hinsichtlich der Merkmale sozialer Status und ethnische Herkunft auftreten, sondern nur bei leichter Delinquenz».[170] Wie wir gesehen haben, ist die Überrepräsentierung von Flüchtlingen unter den Tatverdächtigen von schweren Gewaltdelikten nicht weniger stark, sondern im Gegenteil erheblich stärker als bei leichteren Delikten. Dieses Muster lässt sich nicht plausibel durch unterschiedliche polizeiliche Registrierungsrisiken erklären.

Ein weiterer möglicher Einwand ist, dass auch nach Abschluss polizeilicher Ermittlungen und Übergabe an die Staatsanwaltschaft Tatverdächtige nicht identisch mit Straftätern und schon gar nicht mit verurteilten Straftätern sind. Während 2020 knapp 1,9 Millionen Tatverdächtige ermittelt wurden, wurden nur knapp 700 000 Menschen für eine Straftat verurteilt.[171] Der Grund ist weniger, dass viele Verdächtige vor Gericht freigesprochen werden – 82 Prozent der Gerichtsverfahren endeten in einer Verurteilung –, als dass die Staatsanwaltschaft sich aus unterschiedlichen Gründen – vor allem Geringfügigkeit der Straftat und unzureichende Beweismittel – dazu entscheidet, das Ermittlungsverfahren einzustellen. Die Tatsache, dass gegen eine Mehrheit der Tatverdächtigen keine Anklage erhoben wird und dass von den Angeklagten ein (kleiner)

Teil freigesprochen wird, ist für die Frage der Kriminalitätsbelastung von Flüchtlingen im Vergleich zum Rest der Bevölkerung nur dann relevant, wenn sich im Laufe des Prozesses zwischen Tatverdacht und Verurteilung der Anteil der Flüchtlinge verschieben würde. Das wäre zum Beispiel der Fall, wenn sich der Tatverdacht gegen Flüchtlinge weniger oft erhärten ließe und es dadurch zu weniger Verurteilungen käme als bei anderen Tatverdächtigen.

Leider enthalten die Statistiken zur Rechtspflege keine Informationen zum Flüchtlingsstatus von Verdächtigen. Enthalten ist aber der Anteil der Ausländer unter den Verurteilten. Wenn wir diesen nun mit dem Ausländeranteil unter den Tatverdächtigen vergleichen, gibt es keine Hinweise darauf, dass gegen Ausländer öfter zu Unrecht Tatverdacht erhoben wurde. Im Jahr 2020 und den Jahren unmittelbar zuvor machten Ausländer in Deutschland 30 Prozent der Tatverdächtigen aus, während sie 34,5 Prozent der Verurteilten stellten (ausländerrechtliche Verstöße in beiden Fällen ausgenommen). Für einzelne Gewaltdelikte sind die Ausländeranteile unter den Tatverdächtigen und den Verurteilten nahezu identisch. So stellten Ausländer bei Mord 37,3 Prozent der Tatverdächtigen und 36,7 Prozent der Verurteilten, bei Totschlag 45,1 Prozent der Tatverdächtigen und 45,0 Prozent der Verurteilten, bei gefährlicher Körperverletzung 36,0 Prozent der Tatverdächtigen und 38,7 Prozent der Verurteilten und bei Straftaten gegen die sexuelle Selbstbestimmung 28,7 Prozent der Tatverdächtigen und 28,5 Prozent der Verurteilten. Wir dürfen deshalb davon ausgehen, dass die kriminalstatistischen Daten zu Tatverdächtigen die Verhältnisse unter den verurteilten Straftätern weitgehend spiegeln, auch wenn nicht alle Tatverdächtigen tatsächlich Straftäter sind.

Wie erklärt sich die Überrepräsentation von Flüchtlingen in der Kriminalstatistik?

Ein weitere Frage, die viele Leser sich stellen werden, ist, ob man die Kriminalitätsquote von Flüchtlingen so einfach mit der der übrigen Bevölkerung vergleichen kann, da die beiden Gruppen unterschiedlich zusammengesetzt sind, vor allem in Bezug auf bekannte Merkmale, die generell mit Kriminalität zusammenhängen, wie Geschlecht und Alter. Auf diesen Einwand gibt es zwei mögliche Antworten, die beide ihre Berechtigung haben, weil sie unterschiedliche Erkenntnisinteressen verfolgen. Die erste Antwort ist, dass es aus dem Gesichtspunkt der Einschätzung der Kriminalitätsbelastung, die mit der Flüchtlingszuwanderung zusammenhängt, zunächst einmal egal ist, welche Merkmale von Flüchtlingen für ihre Überrepräsentierung verantwortlich sind. Dadurch, dass wir ein Phänomen aus den demographischen, sozialen und kulturellen Merkmalen einer Gruppe erklären können, wird es zwar verständlicher, aber nicht größer oder kleiner, nicht mehr oder weniger bedeutsam. Andererseits braucht man natürlich Erkenntnisse über ursächliche Merkmale, um ein Problem richtig diagnostizieren zu können und daraus Lösungsansätze zu gewinnen. Dafür ist es sinnvoll, die Ursachen der Kriminalitätsanfälligkeit der Flüchtlinge zu untersuchen. Es geht nicht darum, das Phänomen – etwa als ein Problem junger Männer – «wegzuerklären», sondern darum, es besser zu verstehen.

Dass Männer und Personen im Adoleszenten- und Jungerwachsenenalter öfter Straftaten begehen, ist eine Konstante überall auf der Welt. So waren 2020 drei Viertel der in Deutschland ermittelten Straftäter männlich, bei Gewaltdelikten wie Straftaten gegen das Leben (83 Prozent), Raub (91 Prozent) und Sexualdelikten (95 Prozent) war der Männeranteil noch deutlich höher. Zugleich dominieren Männer mit 61 Prozent innerhalb der Gruppe der Flüchtlinge, während Männer in der Gesamtbevölkerung nur

49 Prozent ausmachen. Deshalb könnte die höhere Kriminalitätsquote der Flüchtlinge zum Teil auf den höheren Männeranteil zurückzuführen sein. Das lässt sich anhand der verfügbaren polizeilichen Statistiken leicht überprüfen, wenn wir die Zahlen für Männer und Frauen getrennt betrachten. Männliche Flüchtlinge begingen 2020 8,38 Prozent aller von Männern begangenen Straftaten (ohne ausländerrechtliche Verstöße), womit sie unter den männlichen Tatverdächtigen drei Mal so häufig vertreten waren wie ihr Anteil in der gesamten männlichen Bevölkerung von 2,77 Prozent. Die relative Kriminalitätsbelastung unter weiblichen Flüchtlingen war geringer, aber auch sie wurden 2,4 Mal so häufig einer Straftat verdächtigt wie andere Frauen (4,13 Prozent der weiblichen Straftaten, 1,71 Prozent der weiblichen Bevölkerung). Insgesamt kann man hochrechnen, dass, wenn die Gesamtbevölkerung geschlechtlich genauso zusammengesetzt wäre wie die Flüchtlingsbevölkerung, die Kriminalitätsrate 13 Prozent höher ausfallen würde (1,13 Mal so hoch). Tatsächlich sind Flüchtlinge aber nicht 1,13, sondern 3,3 Mal so häufig tatverdächtig. Der größere Anteil von Männern unter den Flüchtlingen erklärt also nur einen kleinen Teil ihrer Überrepräsentation bei den Tatverdächtigen. Wenn wir auf die in allen Bevölkerungsgruppen stark von Männern dominierten schweren Gewaltdelikte schauen, ist der Einfluss der geschlechtlichen Zusammensetzung der Gruppen noch geringer. Männliche Flüchtlinge begingen 14,3 Prozent aller von Männern begangenen Straftaten gegen das Leben. Damit sind sie 5,2 Mal so häufig an Tötungsdelikten beteiligt wie der männliche Bevölkerungsdurchschnitt. Bei den von Männern begangenen Sexualdelikten waren in neun Prozent der Fälle Flüchtlinge tatverdächtig, 3,3 Mal so viele wie ihr Anteil an der männlichen Bevölkerung. Bei Vergewaltigungen waren männliche Flüchtlinge sogar um das Fünffache überrepräsentiert (14 Prozent der von Männern begangenen Vergewaltigungen).

Ähnliches kann man für die Alterszusammensetzung zeigen. Kinder unter vierzehn Jahren und Menschen ab sechzig Jahren sind unter den Tatverdächtigen in der allgemeinen Polizeilichen Kriminalstatistik sehr schwach vertreten, die Vierzig- bis Neunundfünfzigjährigen ungefähr proportional zu ihrem Bevölkerungsanteil. Unter den Heranwachsenden und den jungen Erwachsenen zwischen vierzehn und neununddreißig Jahren dagegen befinden sich mehr als doppelt so viele Tatverdächtige, wie aufgrund ihres Bevölkerungsanteils erwartbar wäre.[172] Unter den Flüchtlingen hat nun gerade diese Altersgruppe einen großen Anteil: 54 Prozent der Flüchtlinge, die zwischen 2015 und 2020 einen Asylantrag stellten, waren zwischen vierzehn und neununddreißig Jahre alt, während dies für lediglich 30 Prozent der deutschen Gesamtbevölkerung gilt.[173] Ältere Menschen sind unter den Flüchtlingen kaum zu finden; lediglich 1,2 Prozent sind sechzig Jahre oder älter, dagegen 24 Prozent der Gesamtbevölkerung. Demgegenüber ist die ebenfalls gering an Kriminalität beteiligte Gruppe der Kinder unter vierzehn Jahren bei den Flüchtlingen überrepräsentiert (31 Prozent der Asylantragsteller, 13 Prozent der Gesamtbevölkerung). Ein Teil der starken Vertretung von Flüchtlingen unter den Tatverdächtigen könnte deshalb auf die Tatsache zurückzuführen sein, dass die Altersgruppen, die generell eine hohe Kriminalitätsbelastung aufweisen, unter den Flüchtlingen stark vertreten sind. Auch hier können wir hochrechnen, wie die Kriminalitätsrate der Gesamtbevölkerung ausfallen würde, wenn ihre Altersverteilung ähnlich wie die der Flüchtlingsbevölkerung wäre. In diesem Fall würde die Kriminalitätsrate um 43 Prozent höher ausfallen (1,43 Mal so hoch). Auch das kommt aber lange nicht an die tatsächlich 3,3 Mal so hohe Kriminalitätsrate unter Flüchtlingen heran.

Kombiniert man Geschlecht und Alter, reduzieren sich die Unterschiede zwischen Flüchtlingen und der Gesamtbevölkerung weiter. Das hängt damit zusammen, dass die Überrepräsentierung von Männern unter den Flüchtlingen gerade in der am stärksten kriminalitätsbelasteten Gruppe der Vierzehn- bis Neununddreißigjährigen mit 71 Prozent besonders hoch ist. Flüchtlinge machen in dieser Altersgruppe gut 11,1 Prozent der Tatverdächtigen und

5,6 Prozent aller Männer aus, was einer Überrepräsentierung um den Faktor 2 entspricht. Weibliche Flüchtlinge zwischen vierzehn und neununddreißig Jahren stellen 5,2 Prozent der weiblichen Tatverdächtigen in dieser Altersgruppe, aber da sie dort nur 2,5 Prozent der Frauen ausmachen, sind auch sie um den Faktor 2 überrepräsentiert. Bei den schweren Gewaltdelikten, für die keine Aufschlüsselungen nach Altersgruppen und Flüchtlingsstatus in den Statistiken vorliegen, würde diese demographisch bereinigte Überrepräsentierung von Flüchtlingen noch deutlich höher liegen, da die unbereinigte Rate nicht gut drei Mal, sondern etwa fünf Mal so hoch ist wie in der Gesamtbevölkerung.

Kriminologische Studien haben auch auf die Bedeutung von kulturellen Faktoren hingewiesen, um zu erklären, warum junge Männer aus bestimmten Migrantengruppen besonders stark unter den Tätern von Gewaltdelikten repräsentiert sind – auch im Vergleich zu anderen gleichaltrigen Männern. Der Kriminologe Christian Pfeiffer und seine Kollegen schreiben dazu:

> Alle Migrantengruppen berichten mehr als doppelt so häufig davon, in der Kindheit schwere elterliche Gewalt erfahren zu haben; d. h. sie wurden geschlagen, getreten oder verprügelt. Die Zustimmung zu Männlichkeitsnormen … ist nur für einen sehr kleinen Anteil der deutschen Befragten festzustellen (2,7 %); bei den türkischen Jugendlichen und bei den Jugendlichen aus dem ehemaligen Jugoslawien liegt der Anteil sechsmal so hoch.

«Gewaltlegitimierende Männlichkeitsnormen» wurden von den Autoren durch die Zustimmung zu zwei Aussagen gemessen: «Ein Mann, der nicht bereit ist, sich gegen Beleidigungen mit Gewalt zu wehren, ist ein Schwächling», sowie: «Der Mann ist das Oberhaupt der Familie und darf sich notfalls auch mit Gewalt durchsetzen.»[174] Solche Auffassungen, zusammen mit Erfahrungen elterlicher Gewalt, erklären, so zeigen die Forscher, einen großen Teil der Unterschiede bei der Gewaltdelinquenz zwischen Jugendlichen mit und ohne Migrationshintergrund, und zwar deutlich mehr als sozio-ökonomische Faktoren wie das Bildungsniveau oder die Abhängigkeit der Familie von staatlichen Transferleistungen. Werden Gewalterfahrungen im Elternhaus sowie gewaltlegitimierende Männlichkeitsnormen konstant gehalten, verschwindet sogar der ganze Unterschied zwischen Jugendlichen mit und ohne Migrationshintergrund. Dieser Befund ist für die Gewaltdelinquenz von Flüchtlingen umso bedeutsamer, als Pfeiffer und seine Kollegen zeigen, dass das, was die Autoren eine «importierte Machokultur» nennen, insbesondere unter im Ausland geborenen Jugendlichen stark vertreten ist:

> Für die These einer «importierten Machokultur» spricht auch ein aktueller Befund aus der 2015 durchgeführten, niedersachsenweit repräsentativen Schülerbefragung. Zu den drei am höchsten belasteten Gruppen, den aus dem ehemaligen Jugoslawien, aus der Türkei und aus anderen muslimischen Ländern stammenden Jugendlichen, belegen die Daten einen signifikanten Unterschied, wenn wir nach ihrem Geburtsland fragen. Diejenigen unter ihnen, die in Deutschland geboren und aufgewachsen sind, haben die gewaltlegitimierenden Männlichkeitsnormen zu 20 % akzeptiert. Die Vergleichsquote der im ehemaligen Jugoslawien, in der Türkei bzw. in anderen muslimischen Ländern geborenen Jugendlichen liegt mit 29,8 % signifikant höher. Wir interpretieren diesen Befund als einen Beleg dafür, dass das Aufwachsen in Deutschland einen kulturellen Lernprozess ermöglicht hat. Wer dagegen erst im Laufe seiner Kindheit nach Deutschland gekommen ist, scheint noch stärker in den Traditionen verankert zu sein, die die Kultur des Heimatlandes prägen. Das dürfte erst recht für diejenigen gelten, die im Verlauf der letzten beiden Jahre als männliche 14- bis unter 30-jährige Asylbewerber nach Deutschland gekommen sind.[175]

Diese Schlussfolgerung ist umso plausibler, als die Länder, aus denen seit 2015 die meisten Flüchtlinge nach Deutschland gekommen sind, zu denen mit der größten Geschlechterungleichheit weltweit gehören. Im Global Gender Gap Index des World Economic Forum (WEF) werden für das Jahr 2020 152 Länder verglichen. Syrien, das wichtigste Herkunftsland von Flüchtlingen, stellt sich als das Land mit der weltweit viertgrößten Geschlechterungleichheit heraus. In Pakistan und dem Irak, zwei anderen wichtigen Flüchtlingsherkunftsländern, ist die Situation der Frauen noch schlechter (der Jemen schließt die Liste). Auch Iran, Gambia, Guinea, Marokko, Nigeria, Algerien und die Türkei gehören zu den 30 Ländern mit der größten Benachteiligung von Frauen. Von diesen 30 sind 24 mehrheitlich islamisch. Afghanistan ist in den Daten des WEF nicht enthalten, dafür aber im Social Institutions and Gender Index der OECD, der für 120 Staaten der Welt ebenfalls Geschlechterungleichheit erfasst. Afghanistan gehört dort zusammen mit Pakistan, dem Irak, Iran und anderen Ländern – Syrien ist im OECD-Index nicht vertreten – zu den zwölf Ländern, in denen die Geschlechterungleichheit als «sehr hoch» eingestuft wird. Zehn dieser zwölf Länder sind mehrheitlich islamisch. Für Gewalt gegen Frauen von besonderer Bedeutung ist der Teil des Indexes, der sich mit «Einschränkungen der physischen Integrität» befasst. Dabei geht es unter anderem um das Ausmaß körperlicher Gewalt gegen Frauen, die Verbreitung weiblicher Genitalverstümmelung und die reproduktive Autonomie. Guinea, ein in jüngsten Jahren verstärkt unter Asylsuchenden vertretenes westafrikanisches Herkunftsland, ist weltweit der Staat mit der größten Bedrohung der weiblichen körperlichen Integrität. Auch Gambia, ein anderes wichtiges westafrikanisches Herkunftsland, und Afghanistan gehören in dieser Hinsicht zu den zehn schlimmsten Ländern. Dass gerade aus diesen Teilen der Welt, wo Männer in einer – oft auch gesetzlich untermauerten – Kultur von männlicher Dominanz und weiblicher Unterordnung aufwachsen, seit 2015 viele junge Männer als Asylsuchende nach Europa gekommen sind, dürfte eine wichtige Rolle spielen, wenn man ihre starke Überrepräsentierung in der Gewaltdelinquenz erklären will.

Die Rolle des Schutzstatus und des Herkunftslandes

Die Kriminalitätsbelastung variiert nicht nur zwischen Flüchtlingen und dem Rest der Bevölkerung, sondern in erheblichem Maße auch innerhalb der Gruppe der Flüchtlinge nach dem erhaltenen Flüchtlingsstatus und dem Herkunftsland. In den polizeilichen Statistiken wird erfasst, ob tatverdächtige Flüchtlinge sich noch im Asylverfahren befinden («Asylbewerber»), ob sie abgelehnt wurden, aber eine Duldung besitzen, oder ob ihr Aufenthalt unerlaubt ist. Vor 2017 wurden anerkannte Asylbewerber zusammen mit vielen anderen Ausländern in der wenig aussagekräftigen Restkategorie «sonstiger erlaubter Aufenthalt» erfasst. Da die Daten des Statistischen Bundesamtes zeigen, dass bereits 2016 mehr als die Hälfte der Schutzsuchenden einen anerkannten Status besaß, war dies eine sehr signifikante Einschränkung der Datengrundlage. Dennoch nahm die Zahl der tatverdächtigen «Zuwanderer» in den PKS-Statistiken ab 2017 nur marginal zu. Obwohl Anfang 2017 868 000 Flüchtlinge einen anerkannten Status besaßen und diese Zahl bis Ende des Jahres auf gut 1,1 Millionen anwuchs, wurden in der PKS von 2017 lediglich 10 500 tatverdächtige «international Schutzberechtigte / Asylberechtigte» registriert. Das würde bedeuten, dass von der Gruppe der Schutzberechtigten lediglich zwischen 1,0 und 1,2 Prozent (je nachdem, ob wir die Zahlen zu Jahresbeginn oder zum Jahresende als Referenz nehmen) im Jahr 2017 tatverdächtig wurden. Das wäre mehr als zwei Mal weniger als der Tatverdächtigenanteil an der Gesamtbevölkerung (2,4 Prozent) und fast sechs Mal so wenig wie die entsprechende Zahl für die gesamte ausländische Bevölkerung Deutschlands (6,0 Prozent). Es würde auch bedeuten, dass die Kriminalitätsbelastung unter anerkannten Asylbewerbern etwa 25 Mal so niedrig wäre wie unter solchen, die abgelehnt wurden oder sich noch im Asylverfahren befinden. Dass die Kriminalitätsbelastung unter anerkannten Asylbewerbern niedriger sein könnte, ist durchaus plausibel, dass sie allerdings so viel niedriger und sogar weniger als halb so hoch ist wie in der Gesamtbevölkerung, ist nicht einleuchtend, auch weil sonstige Risikofaktoren für Kriminalität, wie der Überschuss an jungen Männern, auch auf anerkannte Bewerber zutreffen. Die Daten der Polizeilichen Kriminalstatistik können deshalb nicht als zuverlässige Quelle für die Analyse des Einflusses des Schutzstatus auf die Kriminalitätsbelastung von Flüchtlingen benutzt werden.[176]

Die plausibelste Deutung der Datenlage in der PKS ist, dass die Polizei in vielen Fällen mit der korrekten Erfassung der vielen unterschiedlichen humanitären Aufenthaltsgründe überfordert ist, was angesichts des Dickichts an Aufenthaltstiteln und -zwecken, die Flüchtlinge besitzen können, kaum verwunderlich wäre. Dies könnte zur Folge haben, dass die Kategorie «Asylbewerber», die eigentlich nur für Personen verwendet werden sollte, deren Asylverfahren noch nicht abgeschlossen ist, oft als undifferenzierte, übergreifende Kategorie für Schutzsuchende gebraucht wird.[177] Eine andere Möglichkeit wäre, dass auch nach 2016 viele anerkannte Asylsuchende in der Kategorie «sonstiger erlaubter Aufenthalt» erfasst wurden. Anerkannte Asylsuchende besitzen nämlich, wie viele andere Ausländer, eine Aufenthaltserlaubnis oder eine Niederlassungserlaubnis und können nur über den Aufenthaltszweck «völkerrechtliche, humanitäre oder politische Gründe» von anderen Ausländern unterschieden werden.[178] Diese Interpretation würde bedeuten, dass die PKS-Daten zu tatverdächtigen Flüchtlingen auch für den Zeitraum nach 2016 unvollständig sind, da sie nur einen Teil der anerkannten Flüchtlinge, die tatverdächtig wurden, erfassen. Es ist wichtig zu betonen, dass diese Interpretation bedeutet, dass die bisher genannten Zahlen zu tatverdächtigen Flüchtlingen eine Unterschätzung wären.

Ich will hier von der ersten, vorsichtigen Interpretation ausgehen, die besagt, dass die Gesamtzahl der tatverdächtigen Flüchtlinge nicht unterschätzt wurde, die Aufteilung über die verschiedenen Aufenthaltstitel aber unzuverlässig ist. Die einzige Instanz, die imstande wäre, diesen Knoten zu lösen, ist das Bundeskriminalamt. Meine wiederholte und ausführliche Nachfrage diesbezüglich beim BKA wurde mit einem nichtssagenden Zweizeiler beantwortet, ohne auf die Problematik der korrekten polizeilichen Erfassung einzugehen. Die Behauptung des BKA, dass die Statistik so, wie sie ist, korrekt ist, muss auf jeden Fall als unglaubwürdig eingestuft werden.

Verlässliche Daten liegen zur Staatsangehörigkeit tatverdächtiger Flüchtlinge vor. Da die Anerkennungsquoten von Flüchtlingen aus unterschiedlichen Herkunftsländern stark variieren, kann über die Nationalität indirekt auch auf die Bedeutung des Aufenthaltsstatus bzw. der Aussicht auf einen sicheren Bleibestatus geschlossen werden. Die absoluten Zahlen der Tatverdächtigen pro Herkunftsgruppe sind dafür wenig aussagekräftig, da sie zu stark von der Gruppengröße beeinflusst werden. Syrien, Afghanistan, der Irak und Iran stellen, in dieser Reihenfolge, die meisten tatverdächtigen Flüchtlinge, aber es sind auch die vier größten Flüchtlingsherkunftsländer in Deutschland. Interessanter ist deshalb die Frage, inwiefern bestimmte Herkunftsländer im Verhältnis zu ihrer Gruppengröße mehr oder weniger stark unter den Tatverdächtigen vertreten sind. Dazu zeigt Grafik 5.2 für die zwanzig Flüchtlingsherkunftsländer mit den meisten Tatverdächtigen im Jahr 2020, wie stark sie im Verhältnis zu ihrem Anteil an der Gesamtbevölkerung überrepräsentiert waren.

Obwohl keine der Flüchtlingsgruppen eine ähnliche Kriminalitätsbelastung aufweist wie die Gesamtbevölkerung, sind Flüchtlinge aus Russland nur etwa anderthalb Mal so oft tatverdächtig, wie ihr Bevölkerungsanteil erwarten ließe. Dagegen wurden marokkanische Asylbewerber fast 34 Mal so häufig einer Straftat verdächtigt, als es ihrem Anteil entsprechen würde. Von den größeren Flüchtlingsgruppen sind die Syrer lediglich zwei Mal überrepräsentiert; das könnte man, wie wir oben gesehen haben, mit dem hohen Anteil junger Männer in dieser Flüchtlingsgruppe erklären. Auch kosovarische, irakische, ukrainische, eritreische und türkische Flüchtlinge sind weniger als drei Mal so häufig tatverdächtig, als

Grafik 5.2: Ausmaß der Überrepräsentierung der zwanzig wichtigsten Herkunftsgruppen von tatverdächtigen Flüchtlingen im Vergleich zu ihrem Bevölkerungsanteil; für alle Straftaten sowie (für die zehn Herkunftsgruppen mit der größten Tatverdächtigenzahl) für Sexualdelikte

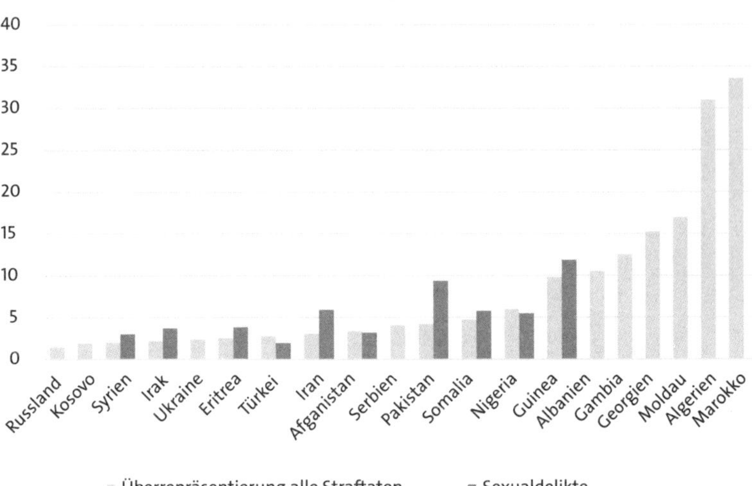

ihr Bevölkerungsanteil erwarten ließe. Am anderen Ende des Spektrums weisen algerische Flüchtlinge eine ähnlich extreme Überrepräsentierung auf wie Marokkaner (31 Mal). Auch Flüchtlinge aus Moldau (17 Mal), Georgien (15 Mal), Albanien (11 Mal) und aus den westafrikanischen Ländern Gambia (13 Mal) und Guinea (10 Mal) sind unter den Tatverdächtigen sehr stark überrepräsentiert.

Die Berichte des BKA weisen darüber hinaus die zehn Herkunftsländer aus, aus denen die meisten Flüchtlinge stammen, die eines Rohheitsdelikts (Körperverletzung, Raub oder Freiheitsberaubung) oder eines Sexualdelikts verdächtigt wurden. Für Rohheitsdelikte sind die Gruppenunterschiede denen für alle Straftaten sehr ähnlich. Für Sexualdelikte ergeben sich aber nennenswerte Unterschiede (siehe Grafik 5.2).[179] Manche Herkunftsgruppen sind hier viel stärker überrepräsentiert als im Hinblick auf alle Straftaten. So werden Syrer nicht zwei Mal so häufig, wie es bei allen

Grafik 5.3: Anerkennungsquoten für die zwanzig wichtigsten Herkunftsgruppen von tatverdächtigen Flüchtlingen

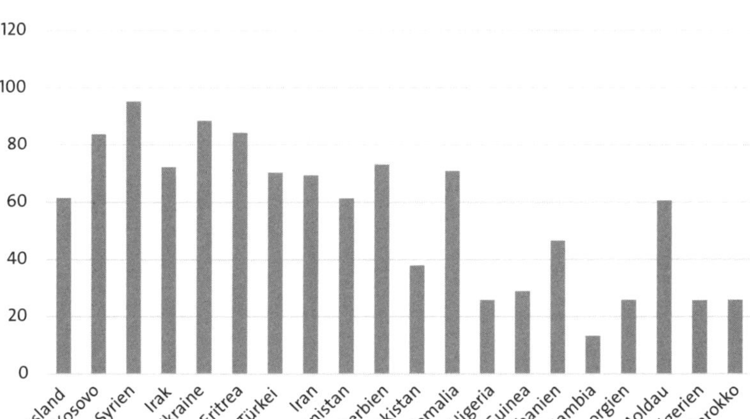

Straftaten der Fall ist, sondern drei Mal so oft eines Sexualdeliktes verdächtigt. Insbesondere Afghanen und Pakistani sind deutlich stärker unter den Tatverdächtigen von Sexualdelikten vertreten, als es bei allen Straftaten der Fall ist. Afghanische Flüchtlinge werden sechs Mal häufiger eines Sexualdeliktes verdächtigt, als es ihrem Bevölkerungsanteil entspricht (gegenüber drei Mal für alle Straftaten), pakistanische Flüchtlinge sogar neun Mal so häufig (gegenüber vier Mal bei allen Straftaten).

Die Unterschiede zwischen der Kriminalitätsbelastung der verschiedenen Herkunftsländer weisen einen deutlichen Zusammenhang mit dem Aufenthaltsstatus der verschiedenen Flüchtlingsgruppen auf. Grafik 5.3 zeigt die gleichen zwanzig Herkunftsländer wie Grafik 5.2, aber nun mit dem Anteil der jeweiligen Gruppe, der einen anerkannten Schutzstatus besitzt.[180] Im Allgemeinen gilt, dass nahezu alle Flüchtlingsgruppen mit einer sehr hohen Kriminalitätsbelastung zugleich solche sind, in denen der Anteil derjenigen mit einem anerkannten Asylstatus zum Teil deutlich unter fünfzig Prozent liegt. So hat nur etwa ein Viertel der marokkanischen und algerischen Flüchtlinge einen anerkannten Asylstatus.

Fast die Hälfte von ihnen wurde abgelehnt und hat entweder eine Duldung oder ist ausreisepflichtig. In den übrigen Fällen wurde das Asylverfahren noch nicht abgeschlossen. Eine ähnliche Kombination von niedrigen Anerkennungsraten und hoher Kriminalitätsbelastung findet man unter den georgischen, pakistanischen sowie unter den westafrikanischen Asylbewerbern aus Gambia, Guinea und Nigeria. Ausnahmen von diesem Muster sind Flüchtlinge aus Moldau und aus Somalia, die trotz relativ hoher Anteile an Schutzberechtigten relativ hohe Kriminalitätsraten aufweisen. Am anderen Ende des Spektrums weisen alle Gruppen mit relativ niedrigen Kriminalitätsraten hohe Anteile von Schutzberechtigten mit einem sicheren Bleibestatus auf.

Auch beim Vergleich der drei weitaus größten Flüchtlingsgruppen, denen aus Syrien, dem Irak und Afghanistan, zeigt sich der Zusammenhang zwischen der Kriminalitätsrate und dem Anteil der Schutzberechtigten. Syrer haben nicht nur die niedrigste Kriminalitätsbelastung der drei Herkunftsgruppen, sondern auch den höchsten Anteil von Schutzberechtigten (95 Prozent). Umgekehrt hat Afghanistan von den dreien sowohl die höchste Kriminalitätsbelastung als auch den niedrigsten Anteil an Schutzberechtigten (69 Prozent). Unterschiedliche Chancen auf Anerkennung als Schutzberechtigter spielen also neben demographischen Merkmalen wie Geschlecht und Alter sowie kulturellen Prägungen in Bezug auf Männlichkeit und Sexualität eine wichtige Rolle bei der Erklärung der Kriminalitätsraten bei Flüchtlingen.

Flüchtlinge waren aber nicht nur Täter, sondern auch Opfer von Straftaten. Grundsätzlich lassen sich drei Täter-Opfer-Konstellationen unterscheiden, in denen Flüchtlinge als Täter, als Opfer oder als Täter und Opfer zugleich in Erscheinung treten. Diese Konstellationen sollen nun anhand von zwei Kategorien von schweren Gewaltdelikten – Tötungsdelikte und sexuelle Gewalt – näher betrachtet werden.

Mord und Totschlag

Am 17. April 2017 lockten der sechsundzwanzigjährige Maxim A. und der neunzehnjährige Marvin H. ihren Nachbarn und Bekannten, den siebenundzwanzigjährigen irakischen Flüchtling Ceetin K., unter dem Vorwand, gemeinsam etwas trinken zu gehen, in die Dünen der Nordseeinsel Amrum. Ceetin galt auf der Insel als gut integriert und arbeitete auf der Nachbarinsel Föhr in der Küche eines Restaurants. Die beiden Deutschen konfrontierten den Iraker mit dem Vorwurf, er habe die Freundin von Maxim und Schwester von Marvin vergewaltigt. Auf ein zuvor verabredetes Zeichen schlugen sie ihn mit einer Flasche auf den Kopf, töteten ihn mit einem Messer und begruben ihn zwei Meter tief im Sand. 2018 wurde Maxim A. zu einer lebenslangen Haftstrafe verurteilt, Marvin A. bekam eine Jugendstrafe von 7,5 Jahren. Aufgrund der verfügbaren Aussagen und Indizien kam das Gericht zu dem Ergebnis, dass der Vergewaltigungsvorwurf gegen Ceetin K. sehr wahrscheinlich falsch war. Wohl habe es einen Flirt gegeben. Auch Marvin H. selbst waren Zweifel an der Richtigkeit des Vorwurfs gekommen. Er hatte der Polizei den Hinweis auf das Grab des jungen Irakers gegeben.[181]

Der vierundzwanzigjährige afghanische Flüchtling Mohammad A. und die siebenundachtzigjährige Rentnerin Ursula P. waren Nachbarn in einem Plattenbau in der ostdeutschen Stadt Jena. Mohammad A. war 2011 als unbegleiteter minderjähriger Flüchtling nach Deutschland gekommen. Obwohl sein Asylantrag abgelehnt wurde, bekam er 2016 eine Aufenthaltserlaubnis, weil ein Psychiater ihm eine durch den afghanischen Bürgerkrieg hervorgerufene posttraumatische Belastungsstörung bescheinigte. Er war mehrmals wegen Betrugs, Beleidigung und Bedrohung polizeilich in Erscheinung getreten. Er lebte von Hartz IV, versuchte aber, sein Einkommen dadurch aufzubessern, dass er ältere Nachbarinnen mit traurigen Geschichten zu finanzieller Unterstützung überredete. So auch im Fall der Ursula

P., die ihm mehrmals kleinere Geldbeträge zusteckte. Als er sie um 7000 Euro bat, angeblich für eine Reise in seine Heimat, und sie sich weigerte zu zahlen, tötetet er sie mit massiver Gewalt und versteckte ihre Leiche in einem Koffer im Keller des Hauses. Daraufhin versuchte er, bei der Bank mit einer gefälschten Unterschrift 7000 Euro von Ursula P.s Konto auf sein eigenes zu überweisen. Die Bankangestellte schöpfte Verdacht, und Mohammad A. konnte noch am gleichen Tag verhaftet werden. Im März 2020 wurde er zu einer lebenslangen Haftstrafe verurteilt.[182]

Maryam H. kam 2013 als Flüchtling mit ihren beiden Kindern und ihrem Ehemann, mit dem sie als Sechzehnjährige zwangsverheiratet worden war, aus Afghanistan nach Deutschland. Als ihr Ehemann gewalttätig wurde, ließ sie sich in Deutschland von ihm scheiden. Ihr Mann stimmte allerdings einer Aufhebung der Ehe nach islamischem Recht nicht zu. Auch Maryams jüngere Brüder, Sayed und Sayad, beide wegen Urkundenfälschung und Körperverletzung vorbestraft, waren mit der Scheidung nicht einverstanden. Maryams in ihren Augen «westlicher» Lebensstil – sie hatte unter anderem ihr Kopftuch abgelegt und sich in ihren iranischstämmigen Familienberater verliebt – war ihnen generell ein Dorn im Auge. Am 13. Juli 2021 lockten die Brüder Maryam, die in Berlin in einer Gemeinschaftsunterkunft für Flüchtlinge lebte, unter einem Vorwand zu einem Treffen, würgten sie und schnitten ihr die Kehle auf. Ihre Leiche transportierten sie in einem Koffer mit der Bahn nach Bayern und begruben sie dort in einem Waldstück. Der Prozess in Berlin gegen die Brüder war im November 2022 noch nicht beendet. Maryams Kinder, ein zehnjähriges Mädchen und ein vierzehnjähriger Junge, treten als Nebenkläger auf. Andere Familienmitglieder Maryams verweigerten die Aussage.[183]

Drei schreckliche Mordgeschichten mit unschuldigen Opfern und grausamen Tätern, in denen Flüchtlinge in einem Fall Opfer, in einem Fall Täter und in einem Fall Opfer und Täter waren. Zwischen 2017 und 2020 wurden 1316 Menschen in Deutschland ermordet, im Schnitt über 300 pro Jahr. So gesehen kann es nicht verwundern, dass auch Flüchtlinge als Täter und Opfer von Morden in Erscheinung treten. Einzelfälle, wie tragisch und schmerzhaft sie für die Opfer und ihre Angehörigen auch sind, werden erst soziologisch und politisch bedeutsam, wenn sie sich in bestimmten Mustern weit über (oder auch weit unter) dem statistisch Erwartbaren häufen.

Wie wir im letzten Kapitel gesehen haben, lässt sich die von manchen Medien und zivilgesellschaftlichen Organisationen aufgestellte Behauptung, dass das Leben von Flüchtlingen in Deutschland durch politisch motivierte flüchtlingsfeindliche Angriffe erheblich bedroht wäre, nicht bestätigen. Bei insgesamt sieben flüchtlingsfeindlich motivierten Mord- und zwölf Totschlagsdelikten seit 2015 gab es in nur sechs Fällen überhaupt Verletzte, darunter drei Fälle mit insgesamt fünf Schwerverletzten. Zu Tode kam dabei kein einziger Flüchtling. Wie steht es aber mit tödlicher Gewalt gegen Flüchtlinge, die nicht (oder zumindest nicht erkennbar) politisch motiviert ist? Gibt es hier eine große Dunkelziffer, wie manchmal gemutmaßt wird? Auch auf diese Frage ist die Antwort negativ. In den Berichten des Bundeskriminalamtes zu «Kriminalität im Kontext von Zuwanderung» werden seit 2017 die Täter-Opfer-Beziehungen für Mordopfer dargestellt. Daraus ergibt sich, dass in den vier Jahren zwischen 2017 und 2020 75 Flüchtlinge Opfer eines Morddeliktes mit einem oder mehreren deutschen Tatverdächtigen wurden. Nur drei dieser Fälle – darunter der Mord auf Amrum – gingen tatsächlich tödlich aus. Die Fälle mit deutschem Täter machen nur eine kleine Minderheit der Morde und Mordversuche an Flüchtlingen aus. Insgesamt wurden 280 Flüchtlinge Opfer eines Morddelikts, in den meisten Fällen (173 Opfer) waren die Tatverdächtigen andere Flüchtlinge.

Für Totschlag zeigen die Zahlen Ähnliches. Zwischen 2017 und 2020 wurden 93 Flüchtlinge Opfer eines Totschlagsdelikts mit einem deutschen Staatsangehörigen als Tatverdächtigem, 643 wurden Opfer von anderen Flüchtlingen. Fünf Flüchtlinge wurden Opfer eines vollendeten Totschlagsdelikts mit deutschen Tatverdächtigen. Einer von ihnen war der fünfzehnjährige irakisch-jesidische Schüler Arkan, der am 7. April 2020 in Celle von Daniel S. ohne erkennbaren Anlass erstochen wurde. Der Täter litt nach Urteil des Gerichts an paranoider Schizophrenie und wurde im Oktober 2020 wegen Totschlags zur Einweisung in eine psychiatrische Einrichtung auf unbestimmte Zeit verurteilt. Der Fall liegt zurzeit in der Revision beim Bundesgerichtshof. Ein ebenfalls fünfzehnjähriger syrischer Junge wurde in der Silvesternacht 2016/17 von zwei erwachsenen türkischen Staatsangehörigen und deren fünfzehnjährigem Neffen mit deutscher und armenischer Staatsangehörigkeit so brutal zusammengeschlagen, dass er starb. Die beiden erwachsenen Täter erhielten zwölfjährige Haftstrafen wegen Totschlags, der minderjährige Täter eine Jugendstrafe von sechs Jahren.[184]

Den insgesamt acht Opfern von vollendeten Tötungsdelikten durch Täter mit (teils) deutscher Staatsangehörigkeit stehen 140 Flüchtlingsopfer von vollendetem Mord und Totschlag durch sonstige Täter gegenüber. In den meisten Fällen (121 Opfer) – wie dem Mord an Maryam durch ihre Brüder – waren die Täter andere Flüchtlinge. In den verbleibenden Fällen waren die Tatverdächtigen sonstige Nichtdeutsche. So wurde im Oktober 2020 der dreizehnjährige syrische Flüchtlingsjunge Mohammed im Berliner Monbijoupark von dem türkischen Staatsangehörigen Gökhan Ü. mit einem Messer getötet, weil der Junge, auf sein Handy schauend, unabsichtlich in den Täter hineingelaufen war. Ein älterer Freund von Mohammed, der ihn beschützen wollte, wurde schwer verletzt.[185]

Trotz der empirisch feststellbaren viel größeren Häufigkeit anderer Täter-Opfer-Muster wird bei Tötungsdelikten gegen Flüchtlinge, bei denen der Täter zunächst unbekannt ist, öfter vorschnell gemutmaßt, dass die Tat einen rassistischen Hintergrund haben müsse. So wurde im Januar 2015 in Dresden der eritreische Asylbewerber Khaled Idris Bahray erstochen. In der Folge kam es zu mehreren antirassistischen Mahnwachen und Demonstrationen in der Stadt und zu einer breiten, auch internationalen Medienresonanz, unter anderem in *Time, Al Jazeera* und *The Guardian*, bis zehn Tage nach der Tat ein ebenfalls eritreischer Mitbewohner des Opfers die Tat gestand.[186] Bei der Bestattung von Bahray in Berlin erschienen 250 fast ausschließlich schwarze Menschen. Wenige Tage zuvor, als der Täter sich noch nicht gestellt hatte, waren in der Hauptstadt noch 3000 meist weiße Menschen mit Spruchbändern wie «Wir alle sind Khaled» und «Deutschland, du Mörder» auf die Straße gegangen. Es war wohl, wie die Berliner *tageszeitung* ironisch anmerkte, «der falsche Täter» gewesen.[187]

Entgegen solchen Erwartungsmustern ist die Häufigkeit von Tötungsdelikten durch deutsche Täter an Flüchtlingen weit davon entfernt, als Indiz für weitverbreitete, alltägliche rassistische Gewalt in der deutschen Gesellschaft gelten zu können. Dazu müsste ein Muster erkennbar sein, in dem Flüchtlinge erheblich häufiger Opfer von Mord und Totschlag durch deutsche Täter werden, als aufgrund einer zufälligen Opferauswahl zu erwarten wäre. Das genaue Gegenteil ist aber der Fall. Grafik 5.4 zeigt, wie sich die Zahl der Opfer von vollendeten Mord- und Totschlagsdelikten seit 2016[188] über die drei wichtigsten Täter-Opfer-Konstellationen, an denen Flüchtlinge beteiligt sein können, verteilten.[189] Nur neun von den 173 Flüchtlingen, die in diesem Zeitraum durch Mord oder Totschlag starben, fielen einem deutschen Täter zum Opfer. Das sind nur 0,26 Prozent der insgesamt 3465 Opfer eines vollendeten Mord- oder Totschlagsdelikts in Deutschland in diesem Zeitraum und nur 5 Prozent aller getöteten Flüchtlinge, beides weit weniger, als bei zufälligen Täter-Opfer-Beziehungen, geschweige denn bei einem strukturell gewalttätigen Rassismus gegen Flüchtlinge zu erwarten wäre. Flüchtlinge machen etwa 2,2 Prozent der Bevölkerung aus. Bei einer zufälligen Opferauswahl durch deutsche Täter müssten sie deshalb auch 2,2 Prozent der Opfer ausmachen; bei einer rassistischen Fokussierung der Gewalt auf Flüchtlinge müss-

Grafik 5.4: Täter-Opfer-Konstellationen bei vollendetem Mord und Totschlag, 2016–2020

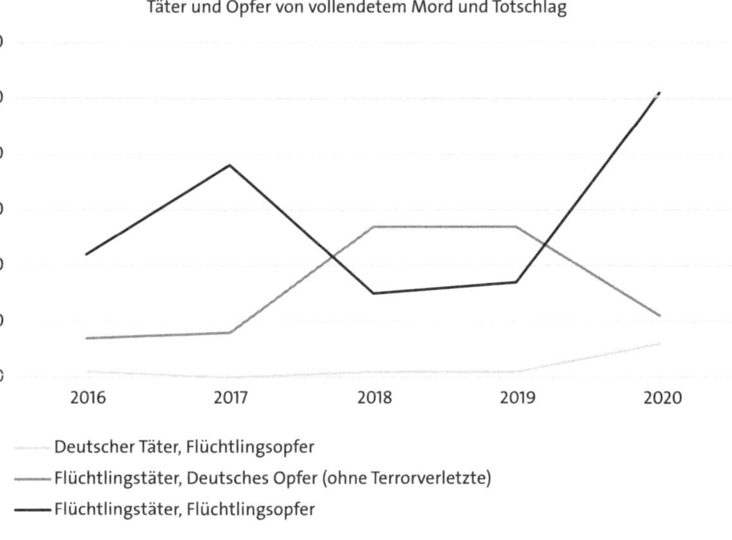

ten es deutlich mehr als 2,2 Prozent sein (tatsächlich sind es 0,26 Prozent). Deutsche Staatsangehörige machen etwa 87 Prozent der Bevölkerung Deutschlands aus. Bei zufälligen Täter-Opfer-Beziehungen müssten also 87 Prozent – statt der tatsächlichen 5 Prozent – der getöteten Flüchtlinge auf deutsche Täter zurückgehen. Deutsche, die Flüchtlinge umbringen: ein Täter-Opfer-Szenario, das sich für moralische Panikmache, Selbstzüchtigung der Gesellschaft und politische Instrumentalisierung hervorragend eignet, aber tatsächlich höchst selten vorkommt.

Den neun Flüchtlingsopfern von deutschen Tätern stehen neun Mal so viele Opfer der entgegengesetzten Täter-Opfer-Konstellation gegenüber: 80 Deutsche wurden Opfer von vollendetem Mord oder Totschlag mit einem Flüchtling als Tatverdächtigem.[190] Darunter waren neun deutsche Staatsangehörige, die bei islamistischen Terroranschlägen getötet wurden (sieben beim Anschlag in Berlin 2016; einer bei dem Anschlag in Hamburg 2017 sowie einer bei dem Anschlag in Dresden 2020; siehe voriges Kapitel), sowie 71 Opfer von «gewöhnlichem» Mord und Totschlag. Noch größer ist mit 143 die Zahl der Flüchtlinge, die anderen Flüchtlingen zum Opfer fielen. Fügt man die vollendeten Tötungsdelikte mit sonstigen Nichtdeutschen als Opfer hinzu, waren Flüchtlingstäter insgesamt für fast zwölf Prozent aller Opfer von Mord und Totschlag verantwortlich, fünf Mal so viele, wie aufgrund des Bevölkerungsanteils von Flüchtlingen erwartbar wäre.[191] Insgesamt geht es dabei zwischen 2017 und 2020 um etwa 300 Opfer von vollendeten sowie über 1600 Opfer von versuchten Mord- und Totschlagsdelikten durch tatverdächtige Flüchtlinge.

Mord und Totschlag gibt es in jeder Gesellschaft, aber wenn es fünf Mal so viele Fälle sind, wie man statistisch erwarten könnte, muss die Frage gestellt werden, ob die insgesamt fast zweitausend Opfer von versuchten oder vollendeten Tötungsdelikten durch Flüchtlinge die Folge von Verfehlungen in der Flüchtlingspolitik sind und bei einer anderen Politik zumindest zu einem erheblichen Teil vermeidbar gewesen wären. Für den islamistisch motivierten Terror haben wir das im vorigen Kapitel bereits festgestellt. Aber auch die «gewöhnliche» Gewaltkriminalität wird begünstigt von einer Flüchtlingspolitik, die es Tätern erlaubt, ihre Identität zu verschleiern oder ein minderjähriges Alter vorzutäuschen und so nach der Ablehnung ihrer Asylgesuche ihre Abschiebung zu verhindern. Das lässt sich nicht aus den Statistiken des Bundeskriminalamtes ablesen, wird aber offensichtlich, wenn man die einzelnen Fälle dahinter näher betrachtet.

Anders als für rechte Gewalt gegen Flüchtlinge gibt es aber für die Fälle von Gewalt durch Flüchtlinge keine detaillierten Auflistungen durch staatlich subventionierte zivilgesellschaftliche Organisationen, die auf die Dokumentation solcher Fälle spezialisiert wären. Genauso fehlen Übersichten mit Tatorten und Tatzeiten, wie sie, wie wir im letzten Kapitel gesehen haben, auf der Basis von Kleinen Anfragen an die Bundesregierung für Angriffe auf Flüchtlinge zur Verfügung stehen. Man muss die Fälle daher auf der Basis von Zeitungsberichten mühsam selbst recherchieren, was angesichts der großen Fallzahlen nur anhand exemplarischer Beispiele möglich ist.

Einer der tragischen Aspekte dieser Fälle ist, dass nicht wenige der Opfer Flüchtlingen mit Rat und Tat zur Seite gestanden hatten. Ursula P. wurde von ihrem Nachbarn, dem sie schon mehrmals kleinere Geldbeträge gegeben hatte, getötet und ausgeraubt. Patricia H. begleitete ihren Mörder zu Behörden und lernte mit ihm Deutsch, bis auch sie 2019 in Ahlem Opfer eines Raubmordes wurde.[192] Farima Seadi, selbst afghanischer Flüchtling, lernte ihren Mörder während ihrer Arbeit als Freiwillige für einen Verein kennen, der Essen an Flüchtlinge und andere Hilfsbedürftige verteilt.[193] Maria Ladenburger kannte ihren Vergewaltiger und Mörder nicht, aber auch sie engagierte sich als Freiwillige für Flüchtlinge.[194] Auch der Hausarzt Joachim T., der 2016 von einem somalischen Flüchtling ermordet wurde, war in der Flüchtlingshilfe aktiv;[195] Soopika P., Tochter tamilischer Einwanderer, wurde von einem Nigerianer getötet, den sie während ihrer Tätigkeit als freiwillige Flüchtlingshelferin kennengelernt hatte;[196] Erika H., vor ihrer Rente Lehrerin an einer Gehörlosenschule, setzte sich für einen taubstummen ukrainischen Asylbewerber ein und steckte ihm kleinere Geldbeträge zu, bis sie 2019 von ihm ermordet wurde. Die Flüchtlingsbetreuerin Almut P. verliebte sich während eines Integrationsprojektes in einen geduldeten afghanischen Flüchtling, der später ihrem fünfundachtzigjährigen Vater die Kehle durchtrennte.[197]

Die Hilfsbereitschaft, von der die Täter profitieren konnten, erstreckte sich auch auf Unterstützung, die manche von ihnen bekamen, um sich nach einer Ablehnung ihrer Asylanträge gegen Abschiebung zu wehren. Im vorigen Kapitel begegneten wir bereits dem Fall des islamistischen Attentäters von Ansbach, der eigentlich nach Bulgarien hätte abgeschoben werden müssen, weil er dort bereits einen Asylantrag gestellt hatte, der aber durch den Einsatz einer Flüchtlingshilfeorganisation und eines Bundestagsabgeordneten eine Duldung bekam. Dem Mörder von Patricia H. bescheinigten eine Psychologin einer Flüchtlingshilfsorganisation und ein Psychotherapeut eine posttraumatische Störung sowie eine sexuelle Identitätsstörung; er konnte sich so gegen seine Abschiebung wehren. Die Arztrechnung beglich tragischerweise Patricia H. für ihn. Nach dem Mord gab der Arzt zu, dass der Arztbericht nicht der Wahrheit entsprach und er ihn geschrieben hatte, um Faried A. bei seinem Asylantrag zu helfen. Auch der Mörder von Farima Seadi konnte seine Abschiebung mithilfe von Flüchtlingsbetreuern verhindern.

In keinem der Fälle von Mord oder Totschlag, die ich recherchieren konnte, war dagegen die Rede von einem aus rassistischen oder flüchtlingsfeindlichen Beleidigungen oder Angriffen vonseiten der Opfer hervorgegangenen Streit. Weder in den Statistiken noch in der detaillierten Betrachtung der einzelnen Fälle von vollendetem Mord und Totschlag mit Flüchtlingsbeteiligung wird das Bild eines massiven gewalttätigen Rassismus gegen Flüchtlinge bestätigt. Dass es sich bei den Opfer-Täter-Konstellationen nicht vordergründig um eine Konfliktlinie zwischen «deutsch» versus «nichtdeutsch» in einem ethnischen Sinne handelt, wird auch daraus klar, dass manche der deutschen Staatsangehörigen, die Opfer von Flüchtlingen wurden, selbst einen Migrationshintergrund hatten. Daniel Hillig, der 2018 in Chemnitz von zwei syrischen und irakischen Flüchtlingen erstochen wurde, war Sohn eines kubanischen Vaters; Soopika P.s Eltern waren aus Sri Lanka nach Deutschland eingewandert; der biologische Vater von Susanna Feldmann, die 2018 von einem irakischen Flüchtling vergewaltigt und ermordet wurde, ist ein Kurde aus der Türkei, ihr Stiefvater italienisch, ihre Mutter jüdisch (siehe zu dem Fall ausführlicher den nächsten Abschnitt). Auch unter den wenigen Fällen von deutschen Staatsangehörigen, die Flüchtlinge töteten, befindet sich zumindest ein Fall, in dem die Täter einen Migrationshintergrund hatten (die Mörder eines fünfzehnjährigen syrischen Jungen in der Silvesternacht 2016/17; siehe oben).

Gehen wir von den Opfern zu den Tätern, dann fallen mehrere

Muster ins Auge. Erstens sehen wir, wie schon bei den Tätern von Terroranschlägen im vorigen Kapitel, dass viele der Täter bei ihren Asylanträgen ihre Identität verschleiert und/oder falsche Angaben zu ihrem Alter gemacht hatten, was oft erst von den Behörden herausgefunden wurde, als es zu spät war, nämlich während der Prozessermittlungen. Der afghanische Flüchtling, der 2016 in Freiburg Maria Ladenburger vergewaltigte und tötete, hatte bereits in Griechenland Asyl beantragt und dort ein schweres Gewaltverbrechen an einer Frau begangen. Dank einer Amnestie der linkspopulistischen Tsipras-Regierung kam er auf freien Fuß und beantragte in Deutschland erneut Asyl, wobei er sich wahrheitswidrig als Minderjähriger ausgab.[198] Der irakische Flüchtling, der 2017 in Kandel seine Ex-Freundin Mia Valentin tötete, kam ebenfalls ohne Dokumente nach Deutschland und gab ein falsches Alter an. Sein Asylantrag wurde abgelehnt, aber wegen seiner angeblichen Minderjährigkeit konnte er nicht abgeschoben werden.[199] Beide Täter, die 2018 in Chemnitz Daniel Hillig töteten, hatten bei ihrem Asylantrag keine Identitätsdokumente vorgelegt. Einer von beiden hatte behauptet, vor dem irakischen Bürgerkrieg geflohen zu sein, obwohl er in Istanbul aufgewachsen war. Auch er gab wahrheitswidrig an, dass er minderjährig sei.[200] Der Mann, der 2019 Wilhelm L. ermordete, war als syrischer Bürgerkriegsflüchtling anerkannt. Sein Pass sei ins Meer gefallen, hatte er bei der Beantragung von Asyl behauptet. Erst vor Gericht kam heraus, dass er tatsächlich aus Jordanien stammte.[201] Die Liste könnte schier endlos fortgeführt werden: Der Mörder von Patricia H. hatte bereits unter verschiedenen Namen Asylanträge in drei anderen Ländern gestellt; der vorbestrafte Tunesier, der 2018 seine Freundin Syndia in Worms tötete, hatte sich ebenfalls mehrerer Aliasnamen bedient;[202] der Somalier, der 2021 den afghanischen Flüchtling Niaz A. tötete, war bereits für versuchten Totschlag verurteilt worden, konnte aber nicht abgeschoben werden, weil er keinen somalischen Pass besaß;[203] der Mörder des Hausarztes Joachim T. hatte behauptet, als Somalier vor dem dortigen Bürgerkrieg geflüchtet zu sein, stammte aber tatsächlich aus dem friedlichen Nachbarland Dschibuti.

Zweitens ist auffällig, dass viele der Tötungsdelikte durch Flüchtlinge einen Bezug zu Sexualität und Geschlechterbeziehungen haben. Das gilt offensichtlich für die Morde an Maria Ladenburger und Susanna Feldmann, die aus einer Vergewaltigung hervorgingen. In anderen Fällen hatten Täter und Opfer eine Beziehung gehabt, und der Täter wollte die Beendigung durch das Opfer nicht akzeptieren. Das betrifft zum Beispiel den grausamen Mord an dem fünfzehnjährigen Jungen Baran, dem der Afghane Nabi S. 2020 in Augsburg den Hals durchtrennte, um sich an dessen älterer Schwester, die sich von ihm getrennt hatte, zu rächen.[204] Auch die Morde an der bereits erwähnten Soopika P. sowie an der siebzehnjährigen Mireille, die 2018 in Flensburg von ihrem afghanischen Ex-Freund getötet wurde, gehören zu dieser Kategorie.[205] In Hamburg tötete 2018 ein Flüchtling aus Niger sein eigenes Kind und seine Ex-Freundin, angeblich wegen eines Streits um das Sorgerecht.[206] Die Tschetschenin Asma wurde von ihrem Ehemann getötet, weil er vermutete, dass sie ein Verhältnis mit einem anderen habe. Die in der 32. Woche schwangere Afghanin Mahin R. wurde 2017 in Leipzig von ihrem Ehemann getötet, weil dieser – zu Unrecht, wie die Obduktion ergab – vermutete, dass das Kind von einem anderen sei.[207] Eifersucht, Trennung, Sorgerecht, gekränkte Männlichkeit: Es sind sicherlich keine Mordmotive, die nur bei Flüchtlingen vorkommen. Aber wer sich die Statistiken anschaut und nachforscht, kommt nicht um die Schlussfolgerung herum, dass sie in dieser Gruppe besonders häufig den Hintergrund für Tötungsdelikte bilden.

In einigen Fällen wird sehr deutlich, dass kulturelle und religiöse Muster eine motivierende Rolle spielen. Das gilt für den oben beschriebenen Fall der Afghanin Maryam H., die 2021 in Berlin von ihren Brüdern getötet wurde. Der Mörder der Tschetschenin Asma meinte gegenüber der Polizei, in seinem Heimatland sei es akzeptiert, und es stehe so auch im Koran: «Wenn eine Frau fremdgeht, dann hat der Mann das Recht, sie zu töten.» Hagdad K., ein Afghane, der vor seiner Ankunft in Deutschland lange Zeit in Iran gelebt hatte, tötete Anfang 2018 in Grünenplan seine von ihm getrennt lebende Frau. Als sie ihm im Herbst 2017 in einer Beratungsstelle ihre Trennungsabsicht erklärte, hatte der spätere Täter einem Dolmetscher anvertraut: «Schade, dass wir nicht in Afghanistan sind, da würde ich sie umbringen.»[208] Die Afghanin Farima Seadi wurde von einem Landsmann ermordet, weil sie zum Christentum konvertiert war und ihn ebenfalls zu diesem Schritt ermutigt hatte, was ihn «sehr verstört» habe. Dabei muss man bedenken, dass in Ländern wie Afghanistan und Tschetschenien – wie in verschiedenen anderen Herkunftsländern von Flüchtlingen wie Pakistan und Somalia – Schariarecht gilt, unter dem es Frauen nicht zusteht, sich scheiden zu lassen, wenn der Ehemann dem nicht zustimmt, und wo «Verbrechen» wie Ehebruch und «Glaubensabfall» strafrechtlich geahndet werden, oft mit der Todesstrafe. Der Mord an Farima Seadi ist der einzige Fall, in dem eine christenfeindliche Attacke tödlich endete, aber es gibt mehrere Delikte dieser Art gegen Christen und Jesiden, bei denen die Opfer zum Glück überlebten. So griff ein irakischer Flüchtling 2017 in einer Flüchtlingsunterkunft in Langenfeld einen zum Christentum konvertierten iranischen Flüchtling an, zerrte ihm das Kreuz vom Hals und schmiss es unter dem Ausruf «Jeder Muslime, der dich tötet, kommt ins Paradies!» in die Toilette. Daraufhin verletzte er ihn lebensgefährlich mit einem Messerstich in die Schläfe.[209]

Bei anderen Tötungsdelikten geht es um «gewöhnliche» kriminelle Motive wie Raub oder eskalierten Streit zwischen jungen Männern. Ein Beispiel, das für viele andere stehen kann, ist der Mord an dem Somalier Abdiqadir M., der 2021 in einer Asylunterkunft in Großkrotzenburg einen Streit über eine schmutzige Dusche mit seinem Leben bezahlen musste. Der Täter, ebenfalls ein somalischer Asylbewerber, war bereits wegen Totschlags vorbestraft, konnte aber nicht abgeschoben werden, weil er keine Identitätspapiere vorlegen konnte. Nach Absitzen seiner Strafe kam er so erneut in eine Asylunterkunft und beging dort den Mord. Ähnlich war es im bereits erwähnten Fall des Eritreers Khaled Idris Bahray, der von einem Mitbewohner in seinem Dresdener Flüchtlingswohnheim bei einem Streit über die Haushaltsführung getötet wurde. Viel Aufmerksamkeit erhalten Tötungsdelikte, in denen sowohl Opfer als auch Täter Flüchtlinge sind, meistens nicht, weil sie sich weder von links noch von rechts politisch instrumentalisieren lassen. Im Falle von Bahray dauerte die Aufmerksamkeit nur so lange, wie angenommen wurde, der Täter sei ein deutscher Rassist gewesen.

Ein Exkurs zu Chemnitz

Der Fall des tödlichen Messerangriffs in Chemnitz im August 2018 verdient eine ausführlichere Betrachtung, da er Anlass für eine der einprägsamsten Episoden der Flüchtlingskrise war. Nach dem Tod von Daniel Hillig kam es zu einer Reihe von Demonstrationen, Ausschreitungen und Angriffen von rechtsextremen Hooligans und der rechtspopulistischen Lokalpartei «Bürgerbewegung Pro Chemnitz», denen sich schon bald Gruppen aus dem rechten Spektrum aus ganz Deutschland anschlossen, darunter Vertreter der AfD, der NPD, der Identitären Bewegung, verschiedener neonazistischer «Kameradschaften» und von Pegida. Die Demonstrationen brachten an mehreren Tagen nacheinander bis zu 6000 Menschen auf die Beine. Im Umfeld der Proteste kam es zu verschiedenen Angriffen auf linke Politiker sowie auf «Ausländer». Am Abend nach dem Tod Hilligs wurden ein jüdisches Restaurant und sein Eigentümer von einer Gruppe Neonazis attackiert. Die Angreifer warfen Steine und Flaschen und riefen dem Besitzer zu: «Hau ab aus Deutschland, du Judensau!» Einer der Täter, ein aus Niedersachsen angereister Mann, wurde verhaftet und 2021 zu einer einjährigen Haftstrafe auf Bewährung wegen gefährlicher Körperverletzung verurteilt.[210] An den folgenden Tagen kam es zu mehreren antirassistischen Gegendemonstrationen, die in einem von 65 000 Menschen besuchten «Konzert gegen Rechts» mündeten. Kontroverse politische Diskussionen zu der Frage, ob es in den Tagen «Hetzjagden» auf Ausländer gegeben habe, führten zur Entlassung von Hans-Georg Maaßen als Präsident des Bundesamts für Verfassungsschutz. Die Ereignisse waren schlimm genug, auch wenn die Bilanz nicht so dramatisch ausfiel, wie man es aufgrund der Berichterstattung nationaler und internationaler Medien hätte erwarten können. Laut der Chemnitzer Polizei wurden 37 Straftaten verzeichnet, darunter Körperverletzungen, Sachbeschädigungen und Verstöße gegen Versammlungsverbote. Achtzehn Menschen wurden verletzt, darunter drei Polizeibeamte.[211] Die rechtspopulistischen Parteien gingen gestärkt aus den Ereignissen hervor. Bei der ersten darauffolgenden Wahl in Chemnitz, der Kommunalwahl im Mai 2019, erzielte die AfD mit 17,9 Prozent der Stimmen große Gewinne (2014: 5,6 Prozent). Auch die Bürgerbewegung ProChemnitz konnte mit 7,7 Prozent der Stimmen zulegen (2014: 5,5 Prozent). Bei den Landtagswahlen später im Jahr, bei denen die Bürgerbewegung nicht teilnahm, schaffte die AfD allein in Chemnitz 25 Prozent.

Auch anderswo in Sachsen und in den anderen ostdeutschen Bundesländern erzielte die AfD im Verlauf der massenhaften Flüchtlingseinwanderung deutlich größere Zuwächse als im Westen Deutschlands, eine Tatsache, die oft als Beleg dafür gedeutet wird, dass Rassismus und Ausländerfeindlichkeit gerade dort am weitesten verbreitet sind, wo es die wenigsten Ausländer gibt. Empirisch stimmt das, zumindest als Korrelation. So machten Ausländer 2018 nur 8,4 Prozent der Bevölkerung von Chemnitz aus. Das ist weniger als halb so viel wie in Berlin (18,5 Prozent) und nur ein Viertel der ausländischen Bevölkerung in westdeutschen Städten wie Frankfurt am Main (29,8 Prozent). Wenn wir aber auf die relative Zunahme der Ausländerbevölkerung schauen, sieht das Bild anders aus. Flüchtlinge werden in Deutschland nach dem sogenannten «Königsteiner Schlüssel» nahezu proportional zur Bevölkerungszahl über die Bundesländer verteilt.[212] Solange sich Flüchtlinge im Asylverfahren befinden, ist es ihnen nicht erlaubt, in ein anderes Bundesland umzuziehen. Auch danach kann es Wohnsitzauflagen geben für anerkannte Asylsuchende, die von Sozialleistungen abhängig sind.

Die Idee hinter dem Königsteiner Schlüssel ist, die Lasten der Aufnahme von Flüchtlingen gleichmäßig über die Bundesländer zu verteilen. Allerdings wird dabei nicht berücksichtigt, dass die Bundesländer, vor allem im Ost-West-Vergleich, ganz unterschiedliche Vorerfahrungen mit der Aufnahme von Migranten, insbesondere aus außereuropäischen Ländern, haben. Die gleiche, «gerechte» Verteilung von Asylsuchenden bedeutet in der Praxis, dass Bundesländer, die bisher kaum Erfahrung mit Zuwanderung hatten, genauso viele Flüchtlinge aufnehmen müssen wie Bundesländer, in denen schon seit vielen Jahrzehnten größere Gruppen außereuropäischer Zuwanderer leben. Bundesweit machten, wie wir gesehen haben, Ende 2020 Flüchtlinge 2,23 Prozent der deutschen Bevölkerung aus. Für eine Stadt wie Frankfurt, wo sowieso schon 30 Prozent der Bevölkerung Ausländer sind und gut die Hälfte einen Migrationshintergrund hat, bedeutet das eine nur geringfügige Steigerung. Für eine Stadt wie Chemnitz aber bedeutete die Flüchtlingszuwanderung einen plötzlichen großen Schub. 2014 lebten in Chemnitz lediglich 11 000 Ausländer, viele davon aus EU-Ländern, die 4,6 Prozent der Bevölkerung ausmachten. Bis 2018 verdoppelte sich die Zahl der Ausländer nahezu auf 21 000 oder 8,4 Prozent der Bevölkerung. Allein von 2014 auf 2015 nahm die ausländische Bevölkerung um über 6000 Personen zu, ein Plus von 53 Prozent. Flüchtlinge hatten den größten Anteil an diesem Anstieg. Im Juni 2018, kurz vor den Ausschreitungen, lebten in Chemnitz gut 6000 Flüchtlinge (2,5 Prozent der Bevölkerung).

Aus der Forschungsliteratur wissen wir, dass weniger die absolute Zahl von Ausländern und Minderheiten, die sich schon länger in einer Region oder Stadt befinden, ethnische Konflikte begünstigt als vielmehr ein kurzfristiger starker Anstieg der Neuzuwanderung, vor allem in Gesellschaften, die vorher ethnisch relativ homogen waren.[213] Unter solchen Bedingungen wird Zuwanderung eher als Bedrohung wahrgenommen. Mit der Zeit können Menschen sich an eine diversere Bevölkerung gewöhnen, weil man sich sprachlich verständigen kann und sich nachbarschaftliche, freundschaftliche und mit der Zeit vielleicht sogar familiäre Kontakte entwickeln, durch die gegenseitige Vorurteile und Missverständnisse abgebaut werden.[214] Auch aus dem Blickwinkel der Zuwanderer ist der Eingliederungsprozess erst einmal schwieriger und der Kulturschock größer, wenn sie in ein Gebiet ziehen, wo Zuwanderung aus anderen Kulturkreisen ein relativ neues Phänomen ist. Anders als in Städten wie Berlin und Frankfurt, wo die neu angekommenen Flüchtlinge auf bereits ansässige Landsleute und Glaubensgenossen stoßen und wo es bereits eine Infrastruktur von spezialisierten Lebensmittelgeschäften, Shisha-Bars, Moscheen, Kulturvereinen und so weiter gibt, finden Flüchtlinge in Städten wie Chemnitz kaum etwas vor, was ihnen den Übergang in eine ganz andere Gesellschaft erleichtern könnte. Auf längere Sicht hat es für die Integration auch Vorteile, nicht in einer ethnischen Gemeinschaft eingeschlossen zu sein, kurzfristig aber können solche Gemeinschaften eine konfliktmindernde Pufferfunktion erfüllen.

Dass die Integration der Flüchtlinge in Chemnitz und generell in ostdeutschen Bundesländern wie Sachsen tatsächlich mühsamer und konfliktreicher verlief als anderswo, spiegelt sich in den Kriminalstatistiken. Tabelle 5.4 zeigt für das Jahr 2018 für Sachsen und Chemnitz sowie ganz Deutschland (für 2020 siehe auch Tabelle 5.1, S. 137) bei einigen schweren Gewaltdelikten den Ausländeranteil sowie den Flüchtlingsanteil an den Tatverdächtigen.[215] Für Deutschland sehen wir, dass Flüchtlinge nicht nur im Vergleich zur Gesamtbevölkerung unter den Tatverdächtigen von schweren Gewaltverbrechen überrepräsentiert sind, sondern auch im Vergleich zu anderen Ausländern. Während Flüchtlinge nur etwa ein Sechstel der Ausländer in Deutschland ausmachen, sind sie für etwa ein Drittel der schweren Gewalttaten, bei denen Aus-

Tabelle 5.4: Ausländer- und Flüchtlingsanteile der Tatverdächtigen von schweren Gewaltverbrechen in Deutschland, Sachsen und Chemnitz, 2018

Delikt	Deutschland Ausländeranteil	Deutschland Flüchtlingsanteil	Sachsen Ausländeranteil	Sachsen Flüchtlingsanteil	Stadt Chemnitz Ausländeranteil
Tötungsdelikte	40,6 %	12,5 %	45,7 %	17,8 %	66,7 % (6 von 9)
Vergewaltigung und sexuelle Nötigung	36,7 %	13,9 %	35,3 %	23,5 %	26,1 % (6 von 23)
Raub	40,2 %	14,5 %	38,6 %	22,6 %	56,6 % (81 von 143)
Gefährliche und schwere Körperverletzung	38,2 %	13,2 %	35,3 %	-	48,6 % (246 von 506)
Alle Straftaten (ohne ausländerrechtliche Verstöße)	29,9 %	7,3 %	21,4 %	12,7	28,8 % (2110 von 7324)
Ausländer- bzw. Flüchtlingsanteil an der Bevölkerung	12,2 %	2,2 %	4,9 %	1,5 %[216]	8,4 % (Flüchtlinge 2,4 %)

länder tatverdächtig waren, verantwortlich. Das gilt auch für Sachsen, wo Flüchtlinge etwa ein Drittel der Ausländer ausmachen, aber deutlich mehr als die Hälfte aller tatverdächtigen Ausländer, in manchen Deliktbereichen wie Vergewaltigung und sexuelle Nötigung noch deutlich mehr. Die Überrepräsentierung von Flüchtlingen unter den Tatverdächtigen ist in Sachsen erheblich stärker ausgeprägt als in Deutschland insgesamt. Obwohl sie nur 1,5 Prozent der sächsischen Bevölkerung ausmachen, stellen sie 18 Prozent der Tatverdächtigen von Tötungsdelikten, 24 Prozent bei Vergewaltigung und 23 Prozent bei Raub. Das sind zwischen 12 und 15 Mal so viele, wie man aufgrund ihres Bevölkerungsanteils erwarten dürfte.

Flüchtlinge sind in Sachsen mit 8,9 Prozent auch unter den Opfern von Straftaten deutlich überrepräsentiert, allerdings nicht so stark wie unter den Tatverdächtigen. Von den Flüchtlingen, die zu Opfern wurden, fielen weniger als ein Fünftel (19 Prozent) deutschen Tatverdächtigen zum Opfer, während in 57 Prozent der Fälle andere Flüchtlinge tatverdächtig waren. Die meisten Opfer von tatverdächtigen Flüchtlingen, 54 Prozent, waren aber deutsche Staatsangehörige. Bei Raub waren sogar 71 Prozent und bei Straftaten gegen die sexuelle Selbstbestimmung 87 Prozent der Opfer von tatverdächtigen Flüchtlingen Deutsche. Nur bei Körperverletzungen durch tatverdächtige Flüchtlinge war die Opferzugehörigkeit ausgeglichener: 44 Prozent der Opfer waren Deutsche, 47 Prozent waren andere Flüchtlinge.[217]

Für die Polizeidirektion Chemnitz, die auch ein größeres Gebiet um Chemnitz-Stadt erfasst, liegt eine Zahl zum Anteil von Flüchtlingen an der Kriminalität vor. Von den Tatverdächtigen an allen Straftaten zusammen, ohne ausländerrechtliche Verstöße, waren 11,9 Prozent Flüchtlinge, eine ähnliche Zahl wie in ganz Sachsen. Damit stellten Flüchtlinge 63 Prozent aller tatverdächtigen Ausländer in der betreffenden Polizeiregion.[218] Für Chemnitz-Stadt liegen nur Zahlen für den Ausländeranteil an der Kriminalität vor. Diese zeigen eine zum Teil dramatisch hohe Kriminalitätsbelastung. Von den neun Tötungsdelikten, die 2018 registriert wurden, darunter der tödliche Messerangriff auf Daniel Hillig, wurden sechs von Ausländern begangen. Das war kein Ausreißer, weil auch über den längeren Zeitraum 2015 bis 2018 betrachtet 22 von 34 Tötungsdelikten (65 Prozent) in Chemnitz von Ausländern begangen wurden. Auch bei Raub (57 Prozent) und schwerer Körperverletzung (49 Prozent) war der Ausländeranteil extrem hoch. Für Vergewaltigung und sexuelle Nötigung liegt die Zahl 2018 niedriger, bei 26 Prozent, aber wenn wir den längeren Zeitraum 2015 bis 2018 betrachten, liegt auch hier der Ausländeranteil bei 44 Prozent. Zwar sind nicht alle tatverdächtigen Ausländer Flüchtlinge, aber aufgrund der Zahlen für ganz Sachsen und für die Polizeidirektion Chemnitz wissen wir, dass sie einen sehr großen Teil der tatverdächtigen Ausländer stellen.

Der tödliche Angriff auf Daniel Hillig war also keineswegs ein Einzelfall. Die Tat ordnete sich in ein bereits seit dem Anfang der Flüchtlingskrise sichtbares Muster einer extrem hohen Kriminalitätsbelastung unter der relativ kleinen Gruppe von Ausländern in Chemnitz ein, unter denen wiederum Flüchtlinge bei Weitem die wichtigste Tätergruppe stellten. Dass der Fall von Rechtspopulisten und Neonazis instrumentalisiert wurde und dass die ausländerfeindlichen und antisemitischen Ausschreitungen in Chemnitz in den Tagen nach Hilligs Tod durch nichts zu rechtfertigen sind, steht außer Frage. Aber wer so tut, als wären die Ereignisse nur das Ergebnis von rassistischen Vorurteilen und manipulierender Hetze gewesen, und wer die leider ganz realen Probleme der weit überproportionalen Gewaltkriminalität durch Flüchtlinge in der Stadt und in ganz Sachsen leugnet, muss sich nicht wundern, dass daraus die Rechtspopulisten der AfD Gewinn bei Wahlen ziehen konnten. Man hätte auch hoffen dürfen, dass die Politik aus den Erfahrungen der frühen Neunzigerjahre gelernt hätte, als die unreflektierte Anwendung des vermeintlich gerechten Königsteiner Schlüssels in den «neuen Bundesländern» bereits zu Konflikten und Gewalt (damals vor allem gegen Flüchtlinge gerichtet) geführt hatte. Das Gegenteil ist leider der Fall. Unter der Federführung

Angela Merkels versuchte Deutschland über Jahre hinweg vergeblich und gegen großen Widerstand der osteuropäischen EU-Mitgliedstaaten, eine Art Königsteiner Schlüssel für die ganze EU durchzusetzen. Hätte sie damit Erfolg gehabt, wären die Folgen dramatisch gewesen, so viel kann man aufgrund der Erfahrungen mit der Flüchtlingsansiedlung in Ostdeutschland prognostizieren. Flüchtlinge aus weit entfernten Kulturkreisen in größerer Anzahl in strukturschwachen Regionen anzusiedeln, wo es keine ansässigen Migrantengemeinschaften und kaum Erfahrung der lokalen Bevölkerung mit Zuwanderung gibt, ist ein gefährlicher Irrweg.

Sexuelle Gewalt

Die vierzehnjährige Susanna Feldmann wird in der Nacht zum 23. Mai 2018 in Wiesbaden von dem einundzwanzigjährigen irakisch-kurdischen Flüchtling Ali Bashar Ahmad Z. vergewaltigt und erwürgt. Die beiden kannten sich, da Susanna sich regelmäßig mit einer Gruppe von Freunden traf, zu der auch einer von Z.s jüngeren Brüdern gehörte. Susannas Leiche wird erst zwei Wochen später, nach einem Hinweis eines jugendlichen Flüchtlings, der in der gleichen Unterkunft wie Z. lebt, gefunden. Der Täter flieht in der Zwischenzeit gemeinsam mit seinen Eltern und Geschwistern in den kurdischen Teil Nordiraks – das Land, wo sie angeblich verfolgt wurden. Der Täter kam mit seiner Familie im Oktober 2015 nach Deutschland. Ihr Asylantrag wurde im Dezember 2016 abgelehnt, wogegen die Familie Klage einreichte. Die für die Verfolgung der Klage innerhalb eines Monats notwendige Begründung wurde von der Familie nie eingereicht. Damit hätte die Klage spätestens ab März 2017 abgewiesen und Maßnahmen zur Beendigung des Aufenthalts eingeleitet werden müssen, was allerdings nicht geschah. Beim Asylantrag hatte die Familie angegeben, über keine Identitätsdokumente zu verfügen. Als sie nach dem Mord in den Irak floh, konnte sie allerdings beim irakischen Konsulat gültige irakische Dokumente vorweisen und beschaffte sich so neue Reisedokumente für die Ausreise in den Irak. Statt seines wirklichen Namens hatte Ali Z. den deutschen Behörden gegenüber seinen zweiten Vornamen als Nachnamen angegeben und war daher bekannt als Ali Bashar. Einige Tage nach Ankunft der Familie im Irak wurde er von den kurdischen Behörden nach Deutschland abgeschoben und im Juli 2019 zu einer lebenslangen Haftstrafe verurteilt. Nach dem Mord an Susanna wurde bekannt, dass er einige Monate zuvor bereits bei zwei Gelegenheiten ein elfjähriges deutsches Mädchen vergewaltigt hatte. Beim zweiten Mal war der vierzehnjährige Afghane Mansoor Q., der der Polizei den Hinweis auf den Fundort von Susannas Leiche gegeben hatte, Mittäter. Zusammen mit einem jüngeren Bruder von Ali Z. hatte Mansoor Q. das Mädchen später noch einmal vergewaltigt. Ali Z. erhielt für diese Tat eine weitere Haftstrafe von sieben Jahren und sechs Monaten, Mansoor Q. eine Jugendstrafe von vier Jahren und sechs Monaten. Diana Feldmann, die Mutter von Susanna, die 1991 als jüdischer Flüchtling aus Moldau nach Deutschland gekommen war, schrieb einen hochemotionalen offenen Brief an Angela Merkel, in dem sie die Kanzlerin mitverantwortlich machte für den Tod Susannas. Darin hieß es unter anderem: «Meine Tochter musste mit vierzehn Jahren sterben, weil ich ihr keine sichere Zukunft bieten konnte, denn einer Ihrer Gäste, Frau Merkel, der eigentlich gar nicht mehr in Deutschland hätte sein dürfen, hat sich das Recht genommen, meine Tochter erst zu benutzen, dann zu töten und schließlich wie ein Stück Dreck in der Erde zu vergraben. Mit ruhigem Gewissen konnte der Mörder samt seiner ganzen Familie unter falschem Namen mit viel Bargeld (als armer «Flüchtling» wohlgemerkt) völlig unbemerkt wieder aus dem Land verschwinden!» Die Kanzlerin hat auf den Brief nicht geantwortet; Facebook löschte das Posting, weil es angeblich gegen die Hassrede-Richtlinien verstieß.[219]

Vergewaltigungen sind leider an der Tagesordnung. Allein im Jahr 2020 registrierte die deutsche Polizei 9000 Vergewaltigungen, etwa 90 Prozent davon vollendete Taten. Das sind fast 25 Fälle an jedem einzelnen Tag – eine schreckliche Zahl, die alles sagt über das Aus-

Grafik 5.5: Täter-Opfer-Konstellationen bei Vergewaltigung, 2017–2020

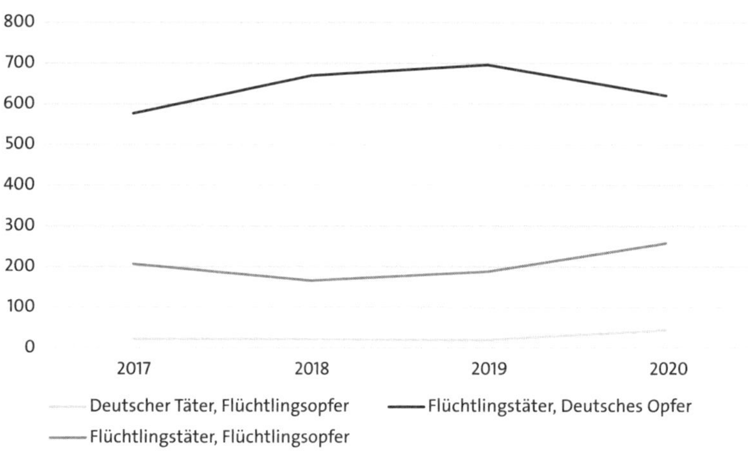

maß an Gewalt und Bedrohung, dem Frauen – die 95 Prozent der Opfer von Vergewaltigung ausmachen – in unserer Gesellschaft ausgesetzt sind. Angesichts dieser Zahlen werden sich unter den Tätern von Vergewaltigungen zwangsläufig Flüchtlinge befinden. Auch hier gilt, dass sich aus einzelnen Fällen, wie dramatisch sie wie im Fall von Susanna Feldmann auch sind, keine soziologischen oder politischen Schlüsse ziehen lassen. Wie wir aber bereits oben in Tabelle 5.1 gesehen haben, sind Flüchtlinge mit 14 Prozent stark – mehr als sechs Mal im Verhältnis zu ihrem Bevölkerungsanteil – überrepräsentiert unter den Tatverdächtigen von Vergewaltigungen.[220] In bestimmten Teilen Deutschlands, wie in Sachsen, wo der Flüchtlingsanteil unter den Tatverdächtigen bei 23,5 Prozent liegt, ist diese Überrepräsentierung noch deutlich stärker.

Wie Grafik 5.5 für die Jahre 2017 bis 2020 zeigt, gibt es bei den Täter-Opfer-Konstellationen bei Vergewaltigung eine noch deutlichere Schieflage als bei Tötungsdelikten. In diesen vier Jahren wurden über 2500 deutsche Staatsangehörige Opfer einer Vergewaltigung, bei der Flüchtlinge tatverdächtig wurden. Etwas mehr als 800 Flüchtlinge, die vergewaltigt wurden, fielen anderen Flüchtlingen zum Opfer, während lediglich 107 Flüchtlinge einen Deutschen als Peiniger hatten. Diese Unterschiede sind noch stärker, wenn wir auf die Fälle von Vergewaltigung «in besonders schwerem Fall» schauen, die seit 2018 in der PKS gesondert nachgewiesen werden. In den drei Jahren zwischen 2018 und 2020 gab es 139 solcher besonders schweren Fälle mit deutschen Opfern und tatverdächtigen Flüchtlingen, 55 Fälle, bei denen sowohl Opfer als auch Tatverdächtige Flüchtlinge waren, und lediglich zwei Fälle mit deutschen Tatverdächtigen und Flüchtlingsopfern. Natürlich muss gerade bei diesen Sexualdelikten berücksichtigt werden, dass der höhere Männeranteil unter den Flüchtlingen eine Rolle spielt. Aber das kann nur zu einem kleinen Teil erklären, weshalb Deutsche 24 Mal so häufig Opfer von Vergewaltigungen – und 70 Mal so häufig von besonders schweren Vergewaltigungen – durch Flüchtlinge wurden als umgekehrt. Außerdem gilt auch hier, dass der hohe Männeranteil – und insbesondere der hohe Anteil jüngerer alleinstehender Männer – zwar zur Erklärung beiträgt, aber an der Tatsache des unverhältnismäßig hohen Anteils von Flüchtlingstätern an der Zahl der Vergewaltigungen und an dem dadurch angerichteten Leid nichts ändert.

Auch das große Ausmaß sexueller Gewalt von männlichen gegen weibliche Flüchtlinge gehört zu den schwer hinnehmbaren Nebeneffekten einer Flüchtlingspolitik, die sich disproportional zum Vorteil (meist aus höchst patriarchalen Gesellschaften stammender) alleinstehender junger Männer auswirkt und die ohnehin schon benachteiligten weiblichen Flüchtlinge selbst nach der Flucht noch großen Risiken aussetzt, Opfer sexueller Gewalt zu werden. In einem Schreiben an den Hessischen Staatsminister Stefan Grüttner vom August 2015 beschrieben Vertreterinnen des Paritätischen Wohlfahrtsverbandes Hessen, des Landesverbands von Pro Familia, des Landesfrauenrates Hessen und der Landesarbeitsgemeinschaft Hessischer Frauenbüros in seltener Klarheit die Situation in einer Gießener Erstaufnahmeeinrichtung (HEAE):

> Fakt ist, dass Frauen und Kinder innerhalb der HEAE zunehmend schutzlos sind, was jenen Männern in die Hände spielt, die Frauen ohnehin eine untergeordnete Rolle zuweisen und allein reisende Frauen als «Freiwild» behandeln. Die Folge sind zahlreiche Vergewaltigungen und sexuelle Übergriffe, zunehmend wird auch von Zwangsprostitution berichtet. Dabei muss deutlich gesagt werden, dass es sich hierbei nicht um Einzelfälle handelt. Frauen berichten, dass sie, aber auch Kinder, vergewaltigt wurden oder sexuellen Übergriffen ausgesetzt sind. Selbst am Tag ist der Gang durch das Camp bereits für viele Frauen eine angstbesetzte Situation. Sehr geehrter Herr Minister Grüttner, es kann und darf nicht sein, dass die schutzbedürftigste Gruppe unter den Flüchtlingen, Frauen und Kinder, die größten Leidtragenden in der sicherlich für alle problematischen Situation in der HEAE sind. Daher bitten wir Sie, sich für die sofortige Einrichtung von Schutzräumlichkeiten für allein reisende Frauen und Kinder einzusetzen. Zudem muss für Frauen, die Gewalterfahrungen durchleben mussten, der Zugang zum Hilfesystem sichergestellt sein.

Fast 2000 Opfer von Mord- und Totschlagsdelikten zwischen 2017 und 2020 mit Flüchtlingen als Tatverdächtigen (davon 300 von vollendeten Delikten): Das sind fast 500 Opfer jedes Jahr. Weit über 3000 Frauen,[221] die im gleichen Zeitraum Opfer einer Vergewaltigung mit tatverdächtigen Flüchtlingen wurden (davon ungefähr ein Viertel Flüchtlingsfrauen): Das sind mehr als 800 Opfer jedes Jahr. Diese schrecklichen Zahlen sind keine Naturereignisse, die man akzeptieren muss, wenn eine große Zahl von Menschen zuwandert. Erstens nicht, weil Flüchtlinge sehr stark, etwa sechs Mal so stark, wie ihr Bevölkerungsanteil erwarten lassen würde, unter den Tatverdächtigen von Mord, Totschlag und Vergewaltigung überrepräsentiert sind. Zweitens weil die Täter disproportional häufig Flüchtlinge waren, die bei ihrem Asylantrag keine Identitätsdokumente vorlegten, falsche Angaben über ihre Herkunft und ihr Alter gemacht hatten und die trotz Ablehnung des Asylantrags, trotz vorheriger Asylanträge in anderen EU-Ländern und/oder trotz Vorstrafen nicht abgeschoben werden konnten. Die Opfer, von denen in diesem Kapitel nur eine kleine Minderheit erwähnt wurde, hatten nicht einfach das Pech, zum falschen Zeitpunkt am falschen Ort gewesen zu sein. Viele ihrer Leidensgeschichten wären vermeidbar gewesen, hätten wir eine andere Flüchtlingspolitik gehabt.

Kapitel 6

Warum die Ukraine anders ist

Hilfsbereitschaft und Solidarität

Im Mai 2022 machte der UN-Flüchtlingskommissar UNHCR bekannt, dass die weltweite Zahl der Flüchtlinge zum ersten Mal in der Geschichte die Grenze von 100 Millionen überschritten habe.[222] Zur Jahresmitte 2021 waren es noch 84 Millionen gewesen. Der Hauptgrund für den Anstieg war der Angriff Russlands auf die Ukraine. Innerhalb der ersten drei Monate seit Kriegsbeginn am 24. Februar 2022 flohen fast 15 Millionen Menschen; 8 Millionen innerhalb der Ukraine, 6,7 Millionen in die Nachbarländer.[223] Es war die größte Flüchtlingswanderung innerhalb eines so kurzen Zeitraums seit dem Zweiten Weltkrieg. In wenigen Monaten verließen etwa so viele Menschen ihre Heimat wie während der gesamten Dauer des syrischen Bürgerkriegs.

Als der russische Aufmarsch stockte und die Belagerung der ukrainischen Hauptstadt Kiew endete, kehrte ein Teil der ins Ausland geflüchteten Ukrainer wieder in ihr Land zurück.[224] Diejenigen, die blieben, reisten zum Teil aus den Nachbarländern der Ukraine weiter nach Westeuropa. Laut Angaben des UNHCR waren bis Anfang Juni in ganz Europa (außer Russland) ungefähr 4,6 Millionen ukrainische Flüchtlinge registriert worden, davon etwa 1 Million in Deutschland sowie eine kleinere Anzahl in Österreich (etwa 80 000), den Niederlanden (76 000) und der Schweiz (60 000). Damit liegt die Zahl der ukrainischen Flüchtlinge in Deutschland, Österreich und der Schweiz ungefähr auf dem gleichen Niveau wie auf dem Höhepunkt der Flüchtlingszuwanderung in den Jahren 2015/16, in den Niederlanden deutlich darüber. Polen ist aber das Land, das mit 1,4 Millionen die meisten Ukrainer aufgenommen hat. In Bezug auf die Bevölkerungszahl ist auch die Zahl der ukrainischen Flüchtlinge in Tschechien (400 000) sehr hoch.

Für die Aufnahme der ukrainischen Flüchtlinge aktivierte der Europäische Rat am 2. März 2022 erstmals den Notfallmechanismus des sogenannten «vorübergehenden Schutzes» *(temporary protection)*.[225] Diese EU-Direktive wurde 2001 geschaffen, um plötzliche massenhafte Flüchtlingswanderungen, vergleichbar mit denen während der Kriege im ehemaligen Jugoslawien in den 1990er-Jahren, zu bewältigen. Dank der Direktive erhalten ukrainische Staatsangehörige sowie in der Ukraine niedergelassene Angehörige aus Drittstaaten, die sich bei Kriegsausbruch am 24. Februar in der Ukraine aufgehalten haben, einen Schutzstatus für zunächst ein Jahr. Der Status kann verlängert werden, wenn die Situation in der Ukraine es erfordert. Er kann wieder beendet werden, wenn die Lage in der Ukraine eine sichere und dauerhafte Rückkehr erlaubt. Die Verleihung des vorübergehenden Schutzes ist kollektiv, das heißt, abgesehen von der Feststellung, ob man tatsächlich zur Zielgruppe gehört, findet keine individuelle Überprüfung nach dem Asylrecht statt. So kann der Druck auf die nationalen Asylsysteme verringert werden. Die «Vertriebenen», wie sie in der Direktive genannt werden, haben ein Aufenthaltsrecht und damit Zugang zum Arbeitsmarkt sowie Anspruch auf Wohnraum, medizinische Versorgung und Bildung für die Kinder.

Nicht nur im Hinblick auf die Zahl der Flüchtlinge, sondern auch bei der Hilfsbereitschaft in der deutschen Bevölkerung brach der Krieg in der Ukraine Rekorde. Laut dem Deutschen Zentralinstitut für soziale Fragen belief sich das Gesamtaufkommen an

Geldspenden für die Flüchtlinge aus der Ukraine bis Ende April 2022 auf 752 Millionen Euro. Damit wurden der bisherige Rekord für die Opfer der Tsunamikatastrophe von 2004 in Südostasien (670 Millionen) sowie das Spendenaufkommen anlässlich der Hochwasserkatastrophe von 2021 in Deutschland (584 Millionen) übertroffen. Geldspenden für die Flüchtlinge, die im Jahr 2015 nach Deutschland kamen, liegen erst an zehnter Stelle (117 Millionen).[226] Allerdings kann der Vergleich dadurch verzerrt sein, dass es hier nur um Geldspenden geht und Sachspenden sowie geleistete ehrenamtliche Tätigkeit nicht berücksichtigt sind. 2015 engagierten sich nicht weniger als 31,8 Millionen Menschen für Flüchtlinge, davon aber lediglich 5,8 Millionen durch eine Geldspende. Die anderen halfen mit Sachspenden oder durch ehrenamtliches Engagement.[227] Für die ukrainischen Flüchtlinge liegen bisher keine belastbaren Daten zu anderen Hilfsleistungen als Geldspenden vor. Die im Vergleich zu den ukrainischen Flüchtlingen eher geographisch geballte Unterbringung in Flüchtlingsunterkünften, wo man Sachspenden wie Kleidung und Spielzeug abgeben konnte, könnte dazu geführt haben, dass 2015 ein größerer Teil der Hilfsbereitschaft die Form von Sachspenden angenommen hat.

Eine repräsentative Studie des Umfrageinstituts INSA im Auftrag von *Bild* hat gezeigt, dass die Mehrheit der Deutschen eine positivere Meinung zu den ukrainischen Flüchtlingen hat als zu den Flüchtlingen, die 2015 nach Deutschland kamen.[228] Allerdings sind die Einschätzungen der beiden Flüchtlingsgruppen nur bedingt miteinander vergleichbar, da die Ukrainer erst seit Kurzem in Deutschland sind und das Meinungsbild noch stark von der Empörung über die unerwartete russische Aggression geprägt ist.[229] Bei den Flüchtlingen von 2015 geht es dagegen um eine rückblickende Einschätzung fast sieben Jahre später, die von vielen dazwischen liegenden Erfahrungen und Ereignissen beeinflusst worden ist – zum Beispiel von den in den vorherigen Kapiteln dargestellten Schwierigkeiten bei der Integration in den Arbeitsmarkt oder durch die Gewaltkriminalität von Flüchtlingen. Eine im Auftrag des Magazins *Focus* verfasste Studie hat gezeigt, dass die Haltung zu Flüchtlingen zwischen 2015 und 2020 bei 42 Prozent der Bürger negativer geworden ist (gegen 14 Prozent positiver und 44 Prozent gleich).[230] Niemand kann heute sagen, wohin sich die Meinungen über die ukrainischen Flüchtlinge in den nächsten Jahren entwickeln werden.

Rassistische Bevorzugung?

Für westeuropäische Länder wie Deutschland ist es keineswegs ausgemacht, dass die in den Monaten nach Kriegsausbruch bestehende Bereitschaft, ukrainischen Flüchtlingen zu helfen, tatsächlich so viel höher ist als die Hilfsbereitschaft gegenüber den Flüchtlingen von 2015. Für die osteuropäischen Nachbarländer der Ukraine wie Polen, Tschechien oder Ungarn ist der Kontrast aber zweifellos groß. Während der Flüchtlingszuwanderung von 2015/16 nahmen die osteuropäischen Länder nur wenige Flüchtlinge auf, auch weil nur ganz wenige von ihnen vorhatten, sich in diesem Teil Europas niederzulassen. Während in Deutschland in diesen beiden Jahren 1,2 Millionen Menschen einen Asylantrag stellten, waren es in Polen weniger als 25 000, in Tschechien nicht mal 3000 und in Litauen etwa 800.[231] Ungarn, das auf der Balkanroute zu den von den meisten Flüchtlingen anvisierten westeuropäischen Zielländern liegt, verzeichnete in den Jahren 2014 und 2015 die pro Kopf der Bevölkerung höchste Zahl an Asylsuchenden der ganzen EU. Es reagierte darauf allerdings mit der Errichtung von Zäunen entlang der serbischen und kroatischen Grenze, die die Flüchtlingszuwanderung in das Land fast ganz zum Erliegen brachten. Als Österreich und Deutschland im September 2015 die Grenzen für Flüchtlinge, die sich in Ungarn aufhielten, öffneten, reisten die meisten von ihnen nach Westeuropa weiter.

Die westeuropäischen Länder, Deutschland voran, drängten daraufhin auf eine Verteilung der Flüchtlinge auf die Mitgliedstaaten der EU, eine Forderung, der sich die osteuropäischen Länder vehement widersetzten. Als die EU 2015 dennoch mit einem Mehrheitsvotum die Verteilung von 160 000 Flüchtlingen beschloss, weigerten sich Polen, Tschechien und Ungarn, diesen Beschluss umzusetzen und jeweils einige Tausend Flüchtlinge aufzunehmen. Im April 2020 urteilte der Europäische Gerichtshof, dass sie damit gegen europäisches Recht verstießen.[232] Auch als 2021 der weißrussische Diktator Lukaschenko Tausende Flüchtlinge gezielt aus dem Nahen Osten an die litauischen und polnischen Grenzen bringen ließ, um die EU für ihre Sanktionspolitik gegen das Regime zu bestrafen, waren die Regierungen der osteuropäischen Länder nicht bereit, die Flüchtlinge einreisen zu lassen, und riegelten ihre Grenzen ab. Diesmal erhielten sie allerdings volle Rückendeckung der EU-Kommission und der westeuropäischen Mitgliedstaaten, einschließlich Deutschlands, die alle davor warnten, der «hybriden Kriegsführung» Lukaschenkos – so unter anderem EU-Kommissionspräsidentin Ursula von der Leyen – nachzugeben. Im Vergleich der ukrainischen Flüchtlingssituation mit der von 2015 fällt außerdem auf, dass die EU damals den Notfallmechanismus des vorübergehenden Schutzes nicht aktivierte. Anders als die Ukrainer mussten die Flüchtlinge von 2015 Asylanträge stellen, über die im Einzelfall entschieden wurde. Angesichts des Widerstandes der osteuropäischen Länder gegen die Aufnahme von Flüchtlingen wäre ein Versuch der Aktivierung dieses Mechanismus auch aussichtslos gewesen.

In den Tagen und Wochen nach dem russischen Überfall auf die Ukraine mehrten sich in der öffentlichen Debatte Wortmeldungen, die die große Hilfsbereitschaft für die ukrainischen Flüchtlinge zwar begrüßten, aber die schlechtere Behandlung der Flüchtlinge von 2015/16 anprangerten und sie als Indiz für einen tief sitzenden Rassismus deuteten. Laut Andrew Geddes, Direktor des Migration Policy Center am Europäischen Hochschulinstitut in Florenz, sei «die EU sehr viel mehr bereit, sich einer Fluchtsituation zu stellen, in der die Menschen, die fliehen, weiße Europäer sind, und sie hat sich eher unwillig gezeigt, Menschen aus Afrika und dem Nahen

Osten Schutz zu bieten».[233] Der österreichisch-afghanische Journalist Emran Feroz stellte unter der Überschrift «Guter Flüchtling, schlechter Flüchtling» in einem Kommentar auf *Zeit Online* einen «unverhohlenen Rassismus» fest: «Noch vor Kurzem erfroren Menschen in polnischen Wäldern. Haben weiße Europäer:innen endlich Geflüchtete gefunden, die ihnen genehm sind – weiße Ukrainer:innen?»[234] Der Schweizer Soziologe und Globalisierungskritiker Jean Ziegler unterstellte der EU und ihren Vertretern einen «Rassismus, der mörderisch ist».[235] In der Bundestagsdebatte zur Lage der ukrainischen Flüchtlinge am 17. März 2022 griff die Sprecherin der Fraktion Die Linke, Clara Bünger, diese Argumentationslinie auf und sprach von einer «Doppelmoral im Umgang mit Geflüchteten, die aus meiner Sicht Ausdruck eines tief sitzenden Rassismus ist. Dabei sollte doch klar sein, dass man bei Menschen keinen Unterschied macht, wenn sie vor Kriegen fliehen. Es darf eben keine Geflüchteten erster und zweiter Klasse geben.»[236]

Dass die ukrainischen Flüchtlinge vor allem in Osteuropa und seitens der EU besser behandelt werden als die Flüchtlinge von 2015 oder die Menschen, die 2021 über Belarus in die EU gelangen wollten, lässt sich nicht bestreiten. Aber ist das tatsächlich ein Ausdruck von Rassismus? In einem Interview mit dem *Spiegel* verneint der Migrationsrechtswissenschaftler Daniel Thym von der Universität Konstanz die Frage. Es sei «etwas ganz Normales», dass Menschen eine größere Anteilnahme zeigen für das Leid von Menschen, die aus einem näheren geographischen Raum stammen: Für die Flutkatastrophe im deutschen Ahrtal spendeten die Deutschen nun mal mehr als für eine ähnliche Flutkatastrophe in Bangladesch.[237] Man könnte hinzufügen, dass das nicht nur eine Frage der größeren Identifikation und Empathie ist, sondern auch eine Frage der Verantwortlichkeit. Wer, wenn nicht die Deutschen selbst, wäre als Erster in der Lage und in der Verantwortung, den Opfern der Flutkatastrophe von 2021 zu helfen?

In einer Studie, die ich zusammen mit dem Amsterdamer Kommunikationswissenschaftler Rens Vliegenthart zur Medienaufmerksamkeit für weltweite Erdbeben machte, konnten wir zeigen, dass neben der geographischen Distanz (und selbstverständlich auch der Schwere des Erdbebens) soziale Beziehungen zwischen Ländern eine Rolle spielen.[238] Je intensiver die Handelsbeziehungen mit einem Land sind, je mehr Zuwanderer aus diesem Land es gibt und je mehr Touristen in dieses Land reisen, desto mehr steigert sich die Medienaufmerksamkeit für ein Erdbeben in dem betreffenden Land. Dass die Ukraine nah ist (Lemberg ist näher an Berlin als Paris, Kiew näher als Rom), dass in Ländern wie Deutschland und Polen bereits vor dem Krieg Hunderttausende Menschen mit ukrainischen Wurzeln lebten und dass mit der Ukraine intensive Handelsbeziehungen bestehen, sind alles Faktoren, die mit Rassismus nichts zu tun haben. Sie erklären, warum ein Krieg in der Ukraine die Europäer mehr berührt als ein Konflikt in einem weiter entfernten Land, zu dem weniger enge soziale Beziehungen bestehen. Ganz davon zu schweigen, dass ein Krieg unmittelbar an der polnischen Grenze und weniger als 1000 Kilometer von Deutschland entfernt auch objektiv gesehen Polen und Deutsche stärker betrifft.

Aus dieser Perspektive ist vielleicht weniger die größere Aufmerksamkeit für nahe Ereignisse und nahes Leid bemerkenswert, sondern die Tatsache, dass unter den zehn Ereignissen mit dem höchsten Spendenaufkommen in Deutschland neben drei deutschen Hochwasserkatastrophen (in 2021, 2013 und 2002) und den Flüchtlingen von 2015 und 2022 auch fünf weit entfernte Katastrophen vertreten sind: das Erbeben in Haiti 2010, das Hochwasser in Pakistan 2010, die Hungersnot in Ostafrika 2011, der Taifun in den Philippinen 2013 und schließlich der Tsunami in Südostasien im Jahr 2004. Letzterer war bis zum Ukrainekrieg sogar das Ereignis mit dem höchsten Spendenaufkommen.

Was die Flüchtlinge aus der Ukraine unterscheidet

Dass Flüchtlinge vor Kriegen vor allem in den unmittelbaren Nachbarländern Zuflucht bekommen, ist überhaupt keine Besonderheit der ukrainischen Fluchtsituation. So ist es überall auf der Welt, und so war es auch im Kontext des syrischen Bürgerkrieges, als die meisten Syrer von der Türkei, Jordanien und dem Libanon aufgenommen wurden. Diesen Ländern wirft man doch keinen Rassismus vor, weil sie so vielen Syrern halfen, aber sich jetzt nicht hervortun, um ukrainische Flüchtlinge aufzunehmen! Diese drei Länder waren im Falle des syrischen Bürgerkriegs als direkte Nachbarländer die zuerst verantwortlichen Aufnahmeländer. Als Assad begann, seine eigene Zivilbevölkerung anzugreifen, und später Putins Luftwaffe ganze Städte zerbombte, hatten die vertriebenen Syrer keine andere Wahl, als in die Nachbarländer zu fliehen. Genauso ist es jetzt für die EU als Ganze und für die westlichen Nachbarländer der Ukraine im Besonderen. Wohin sonst sollten die Ukrainer fliehen, wenn nicht nach Polen, Ungarn oder Rumänien? Wer sonst wäre zuerst dafür verantwortlich, sich um die ukrainischen Flüchtlinge zu kümmern, wenn nicht Europa? Hätten Jordanien, der Libanon und die Türkei sich ab 2011 geweigert, syrische Bürgerkriegsflüchtlinge aufzunehmen, oder würde sich die EU jetzt weigern, Ukrainer aufzunehmen, würden sie so handeln, wie es die Schweiz und andere Nachbarländer Nazi-Deutschlands in den 1930er-Jahren gegenüber jüdischen Flüchtlingen taten: Sie hätten Menschen in akuter Todesgefahr im Stich gelassen.

Das gilt nicht für die Flüchtlinge, die 2015 nach Europa kamen. Keiner von ihnen floh direkt aus einem Bürgerkriegsland nach Europa. Die Iraker, Syrer und Afghanen, die von einem Bürgerkrieg vertrieben worden waren, hatten bereits eine Zuflucht in einem anderen Land gefunden, bevor sie sich auf den Weg nach Europa machten. Das heißt nicht, dass Europa keine Verantwortung gehabt hätte, die Erstaufnahmeländer bei der Aufnahme dieser Flüchtlinge zu unterstützen und zu entlasten. Dass das meiste Geld an die Erstaufnahmeländer erst dann floss, als Erdoğan und Tsipras die Tore nach Europa geöffnet hatten, und dass Europa weder davor noch danach in größerem Umfang Flüchtlinge über Kontingente aufgenommen hat, bleibt eine der größten Verfehlungen der Flüchtlingspolitik der letzten zehn Jahre. Wichtig für die Diskussion über die Gründe für die unterschiedliche Behandlung der ukrainischen Flüchtlinge ist aber, dass das Verhältnis von Europa zur Ukraine ein anderes ist als das zu Syrien oder Afghanistan. Zu diesen Ländern befand und befindet sich Europa im gleichen Verhältnis wie Kanada oder die USA jetzt in Bezug auf die ukrainischen Flüchtlinge. Erstaufnahmeländer und humanitäre Erstverantwortliche sind die Mitgliedstaaten der an die Ukraine grenzenden EU. Kanada und die USA (und andere Länder der Welt) müssen sich die Frage stellen, ob sie Europa und insbesondere die ärmeren osteuropäischen Mitgliedstaaten durch die Aufnahme von Flüchtlingen entlasten können. Beide Länder haben bereits entsprechende Programme gestartet.[239]

Auch zu den Flüchtlingen, die von Lukaschenko nach Belarus gelockt worden waren, hatten Polen und Litauen nicht das gleiche Verhältnis wie zu den Ukrainern. Die Menschen, die im Winter 2021 versuchten, die polnische Grenze zu überqueren, wurden nicht in Belarus verfolgt, sondern hatten sich freiwillig, legal und oft unter Zahlung von viel Geld in das Land begeben. Zwar entsprachen die Zurückweisungen an der Grenze, die die polnischen und litauischen Beamten vornahmen, nicht dem geltenden europäischen Recht (mehr dazu im nächsten Kapitel), aber sowohl humanitär als auch geopolitisch betrachtet hatte das Schließen der Grenze damals eine ganz andere Qualität, als wenn Polen und Litauen jetzt ihre Grenzen für ukrainische Flüchtlinge schließen würden. Eine Schließung der Grenze für Ukrainer würde sie einem Angriffskrieg durch einen rücksichtslosen Diktator preisgeben. Eine Öffnung der Grenzen zu Belarus in 2021 hätte niemanden unmittelbar vor Krieg oder Verfolgung gerettet, sondern hätte einem anderen rücksichtslosen Diktator in die Hände gespielt, der dann noch mehr Menschen aus dem Nahen Osten zu seinen Westgrenzen gelockt hätte, so lange, bis die EU einlenken und die Sanktionen gegen ihn aufheben würde.

Ein anderer wichtiger Unterschied zwischen den Flüchtlingswanderungen von 2015 und 2022 betrifft ihre Zusammensetzung. Die Menschen, die aus der Ukraine über die Ostgrenzen der EU fliehen, sind ausnahmslos auf der Flucht vor dem dort herrschenden Krieg. Die meisten von ihnen sind ukrainische Staatsangehörige, einige auch Angehörige von Drittstaaten, die in der Ukraine studierten oder arbeiteten. Niemand, der nicht aus der Ukraine stammt, würde es angesichts des Kriegs in den südlichen und östlichen Teilen der Ukraine versuchen wollen oder schaffen, die Ukraine als Transitland in die EU zu benutzen, um als vermeintlicher Flüchtling aus der Ukraine in Europa Asyl zu beanspruchen. Keiner der Menschen, die aus der Ukraine fliehen, hat einen Anreiz, seine Identitätspapiere wegzuwerfen oder sich eine andere Identität zuzumessen. Im Gegenteil, ihr Recht auf Zuflucht beruht gerade darauf, dass sie sich als ukrainische Staatsangehörige oder als Inhaber einer ukrainischen Aufenthaltserlaubnis ausweisen können.

Die Lage 2015 war auch in dieser Hinsicht eine ganz andere. Unter den Menschen, die 2015 über die Türkei, Griechenland und die Balkanroute oder auch über die zentrale Mittelmeerroute über Italien nach Europa zogen, waren zwar Menschen aus Bürgerkriegsgebieten, allen voran Syrien, aber auch nicht wenige, die aus Ländern wie Marokko, Pakistan oder Nigeria stammten. Manche der Flüchtlinge, die aus Bürgerkriegsländern stammten, hatten bereits in anderen Ländern, allen voran in der Türkei, Zuflucht gefunden. Viele der Flüchtlinge, die Europa erreichten, zeigten bei ihrer Einreise keine Identitätspapiere vor, weil Schlepper ihnen dazu geraten hatten, diese zu entsorgen oder sie den Behörden nicht zu zeigen. Schon aus diesem Grund wäre die Anwendung des EU-Notfallmechanismus auf die damals einreisenden Flüchtlinge unmöglich und unangebracht gewesen.

Anders als im Fall der Ukraine handelte es sich 2015 nicht um eine homogene und klar identifizierbare Gruppe, die direkt aus einem Bürgerkriegsland flieht, sondern um eine äußerst heterogene Gruppe aus Dutzenden von Herkunftsländern mit oft fehlenden Identitätsdokumenten, die über verschiedenste Wege und mit verschiedensten Motiven nach Europa gewandert war. Angesichts einer solchen heterogenen Wanderungsbewegung auf eine individuelle Prüfung zu verzichten und jedem, der sich über die Grenze begibt, pauschal ein vorläufiges Aufenthaltsrecht zu erteilen, wäre fahrlässig und normativ und rechtlich nicht zu verteidigen gewesen. Es hätte de facto bedeutet, der ganzen Welt ein Recht auf Niederlassung in Europa zu erteilen.

Es ist möglich, dass sich im weiteren Verlauf des Ukrainekriegs ähnliche Szenarien entwickeln, die die pauschale und kollektive Verleihung eines temporären Bleiberechts an Ukrainer infrage stellen. Wenn sich der Krieg beruhigt oder sich die Fronten so verlagern, dass sich Transitwege durch die Ukraine in die EU öffnen, kann sich eine Situation entwickeln, in der, wie 2015, nicht mehr ohne genauere Überprüfung angenommen werden kann, dass jeder, der über die ukrainische Westgrenze in die EU kommt, ein Kriegsflüchtling ist. Dann könnten sich auch Sicherheitsrisiken entwickeln, wie sie 2015 und 2016 dazu führten, dass sich Dutzende von Terroristen unter die Flüchtlinge mischten und in Europa blutige Anschläge verübten. Dann könnte sich auch die Situation wiederholen, dass Menschen ohne triftige Fluchtgründe, die nach der Ablehnung ihrer Asylgesuche nicht selten in der Kriminalität landeten, die Lage in der Ukraine ausnutzen, um nach Europa zu gelangen.

Aber warum wurden ukrainische Staatsangehörige und Angehörige von Drittstaaten, die in der Ukraine lebten, teilweise unterschiedlich behandelt? Vor dem Beginn des Krieges lebten rund 450 000 Ausländer in der Ukraine, 300 000 von ihnen mit einem dauerhaften Aufenthaltstitel, die anderen 150 000 mit einem temporären Bleibestatus, viele von ihnen ausländische Studenten aus

Ländern wie Indien, Marokko und Nigeria. Auch einige Tausend anerkannte Flüchtlinge lebten in der Ukraine, vor allem aus Afghanistan und Syrien.[240] Etwa 213 000 dieser Ausländer haben seit Kriegsausbruch die Ukraine verlassen, viele von ihnen gingen zurück in ihre Herkunftsländer, die die Evakuierung seiner Landsleute organisierten. Indien etwa holte mit einer Luftbrücke 18 000 ihrer 20 000 vor dem Krieg in der Ukraine lebenden Landsleute zurück.[241] Tausende flohen aber auch nach Europa. Als die EU den Mechanismus des vorübergehenden Schutzes aktivierte, wurden die in der Ukraine lebenden Flüchtlinge sowie sonstige Angehörige von Drittstaaten, für die eine sichere Rückkehr in ihre Herkunftsländer nicht möglich war, mit eingeschlossen. Sie machen eine kleine Minderheit der Flüchtlinge aus der Ukraine aus; in Deutschland etwa haben 98 Prozent der registrierten Flüchtlinge aus der Ukraine einen ukrainischen Pass.[242]

Vor allem in den ersten Tagen und Wochen nach dem Kriegsausbruch, als Millionen in Panik die Ukraine verließen, gab es mehrere Berichte aus der Ukraine selbst und von den Grenzen mit der EU über angebliche Diskriminierungen von nicht-ukrainischen Flüchtlingen, die zum Beispiel nicht in Züge gelassen oder an der Grenze aufgehalten oder abgedrängt wurden.[243] Sofern diese Vorfälle keine andere Basis hatten als das Aussehen der betroffenen Personen, handelte es sich tatsächlich um Rassismus, für den es keinerlei Rechtfertigung gibt. Dass es solche Fälle gegeben hat, scheint auf der Basis von verfügbaren Augenzeugenberichten außer Zweifel zu stehen. Wie häufig und systematisch sie waren, lässt sich angesichts des Chaos und der Unübersichtlichkeit der damaligen Situation nicht überprüfen. Wenn man sich die Panik und Angst der ersten Kriegstage vergegenwärtigt, muss es auch nicht verwundern, dass es beim Ansturm auf die zu wenigen verfügbaren Transportmittel zu unschönen Szenen kam, bei denen die Mitglieder von Minderheiten das Nachsehen hatten. Dass an den EU-Grenzen zwischen ukrainischen und anderen Staatsangehörigen unterschieden wurde und dass Letztere oft in einer separaten Schlange länger anstehen mussten, hat allerdings damit zu tun, dass zwischen der EU und der Ukraine ein Abkommen über visafreies Reisen besteht, in dessen Rahmen ukrainische Passinhaber ohne weitere Bedingungen in die EU einreisen und dort bis zu drei Monate bleiben können. Mit Rassismus hat das genauso wenig zu tun wie die Tatsache, dass es an jedem Flughafen in der EU unterschiedliche Schalter für Staatsangehörige eines EU-Landes und Bürger von Drittstaaten gibt.

Schließlich konnten aber alle in der Ukraine lebenden Ausländer, die dies wollten – wenn auch manchmal mit Hindernissen und Verzögerungen –, die Ukraine verlassen. Die Einzigen, die nicht aus der Ukraine fliehen konnten, waren wegen der Generalmobilmachung die männlichen ukrainischen Staatsangehörigen im Alter zwischen achtzehn und sechzig Jahren.[244] Anders als die in der Ukraine lebenden Ausländer, die mit ihrer ganzen Familie fliehen konnten, mussten die ukrainischen Frauen und Kinder ihre Männer, Väter und Söhne in Lebensgefahr zurücklassen. Insofern hat die Behauptung, ukrainische Flüchtlinge seien privilegiert worden, fast etwas Zynisches.

Integrationsaussichten

Darüber, wie sich die Integration der ukrainischen Flüchtlinge in den kommenden Jahren entwickeln wird, lässt sich nur spekulieren. Wir sollten nicht den gleichen Fehler machen wie die Politiker, Arbeitgeber und auch manche Wissenschaftler am Anfang der Flüchtlingseinwanderung von 2015 und uns auf irgendwelche Hochrechnungen für die ferne Zukunft und Versprechen von neuen Wirtschaftswundern oder der Sicherung unserer Sozialsysteme einlassen. Wie lange der Krieg in der Ukraine dauern wird, ob er sich auf weitere Landesteile ausdehnen und neue Flüchtlingsströme auslösen wird, ob ukrainische Männer zu ihren Familien in der EU nachziehen oder ihre Familien in die Ukraine zurückkehren können – das alles ist ungewiss.

Dennoch gibt es Gründe für die Vermutung, dass die Integration ukrainischer Flüchtlinge günstiger verlaufen würde als die der Flüchtlinge von 2015/16. Ein erster Grund ist das hohe Bildungsniveau der Ukrainer: Die Einschulungsquote, das heißt der Anteil von Personen einer Alterskohorte, die einen bestimmten Typ Bildungseinrichtung besucht, liegt in der Ukraine für den tertiären Bildungsbereich von Universitäten, Hochschulen oder beruflichen Ausbildungen bei 83 Prozent, gegenüber 74 Prozent in Deutschland. Wie für osteuropäische Länder typisch – und ganz anders als in den meisten Herkunftsländern der Flüchtlingswelle von 2015/16 –, liegt diese Quote bei den ukrainischen jungen Frauen (89 Prozent) noch deutlich höher als bei den Männern (77 Prozent).[245] Eine Befragung des Bundesinnenministeriums von Mitte März 2022 unter 2000 ukrainischen Flüchtlingen deutete ebenfalls auf ein hohes Bildungsniveau hin: 73 Prozent der erwachsenen Flüchtlinge hatten ein Studium absolviert, noch einmal 19 Prozent hatten zumindest das Abitur.[246] Sehr viele Flüchtlinge, 86 Prozent insgesamt, waren vor der Flucht in der Ukraine berufstätig (22 Prozent als Selbstständige, 57 Prozent als Vollzeit- und 7 Prozent als Teilzeitbeschäftigte). Und dies, obwohl 84 Prozent der erwachsenen ukrainischen Flüchtlinge in der Studie Frauen waren, die, wie wir gesehen haben, in den meisten Herkunftsländern der Flüchtlinge von 2015/16 eine äußerst geringe Erwerbsbeteiligung aufweisen.

Der hohe Anteil an Frauen und Kindern ist das, was die ukrainischen Flüchtlinge am stärksten von früheren Flüchtlingswellen unterscheidet. Von den im deutschen Ausländerzentralregister registrierten ukrainischen Flüchtlingen waren 40 Prozent Kinder; von den Erwachsenen waren 80 Prozent Frauen.[247] Von den in Polen registrierten ukrainischen Flüchtlingen sind sogar 94 Prozent Frauen und Kinder. Von den Flüchtlingen dagegen, die zum Jahresende 2016 in Deutschland lebten, waren nur 25 Prozent Kinder und 64 Prozent männlich (inklusive männliche Kinder).[248] Anders als während der Flüchtlingswelle von 2015/16 ist demnach unter den ukrainischen Flüchtlingen die am meisten schutzbedürftige Gruppe, die der Frauen mit Kindern, am stärksten vertreten. Auch das ist ein Grund dafür, dass die Haltung gegenüber den ukrainischen Flüchtlingen bisher so positiv ausfällt. Für die Kriminalität bedeutet diese demographische Zusammensetzung ebenfalls eine positive Prognose. Da gerade die ledigen jungen Männer sehr schwach vertreten sind, ist eine Erhöhung der Kriminalitätsbelastung durch die ukrainischen Flüchtlinge nicht zu erwarten.

Kapitel 7

Eine realistische Utopie

Wege aus dem Dickicht

Das bestehende europäische Asylregime erfüllt seine humanitären Zielsetzungen nicht, weder in Bezug auf die Schutzsuchenden noch in Bezug auf die Erstaufnahmeländer. Es zwingt Menschen, die Schutz suchen, ihr Leben zu riskieren. Es führt zu schwerwiegenden Sicherheitsrisiken und Integrationsproblemen. Es ist seit Jahrzehnten eine andauernde Quelle politischer Polarisierung, sowohl innerhalb von Ländern als auch zwischen den Mitgliedstaaten der EU. Und es macht Europa erpressbar durch Autokraten vom Schlag eines Erdoğan, Lukaschenko oder Putin. Angesichts so vieler gravierender Probleme wundert es nicht, dass schon seit Jahrzehnten versucht wird, das Asylrecht zu reformieren, doch an den grundlegenden Problemen hat sich nicht viel geändert. Vielmehr ist das Asylrecht durch die ständige Hinzufügung neuer Regelungen und die fortschreitende Jurisprudenz nationaler und europäischer Gerichte immer schwerer durchschaubar geworden. Die Migrationsrechtswissenschaftler, die ich für dieses Buch gesprochen habe, bestätigen, dass das herrschende Asylsystem viele problematische Nebeneffekte produziert und seine ursprünglichen Ziele nur ganz unzureichend erfüllt. Doch warum ist es so schwer, daran etwas zu ändern? Daniel Thym, Inhaber des Konstanzer

Lehrstuhls für Öffentliches Recht, Europarecht und Völkerrecht, formuliert es so:

> Wir bewegen uns in einem Dickicht, aus dem man nicht mehr so richtig rauskommt. Und das eigentlich Schlimme ist, wenn wir versuchen, etwas zu ändern, verheddern wir uns letztlich immer mehr. Wir haben uns ein rechtliches Korsett gegeben, was ja auch durchaus viel bringt, aber aus dem wir nicht mehr rauskommen, und ich sehe nicht, wie da realpolitisch oder auch juristisch ein Befreiungsschlag gelingen sollte. Das ist in gewisser Weise frustrierend, aber – ja, so ist es.[249]

Zugleich, betont Thym, halten sich die EU und ihre Mitgliedstaaten in der Praxis immer weniger an ihr eigenes Recht:

> Eigentlich haben wir unser großzügiges Asylrecht, was auf dem Papier noch besteht, längst unterminiert, indem wir Drittländer bezahlen, damit die dafür sorgen, dass Menschen dieses Recht überhaupt nicht mehr in Anspruch nehmen. Wir schaffen es nicht, auch aufgrund unserer Menschenrechtsbindungen, Menschen nach einem halbwegs vernünftigen Verfahren nach Tunesien oder sonst wohin zurückzubringen. Weil wir das aber nicht schaffen, versuchen wir jetzt, die Libysche Küstenwache mit Informationen, Ausbildung und auch ein bisschen politischer Rückendeckung klammheimlich so weit zu bringen, dass sie diese Menschen zurückhält. Das heißt, «push back» [das Zurückweisen an der Grenze ohne die Möglichkeit, ein Asylgesuch zu stellen; RK] dürfen wir nicht, also organisieren wir jetzt ein «pull back» durch die Libyer. Das ist zynisch.[250]

Das Gleiche passiert seit 2016 mit der Türkei im Rahmen der EU-Türkei-Erklärung, mit der die EU Erdoğan zum Türsteher der EU machte. In den Worten des emeritierten Völkerrechtlers Kai Hailbronner, dem Vorgänger Thyms auf dem Konstanzer Lehrstuhl:

> Der Türkei-Deal besteht entscheidend darin, dass die Türkei sich bereit erklärt hat, ihre Grenzen dicht zu machen gegen Flüchtlinge. Erstens sollen schon wenige in die Türkei kommen [die Türkei fing gleichzeitig an, an der Grenze zu Syrien einen Zaun zu errichten; RK, siehe Kapitel 2], und zweitens sollten diejenigen, die kommen, möglichst nicht weiterreisen. Das war der entscheidende Türkei-Deal, ohne dass das in der Abmachung drinsteht.[251]

Außerdem verstoßen die Staaten an den EU-Außengrenzen sowie die EU-Grenzagentur Frontex immer offener gegen das Verbot von Pushbacks. Als Griechenland 2020 und Polen 2021 auf die Erpressungen durch Erdoğan und Lukaschenko mit der Schließung ihrer Grenzen für Asylsuchende reagierten, wurden sie dafür ausdrücklich gelobt, sowohl von der EU-Kommission als auch von den Regierungen verschiedener EU-Mitgliedstaaten, darunter Deutschland. «Innerhalb der EU halten wir an sehr hohen moralischen Standards fest», so der niederländische Migrationsrechtswissenschaftler Maarten den Heijer, aber zugleich «tun wir alles, um sicherzustellen, dass keiner die europäischen Grenzen erreicht».[252] Die schweizerische Politikwissenschaftlerin Sandra Lavenex bezeichnet diese janusköpfige europäische Asylpolitik als «organisierte Hypokrisie».[253] Opfer davon sind die Allerschwächsten und die Schutzbedürftigsten unter den Flüchtlingen, für die die Hürden unüberwindbar sind, sowie all diejenigen, die sich trotzdem auf den Weg machen und dafür das Risiko in Kauf nehmen müssen, unterwegs ausgebeutet und vergewaltigt zu werden oder zu sterben.

Ein radikales Gedankenexperiment: Vom individuellen Asylrecht zu humanitären Kontingenten

Seit dem Ende des Kalten Krieges wurden zwischen 1990 und 2021 in der EU fast 15 Millionen Asylanträge gestellt. Das sind gut 450 000 pro Jahr, allerdings mit großen Schwankungen: 2006 waren es nur 197 000, 2015 über 1,3 Millionen; zuletzt waren es im Jahr 2021 631 000. Etwa ein Sechstel dieser Anträge sind sogenannte «Folgeanträge», das heißt erneute Anträge, die von der gleichen Person, meistens nach einer Ablehnung des ersten Antrags, gestellt werden.[254] Die tatsächliche Zahl der neuen Asylbewerber belief sich seit 1990 auf etwas weniger als 400 000 pro Jahr, für den Zeitraum ab 2010 auf durchschnittlich 650 000 pro Jahr. Ein erheblicher Teil der Anträge wird allerdings abgelehnt: Die Antragsteller werden weder als individuell politisch Verfolgte noch als Flüchtlinge im Sinne der Genfer Flüchtlingskonvention noch als sogenannte «subsidiär schutzberechtigte» Kriegsflüchtlinge anerkannt. In den Jahren 2012 bis 2020 waren von den fünf Millionen erstinstanzlichen Entscheidungen in der EU 2,7 Millionen (54 Prozent) Ablehnungen von Asylgesuchen. Gut zwei Drittel (68 Prozent) der abgelehnten Bewerber gingen in eine oder mehrere Berufungsinstanzen. Drei Viertel dieser Gesuche wurden endgültig abgelehnt. Insgesamt bekamen so von 2012 bis 2020 etwa 2,8 Millionen Asylbewerber (55 Prozent) in der EU einen anerkannten Schutzstatus; etwa 2,2 Millionen Anträge wurden endgültig abgelehnt (45 Prozent). Pro Jahr sind das im Schnitt 311 000 anerkannte Asylanträge. In Deutschland, das alleine 37 Prozent aller Erstanträge in der EU verzeichnete, war die Anerkennungsquote etwas höher als im EU-Durchschnitt: Über Erst- und Folgeinstanzen summiert, wurden 65 Prozent der Anträge anerkannt.[255]

Nur ein kleiner Teil der 2,2 Millionen Asylsuchenden in der EU (730 000 in Deutschland), deren Anträge zwischen 2012 und 2020 abgelehnt wurden, verlassen die EU wieder, sei es freiwillig oder durch eine Abschiebung. Viele bekommen eine sogenannte «Duldung» oder eine sonstige Form von Abschiebeschutz, weil die Situation im Herkunftsland (trotz fehlender Anerkennung als Verfolgter oder Kriegsflüchtling) als zu gefährlich eingeschätzt wird. Andere werden nicht abgeschoben, weil Dokumente fehlen, die Identität der Person ungeklärt ist und/oder das Herkunftsland nicht bereit ist, die Person wieder aufzunehmen. Zahlen zu Abschiebungen liegen für die ganze EU nicht vor, aber in Deutschland belaufen sie sich (ohne Dublin-Überstellungen innerhalb der EU) auf nur knapp 14 000 pro Jahr. Zusätzlich verlassen jährlich im Schnitt 20 000 ausreisepflichtige Ausländer das Land freiwillig. Beide Zahlen umfassen allerdings nicht nur abgelehnte Asylbewerber, sondern auch Menschen, die länger in Deutschland geblieben sind, als es ihr Visum oder die Einreise als Tourist erlaubt (meistens drei Monate), oder die sich aus anderen Gründen illegal in Deutschland aufhalten, ohne einen Asylantrag gestellt zu haben. Die weitaus meisten Angehörigen von Drittstaaten werden in Staaten des Westbalkan abgeschoben (Albanien, Bosnien-Herzegowina, Kosovo, Nordmazedonien, Serbien) oder nach Moldau und Georgien, mit denen sogenannte Rücknahmeabkommen geschlossen wurden. Mit Ausnahme des Kosovo können Bürger dieser Staaten ohne Visum in den Schengenraum einreisen.[256] In die wichtigen Asylherkunftsländer in Afrika oder den Nahen Osten werden hingegen kaum Asylsuchende abgeschoben, auch nicht in Länder mit niedrigen Anerkennungsquoten wie Nigeria, Marokko oder Tunesien.[257]

Im Schnitt hat die EU also seit 2012 pro Jahr 311 000 berechtigten Asylantragstellern Schutz geboten, davon fast die Hälfte (152 000) in Deutschland. Um diesen Menschen Schutz zu bieten, müssen die Asylanträge von fast doppelt so vielen Menschen überprüft werden. Gerade die Fälle, die in eine Ablehnung münden, ziehen sich oft über einen langen Zeitraum und mehrere Berufungsinstanzen, die auch nach der endgültigen Ablehnung nicht enden, da dann oft die angedrohte Abschiebung zur Gerichtssache wird. Eine radikale Lösung für dieses Problem wäre, die Asylverfahren ganz abzuschaffen und einfach jeden, der Europa erreicht und Anspruch auf Asyl erhebt, direkt einen Schutzstatus zu verleihen. Es wäre das ehrliche Eingeständnis der faktischen Konsequenz des herrschenden Asylregimes: Wer es einmal in die EU geschafft hat, kann auch bleiben – von ganz wenigen Ausnahmen abgesehen. Wenn so die Praxis aussieht, kann man sich die millionenfachen

Asylverfahren und die damit verbundenen erheblichen Kosten sparen und einfach jeden Asylbewerber aufnehmen. Damit entfiele auch die manchmal jahrelange Unsicherheit für die betroffenen Menschen, und sie könnten sofort damit beginnen, sich in die neue Gesellschaft zu integrieren.

Diese Lösung würde allerdings gegen das Rechtsverständnis vieler Menschen verstoßen. Auch unter einem solchen Regime wäre die Integration von so vielen Zuwanderern, die unabhängig von der Nachfrage des Arbeitsmarkts kommen, keine einfache Aufgabe. Es würde viele Jahre dauern, bis ihr ökonomischer Beitrag für die aufnehmende Gesellschaft die Kosten übersteigen würde. Für viele Bürger und für Flüchtlinge, die tatsächlich politisch verfolgt werden, wäre es schwer verständlich, weshalb sie die Aufnahme von Menschen finanzieren sollten, die keine triftigen Fluchtgründe haben und oft nicht die Anforderungen des Arbeitsmarktes erfüllen. Das müssen sie zwar unter dem herrschenden Regime auch schon, aber die pauschale Legalisierung dieser Tatsache würde die Akzeptanz eines solchen Asylregimes gewiss nicht erhöhen. Ungerecht wäre eine solche Asylpolitik auch gegenüber den Menschen, die es aus unterschiedlichen Gründen – wegen geographischer Barrieren oder weil sie zu schwach, zu alt, zu arm sind oder für kleine Kinder sorgen müssen – nicht schaffen können, Europa zu erreichen. Was sollten sie empfinden, wenn Europa jeden aufnimmt, der es an seine Grenzen schafft, aber alle anderen im Stich lässt? Auch das ist zwar jetzt schon die Realität des europäischen Asylregimes, aber auch hier gilt: Die Legalisierung dieser Tatsache würde die Ungerechtigkeit der derzeitigen Praxis nur noch offensichtlicher machen.

Nicht zuletzt würde es eine solche Reform noch reizvoller machen, sich auf den Weg nach Europa zu begeben. Keine langwierigen Asylverfahren mehr, direkter Zugang zum Arbeitsmarkt, ein sicherer Bleibestatus vom ersten Tag an: Das würde es um ein Vielfaches attraktiver machen, sich Schleppern anzuvertrauen und die gefährliche Reise nach Europa zu wagen, insbesondere für Menschen aus Regionen wie Nord- und Westafrika, die unter dem jetzigen Asylregime keine guten Chancen haben, einen regulären Schutzstatus zu bekommen. Die Konsequenzen wären noch mehr Tote im Mittelmeer, noch mehr Sterben und Ausbeutung auf der Route durch die Sahara und zusätzliche Milliardengewinne für die Schlepper. Es wäre dann nur konsequent, die Grenzen ganz zu öffnen und es jedem, der es möchte, zu erlauben, nach Europa zu kommen. Das dürften laut Umfragen sehr viele sein. In einer repräsentativen Befragung der Bevölkerungen verschiedener afrikanischer Länder aus dem Jahr 2017 gaben große Mehrheiten in Ghana (75 Prozent) und Nigeria (74 Prozent) und fast die Hälfte im Senegal (46 Prozent) an, dass sie, wenn sie die Gelegenheit und die Mittel dazu hätten, ins Ausland ziehen würden. Etwa vier von zehn Befragten in diesen Ländern gaben sogar an, konkrete Pläne zu haben, dies in den nächsten fünf Jahren zu versuchen.[258] Wenn man bedenkt, dass allein in Nigeria über 200 Millionen Menschen leben, kann man sich eine Vorstellung davon machen, was eine Politik der offenen Grenzen bedeuten würde.

Die Idee, die zeitraubenden, kostspieligen und am Ende weitgehend wirkungslosen Asylverfahren abzuschaffen, könnte man aber auch umkehren und pauschal niemandem, der auf irregulärem Weg in Europa ankommt, den Anspruch auf ein Asylverfahren gewähren. Das Ziel wäre dabei nicht, gar keine Schutzbedürftigen mehr aufzunehmen, sondern genauso vielen oder sogar mehr Menschen zu helfen, die man dann aber aktiv über Resettlement-Programme nach Europa holt, sei es in Zusammenarbeit mit dem UNHCR oder über eigene humanitäre Aufnahmeverfahren der EU und einzelner Mitgliedstaaten. Solche humanitären Aufnahmeverfahren gibt es bereits, aber in einem sehr bescheidenen Umfang: 94 000 für die ganze EU in den acht Jahren von 2013 bis 2020, das heißt im Schnitt nicht mal 12 000 pro Jahr.[259] Wenn man diese über humanitäre Verfahren aufgenommenen Flüchtlinge zu den über ein Asylverfahren anerkannten Flüchtlingen addiert, ergibt sich für die EU eine Zahl von jährlich etwa 325 000 und für Deutschland ungefähr 160 000 aufgenommenen Flüchtlingen.

Diese Schutzleistungen über proaktive humanitäre Aufnahmen direkt aus den Fluchtregionen statt über individuelle Asylverfahren in Europa zu erbringen, hätte enorme Vorteile für alle. Mit der Kontingentlösung vermeidet man erstens die starken Schwankungen in der Zahl der Flüchtlinge, die wir in der Vergangenheit erlebt haben. Mit der Entwicklung der weltweiten Zahl der Flüchtlinge stehen diese Schwankungen, wie wir in Kapitel 1 gesehen haben, nur in einem schwachen Zusammenhang. Viel eher zeigen sie, wie einfach oder wie schwer es zu bestimmten Zeiten unter dem herrschenden Asylregime für Flüchtlinge ist, Europa zu erreichen. Dies hängt, wie gezeigt wurde, einerseits von geographischen Faktoren, andererseits von politischen Entscheidungen und Interessenlagen innerhalb wie außerhalb der EU ab. Eine jährliche Quotierung würde die Flüchtlingszuwanderung besser planbar machen und für einen gleichmäßigen Bedarf an Integrationsanstrengungen und Ressourcen sorgen. So würden Spannungen auf dem Arbeits-, Bildungs- und Wohnungsmarkt abgemildert und die Integrationschancen der Flüchtlinge verbessert.

Stellen wir uns einmal vor, dass wir nach diesem Modell auf den Bürgerkrieg in Syrien reagiert hätten. Statt vor 2015 und dann wieder nach dem EU-Türkei-Deal ab Mitte 2016 kaum Syrer aufzunehmen, dafür aber 2015 und in den ersten Monaten 2016 von der Zuwanderung von fast einer Million Syrern – und anderen, die sich als Syrer ausgaben – überrascht zu werden, hätte man bereits ab 2012 oder 2013, als klar wurde, dass der Krieg lange dauern würde, anfangen können, Syrer in größerer Zahl aufzunehmen. Mit einem jährlichen Aufnahmekontingent von 125 000 Syrern ab 2012 wären wir bei einer ähnlichen Gesamtzahl gelandet.

Zu den Kriterien für die Aufnahme in ein Flüchtlingskontingent müsste eine Sicherheits- und Identitätsprüfung gehören. Damit könnten die Sicherheitsrisiken, wie sie mit der Einreise von IS-Kämpfern oder -Sympathisanten während der Flüchtlingszuwanderung 2015/16 einhergingen, deutlich verringert werden. Zur Feststellung der Identität gehört auch die Prüfung des Alters, entweder durch das Vorlegen von Dokumenten oder durch eine gutachterliche Untersuchung. Damit würden die in Kapitel 5 behandelten häufigen Probleme mit Straftätern, die behaupten, minderjährig zu sein, und so oft mit geringen Strafen davonkommen und nicht abgeschoben werden können, vermieden. Auch Vorstrafen im Erstaufnahmeland könnten berücksichtigt werden, um das Risiko zu verringern, dass sich Menschen mit kriminellen Absichten unter die Flüchtlinge mischen. Das Kriminalitätsrisiko würde auch dadurch vermindert, dass alle Kontingentflüchtlinge ein sicheres und zumindest mehrjähriges Bleiberecht erhalten und eine Überrepräsentierung von jungen Männern vermieden werden kann.

Die größten Vorteile einer Kontingentlösung ergäben sich aber für die Flüchtlinge selbst. Weil die Prüfung der Schutzbedürftigkeit in den Erstaufnahmeländern in der Fluchtregion stattfände, hätten sie ab dem ersten Tag ihrer Ankunft in Europa einen sicheren Bleibestatus und das Recht, zu arbeiten oder zu studieren, könnten also sofort mit ihrer Integration beginnen. Um nach Europa zu gelangen, müssten sie nicht ihre kargen Ersparnisse opfern, sich Schleppern anvertrauen und ihr Leben (und die Frauen unter ihnen nicht selten auch ihre körperliche Integrität) riskieren, sondern würden legal und sicher nach Europa geholt. Nicht die starken, jungen, männlichen und relativ wohlhabenderen Menschen hätten die besten Chancen, Schutz in Europa zu bekommen, sondern jeder hätte die gleiche Chance. Besonders schutzbedürftige Gruppen wie Familien mit kleinen Kindern, Ältere und Kranke oder Angehörige besonders verfolgter Minderheiten könnten bevorzugt werden. Auch könnten Menschen aus Fluchtregionen aufgenommen werden, aus denen sonst kaum jemand eine Chance hat, Europa zu erreichen, und die auch in der eigenen Region kaum Schutz finden können. Mit einem jährlichen Kontingent von 125 000 Syrern wäre noch hinreichend Kapazität für humanitäre Aufnahmen aus anderen Ländern verblieben. Wenn wir die tatsächliche durchschnittliche Zahl von (seit 2012; siehe oben) 325 000 anerkannten Flüchtlingen pro Jahr zugrunde legen, hätte die EU seit 2012 nicht nur

1,25 Millionen Syrer und zusätzlich große Zahlen von Irakern und Afghanen, sondern auch Hunderttausende Flüchtlinge aus Ländern wie dem Jemen oder Myanmar aufnehmen können.

Diese Lösung wäre mit der Flüchtlingspolitik Kanadas vergleichbar. Kanada nimmt fast nur Flüchtlinge über humanitäre Kontingente auf, tut dies (anders als etwa die USA, auch schon unter Barack Obama) in relativ großzügigen Zahlen und nach einem Auswahlprozess, der nicht nur die Schutzbedürftigkeit, sondern auch Sicherheitsaspekte berücksichtigt. Nur hat Kanada selbstverständlich den Vorteil, dass es von Ozeanen umgeben und von den Krisenherden der Welt weit entfernt ist. Es kann sich diese Großzügigkeit erlauben, ohne zugleich eine Lösung für das Problem der ungeregelten Zuwanderung finden zu müssen. Dieses Problem stellt sich für Kanada nur an der Landgrenze mit den USA. Die ohnehin begrenzten Zahlen an Asylsuchenden, die über diesen Weg nach Kanada kamen, wurden weiter reduziert, nachdem die beiden Länder sich 2004 gegenseitig zu sicheren Drittstaaten erklärten und Kanada seitdem nur noch in wenigen Ausnahmefällen – etwa wenn der Antragsteller nahe Familienmitglieder in Kanada hat – ein Asylgesuch zulässt und alle anderen irregulären Zuwanderer in die USA zurückweist.

Europa dagegen grenzt direkt an wichtige Krisen- und Armutsregionen und ist von dort vergleichsweise leicht zu erreichen. Deshalb ist die Umstellung auf großzügige Kontingentaufnahmen bei gleichzeitiger Unterbindung der irregulären Asylmigration für Europa zunächst nicht mehr als ein Gedankenspiel. Immerhin zeigt es, dass man sich für das herrschende Asylregime, das oft als eine nicht hinterfragbare Errungenschaft präsentiert wird, leicht eine Alternative vorstellen kann, die eine viel größere humanitäre Leistung erbringt und zugleich die vielen ungewollten, zum Teil tödlichen Nebeneffekte des heutigen Asylsystems vermeidet. Man muss wissen, worauf man verzichtet und was man billigend im Kauf nimmt, wenn man das herrschende Asylrecht für unantastbar hält und sich einer Reform in die angedeutete Richtung verschließt.

Eine Ausnahme für die europäischen Nachbarstaaten

Die Idee der Kontingentaufnahmen beruht auf der Annahme, dass Flüchtlinge bereits eine Zuflucht vor Bürgerkrieg oder politischer Verfolgung in einem Erstaufnahmeland gefunden haben, wie die Syrer in der Türkei, dem Libanon oder Jordanien, viele Afghanen in Iran oder somalische Flüchtlinge in Kenia. Auch die Situation von Flüchtlingsgruppen wie den Jemeniten, die fast ausschließlich innerhalb ihres eigenen Landes geflüchtet sind und von dort keinen Ausweg haben, könnte, insofern Zugang zu diesen Menschen besteht (zum Beispiel über den UNHCR), über Kontingentaufnahmen gelindert werden. Die Kontingentlösung scheitert aber, praktisch wie moralisch, wenn es um Flüchtlinge aus den direkten Nachbarstaaten der EU geht, für die die Mitgliedstaaten der EU selbst die Erstaufnahmeländer sind. Die ukrainische Flüchtlingskrise illustriert das Problem. Wir können den Ukrainern, die über die Ostgrenzen der EU vor den russischen Angriffen fliehen, schwer sagen, dass wir leider maximal 325 000 von ihnen aufnehmen können und dass die anderen sich bitte auf eine Warteliste setzen lassen sollen. Was für die Ukrainer zutrifft, gilt auch für russische Kriegsgegner oder Putin-Kritiker, für belarussische Dissidenten oder für die vom Erdoğan-Regime verfolgten kritischen Journalisten und Akademiker, vermeintliche Gülen-Anhänger sowie kurdische Politiker und Aktivisten, die das türkische Regime allesamt als Terroristen betrachtet. Wohin sonst als in die EU sollten die Kriegsflüchtlinge und politisch Verfolgten aus diesen Ländern fliehen?

Zu den direkten Anrainerstaaten der EU gehören außerdem Moldau und die Länder des Westbalkan. Letztere werden von den meisten EU-Mitgliedstaaten, darunter Deutschland, Österreich und die Niederlande, sowie von der Schweiz als sichere Herkunftsländer betrachtet. Für sie gilt daher ein vereinfachtes und schnelleres Asylverfahren, in dem zwar eine individuelle Überprüfung des Antrags stattfinden muss, der Antragssteller aber darlegen muss, dass die Annahme, im Herkunftsland drohe keine politische Verfolgung oder unmenschliche Behandlung, in seinem Fall nicht haltbar ist. Außerdem hat nach einer Ablehnung eine Berufung keine aufschiebende Wirkung auf eine Rückführung. Alle Länder des Westbalkan wie auch Moldau haben außerdem Rücknahmeabkommen mit der EU, die relativ wirksam umgesetzt werden – was längst nicht immer bei solchen Abkommen der Fall ist. Mit einem Rücknahmeabkommen verpflichten sich die Vertragspartner, ihre Staatsangehörigen, die sich illegal auf dem Territorium des anderen Vertragspartners aufhalten, wieder aufzunehmen und gegebenenfalls an der Bereitstellung der dafür notwendigen Reisedokumente mitzuwirken.

Für Bewerber aus den östlichen Nachbarländern der EU wie aus den Ländern des Westbalkan gibt es keine moralische Rechtfertigung und wäre es auch rechtlich unmöglich, das geltende Asylrecht – über die Designation bestimmter Staaten als sichere Herkunftsländer und die Optimierung von Rücknahmeabkommen hinaus – einzuschränken. Eine schwierigere Frage ist, ob man auch die nordafrikanischen Länder an der Südküste des Mittelmeers als direkte Nachbarn der EU betrachten sollte. Anders als im Falle der Länder, die eine Landgrenze mit der EU teilen, ist die EU für diese Länder nicht die nächstliegende Fluchtoption. Tatsächlich haben Hunderttausende vor der marokkanischen Besatzung der ehemaligen Spanischen Sahara geflohene Menschen eine Zuflucht im Nachbarland Algerien gefunden. Ähnlich flohen während der Anfangsphase des libyschen Bürgerkriegs Hunderttausende Libyer über die Landesgrenze nach Tunesien. Insofern ist das Argument, dass die EU für Verfolgte und Kriegsflüchtlinge aus diesen Ländern das am nächsten liegende Erstaufnahmeland ist und Flüchtlingen von dort kaum eine andere Wahl haben, als in die EU zu fliehen, für die nordafrikanischen Länder weniger überzeugend als etwa für die Ukraine oder die Türkei. Im Fall von Marokko ist die Lage allerdings durch die Existenz der kleinen spanischen nordafrikanischen

Exklaven Ceuta und Melilla nicht ganz so eindeutig. Hinzu kommt, dass es keine wirksamen Rücknahmeabkommen mit den nordafrikanischen Ländern gibt, obwohl Marokko, Algerien und Tunesien von vielen EU-Staaten als sichere Herkunftsländer eingestuft worden sind, unter anderem von Österreich, den Niederlanden und Italien, nicht aber von Deutschland und der Schweiz. Mit der EU als Ganzes gibt es solche Abkommen gar nicht, bilaterale Abkommen wie das bereits seit 1998 existierende zwischen Deutschland und Marokko funktionieren in der Praxis kaum. Mit welchen Argumenten und unter welchen Bedingungen man die Staaten am Südufer des Mittelmeers als direkte Nachbarstaaten der EU einstufen sollte, wäre letztlich eine politische Entscheidung, die sicherlich leichter fallen würde, wenn wirksame Rücknahmeverfahren etabliert werden könnten.

Humanitäre Visa

Eine zweite, zahlenmäßig viel kleinere Gruppe, für die die Lösung der humanitären Kontingente zu kurz greift, sind individuell politisch Verfolgte, die das Land, in dem sie verfolgt werden, nicht verlassen können. Unter dem geltenden Recht brauchen Menschen aus fast allen Staaten der Welt, in denen es politische Verfolgung gibt, ein Visum, um in den Schengenraum oder in einzelne EU-Staaten einreisen zu können. Wie jeder bestätigen kann, der Familie in einem dieser Länder hat (wie in meinem Fall in der Türkei), werden Visa meist restriktiv und nach oft willkürlich gehandhabten und nicht offengelegten Kriterien vergeben. Politische Verfolgung und Schutzbedürftigkeit spielen dabei keinerlei Rolle. Für Reisende auf dem Luftweg wird die Visumpflicht nahezu lückenlos gehandhabt, weil Fluggesellschaften unter Androhung hoher Bußgeldzahlungen («carrier sanctions») verpflichtet sind, die Reisedokumente inklusive des Vorhandenseins eines Visums von Fluggästen bereits vor dem Abflug zu prüfen.[260]

Die Ausstellung von humanitären Visa durch die Botschaften Deutschlands und anderer EU-Staaten würde auf politisch Verfolgte zielen, die für ein gewöhnliches Visum nicht in Betracht kommen, zum Beispiel weil sie nicht nachweisen können, dass sie während ihres Aufenthaltes ihren Lebensunterhalt sichern können oder einen Sponsor haben, der dies zusichern kann, oder weil sie sich in einer akuten Verfolgungsnotlage befinden, die das Warten auf die Erteilung eines gewöhnlichen Visums unzumutbar macht. Solche Visa sollten nur an Personen vergeben werden, die glaubhaft machen können, dass ihnen persönlich und konkret nachweisbar Verfolgung droht, zum Beispiel wegen oppositioneller politischer Aktivitäten. Darunter können auch nicht im engeren Sinne politische Aktivitäten fallen, die im betreffenden Land unter erheblicher Strafe stehen, wie zum Beispiel bei Anschuldigungen von Blasphemie oder Homosexualität in Ländern, wo dies mit der Todesstrafe oder lebenslänglichen Gefängnisstrafen bedroht wird. Humanitäre Visa sind dagegen nicht gedacht für Menschen, die von allgemeinen, nicht auf sie als Individuum bezogenen Gefahren wie Bürgerkrieg bedroht werden. Sie gehören bereits zur Zielgruppe der humanitären Kontingente.

Zurzeit bietet in Europa nur die Schweiz die Möglichkeit eines humanitären Visums. Voraussetzung für die Erteilung ist, dass die betroffene Person «unmittelbar, ernsthaft und konkret an Leib und Leben gefährdet» ist und sich in einer besonderen Notsituation befindet, die ein behördliches Eingreifen zwingend erforderlich macht.[261] Zwischen 2016 und 2018 vergab die Schweiz knapp tausend humanitäre Visa, fast die Hälfte davon an Syrer. Die Ausstellung von humanitären Visa sollte nicht mit dem sogenannten Botschaftsasyl verwechselt werden, das die Schweiz bis 2012 und Österreich bis 2001 kannten.[262] Beim Botschaftsasyl müsste die Botschaft prüfen, ob die Person ein Recht auf Asyl hat, was Kapazitäten und Kompetenzen erfordert, die die meisten Botschaften nicht haben. Außerdem würde man damit Berufungsmöglichkeiten und Rechtsansprüche schaffen, die diesen Weg so attraktiv machen, dass die Kapazitäten der Botschaften erst recht gesprengt würden. Bei humanitären Visa ginge es lediglich um eine Ermessensentscheidung – eine humanitäre Härtefallregelung, wenn man so will –, die Ausnahmen von den sonst restriktiven Visavergabekriterien ermöglicht. Dass es sich bei der Erteilung von humanitären Visa tatsächlich um eine Ermessensentscheidung und nicht um eine rechtlich erzwingbare Pflicht handelt, hat der Europäische Gerichtshof (EUGH) 2017 bestätigt.[263]

Dass es keine Rechtspflicht gibt, humanitäre Visa auszustellen, sollte die EU und ihre Mitgliedstaaten nicht davon abhalten, dem Beispiel der Schweiz zu folgen und solche Visa in begründeten Härtefällen zu gewähren. Es wäre das geeignete Instrument für eine relativ kleine, aber den Kern der ursprünglichen Intentionen des internationalen Flüchtlingsrechts berührende Gruppe von Schutzbedürftigen, nämlich diejenigen, die konkret, unmittelbar und persönlich politisch verfolgt werden. Sie werden von groß angelegten Kontingentaufnahmen nicht hinreichend erfasst, und ihnen fehlt durch die strikte Handhabung der gewöhnlichen Visumpflicht oft die Möglichkeit, auf eigene Faust Europa zu erreichen. Einmal in Europa, sollten Inhaber eines humanitären Visums selbstverständlich und mit offenem Ergebnis das normale Asylverfahren durchlaufen.

Wirtschaftsmigration

Die Kontingentlösung ist auf Herkunftsländer wie Syrien, den Irak, Somalia, Afghanistan oder den Jemen zugeschnitten, wo tatsächlich Bürgerkrieg herrscht und Menschen massenhaft innerhalb des eigenen Landes und in die Nachbarländer geflohen sind. Die meisten Asylbewerber, die aus Afrika nach Europa kommen, sind aber Wirtschaftsmigranten, die im Sinne des Asyl- und Flüchtlingsrechts keinen Anspruch auf Schutz erheben können. Weder Kontingente noch humanitäre Visa berücksichtigen die Interessen von Zuwanderern, die zwar unter dem heutigen Asylregime einen Anspruch auf Asyl erheben, deren Motive aber ganz oder überwiegend wirtschaftlicher Natur sind.

Die Anerkennungsquoten für verschiedene Nationalitäten von Asylbewerbern divergieren stark. Während fast alle Syrer (über 99 Prozent im Jahr 2020) als Flüchtlinge anerkannt werden und dies bei anderen Herkunftsländern wie Eritrea (84 Prozent) und Somalia (71 Prozent) weit überwiegend der Fall ist, liegen die Anerkennungsquoten für andere Herkunftsländer (zum Teil weit) unter 10 Prozent. Dazu gehören die meisten westafrikanischen (u. a. Nigeria, Ghana, Senegal) und nordafrikanischen (Marokko, Algerien, Tunesien) Länder sowie Moldau, die Länder des Westbalkan und des Kaukasus (Georgien, Armenien). Eine dritte Gruppe von Herkunftsländern liegt dazwischen, mit Anerkennungsquoten unter 50, jedoch über 10 Prozent; die wichtigsten sind Afghanistan (38 Prozent), der Irak (43 Prozent), die Türkei (47 Prozent), Iran (27 Prozent) und das westafrikanische Guinea (26 Prozent). Die Anerkennungsquote, wie hier für Entscheidungen im Jahr 2020 dargestellt, muss von der sogenannten Schutzquote unterschieden werden. Letztere umfasst auch Personen, die zwar nicht als Flüchtlinge anerkannt wurden, für die aber ein Abschiebungsverbot erlassen wurde, weil bei einer Abschiebung ins Herkunftsland eine Gefahr für Leib, Leben oder Freiheit der Betroffenen bestehe. Die Unterscheidung ist wichtig, weil Personen, für die ein Abschiebungsverbot gilt, nicht schutzbedürftig im Sinne des Asylrechts sind und deshalb auch nicht für ein humanitäres Visum oder eine humanitäre Kontingentaufnahme in Betracht gekommen wären. Sie dürfen nur deswegen zumindest vorläufig bleiben, weil für die Abschiebung die strengen Kriterien des Verbots der Zurückweisung in Staaten, wo Verfolgung oder unmenschliche Behandlung droht («Non-Refoulement»), der Genfer Flüchtlingskonvention und der Europäischen Menschenrechtskonvention gelten. Die Unterscheidung ist vor allem für afghanische Asylbewerber relevant, für die in fast einem Viertel der Fälle ein Abschiebungsverbot erlassen wurde und bei denen die Gesamtschutzquote somit 62 Prozent beträgt.

Streng genommen braucht man innerhalb eines reformierten Asylregimes keine Lösung für Migration aus wirtschaftlichen Motiven. Das Flüchtlings- und Asylrecht ist nicht für sie gedacht, und es ist nur ein Indiz für die Dysfunktionalität des herrschenden Asylregimes, dass insgesamt nur etwas mehr als die Hälfte der Asylbewerber in Europa tatsächlich als Flüchtlinge anerkannt werden. Dennoch kann es sinnvoll sein – außerhalb des Asylrechts –, darüber nachzudenken, die Möglichkeiten der legalen Wirtschaftsmigration aus Ländern, aus denen jetzt viele abgelehnte Asylbewerber nach Europa kommen, zu erweitern. Der Grund dafür ist nicht, dass man mit der Eröffnung von legalen Wegen der Wirtschaftsmigration die irreguläre Migration in das Asylsystem zurückdrängen könnte, denn Quoten für Wirtschaftsmigranten in die EU, die zum Beispiel für Westafrika jährlich einige Zehntausend betragen könnten, würden das Potenzial der vielen Millionen, die gerne nach Europa kommen würden, nicht merklich reduzieren. Außerdem entstehen mit der legalen Arbeitsmigration Brückenköpfe in die Einwanderungsländer Europas, die über den Mechanismus der Kettenmigration das Wanderungspotenzial nur weiter steigern.

Es gibt allerdings zwei gute Gründe dafür, dennoch solche legalen Alternativen der Wirtschaftsmigration zu schaffen. Der erste Grund ist, dass sie als Tauschmittel für wirkungsvolle Rücknahmeabkommen mit den Herkunftsländern dienen können. Darauf werde ich weiter unten eingehen. Der zweite Grund ist, dass in vielen europäischen Volkswirtschaften ein Mangel an Arbeitskräften in bestimmten Sektoren herrscht, teils an Fachkräften, teils auch bei einfachen Arbeiten, zum Beispiel in der Landwirtschaft oder der Gastronomie. Ein erheblicher Teil dieses Mangels kann zwar durch den freien Arbeitnehmerverkehr innerhalb der EU ausgeglichen werden, der in den vergangenen Jahren bereits zu einer umfangreichen Arbeitsmigration von den östlichen und südlichen in die westlichen und nördlichen Mitgliedstaaten der EU geführt hat.

In der Zukunft käme da das Arbeitskräftepotenzial von neuen Mitgliedern vom Westbalkan und hoffentlich eines Tages auch der Ukraine hinzu. Dennoch könnte zusätzlich eine gesteuerte Arbeitsmigration aus Regionen wie Nord- und Westafrika, dem Kaukasus oder dem indischen Subkontinent für Europa von Vorteil sein. Nigeria etwa, das bevölkerungsreichste Land Afrikas, birgt ein Riesenpotenzial an relativ gut ausgebildeten, fließend Englisch sprechenden Fachkräften, das andere Einwanderungsländer der Welt für sich zu nutzen wissen. In den USA zum Beispiel leben gut 250 000 Nigerianer, von denen 61 Prozent eine universitäre Ausbildung haben (weit mehr als die 29 Prozent in der amerikanischen Durchschnittsbevölkerung) und die ein höheres Einkommen erzielen als der Durchschnittsamerikaner. Von den 75 000 Nigerianern, die in Deutschland leben, haben dagegen (siehe Kapitel 3) lediglich 17 Prozent eine akademische Ausbildung, 42 Prozent überhaupt keinen Berufsabschluss. Lediglich 42 Prozent von ihnen gehen einer sozialversicherungspflichtigen Beschäftigung nach, und wenn dies der Fall ist, handelt es sich in zwei Dritteln der Fälle um einfache Hilfstätigkeiten. Der Vergleich zeigt, wie unterschiedlich die Ergebnisse einer in großen Teilen nach Arbeitsmarktkriterien gesteuerten Zuwanderung in die USA und einer überwiegend irregulären, ungesteuerten Migration über das Asylsystem nach Deutschland ausfallen.

Rücknahmeabkommen

Großzügige humanitäre Aufnahmekontingente, humanitäre Visa für individuell politisch Verfolgte sowie legale Wege für Wirtschaftsmigration – all das würde zu zusätzlicher Zuwanderung führen, solange es nicht gelingt, gleichzeitig die irreguläre Migration entscheidend zurückzudrängen. Es ist nämlich eine Illusion, zu glauben, dass sich durch solche neue Migrationswege die irreguläre Zuwanderung verringern würde. Auch in großzügigen humanitären Kontingenten werden deutlich weniger Plätze zur Verfügung stehen, als es Flüchtlinge gibt, die lieber in Europa als im Erstaufnahmeland leben würden. Viele jener, die keinen Kontingentplatz bekommen, würden deshalb trotzdem versuchen, auf irregulärem Weg nach Europa zu gelangen. Das Gleiche gilt noch viel stärker für die Wirtschaftsmigration: In Ländern wie Nigeria gibt es tausend Mal mehr Menschen, die nach Europa ziehen möchten, als es je Plätze in Programmen für Wirtschaftsmigration geben kann. Die Attraktivität von Europa als Zielkontinent würde sogar dadurch gesteigert, dass wegen der neuen regulären Migrationswege mehr potenzielle Migranten bereits Familie und Bekannte in Europa haben, die sie mit Informationen oder finanziellen Hilfeleistungen in ihren Migrationsambitionen unterstützen können.

Auch für die politische Einigung auf ein neues Asylregime und die Akzeptanz dafür in der Bevölkerung ist es unabdingbar, dass beides zugleich und im richtigen Gleichgewicht passiert: die Erweiterung der legalen Flucht- und Wirtschaftsmigration und das Zurückdrängen der irregulären Migration. Wir können natürlich so weitermachen wie im bisherigen Teufelskreis, in dem linke Parteien und ihre Wähler auf zusätzliche legale Wege der Migration drängen, ohne sich auf wirksame Maßnahmen gegen die irreguläre Migration einzulassen, während konservative Parteien und ihre Wähler auf dem Zurückdrängen der irregulären Migration beharren, ohne neue legale Wege der Flucht- und Wirtschaftsmigration eröffnen zu wollen. Das Ergebnis dieser gegenseitigen Blockadepolitik ist ein Asylsystem, das weder den humanitären Zielen der Progressiven noch den Sicherheits- und Kontrollbedürfnissen der Konservativen gerecht wird. Die Einzigen, die davon profitieren, sind die Populisten auf beiden Seiten des politischen Spektrums, die politisches Kapital daraus schlagen können, dass der politische Mainstream es nicht schafft, sich auf vernünftige Kompromisse zu einigen.

Aber wie könnte im Rahmen einer solchen Gesamtlösung die irreguläre Migration zurückgedrängt werden? Das in der europäischen Politik seit einigen Jahren bevorzugte Mittel sind sogenannte

Rücknahmeabkommen, die darauf zielen, dass Herkunftsländer daran mitarbeiten, abgelehnte Asylbewerber und andere Personen, die ausreisepflichtig sind – zum Beispiel weil sie die Laufzeit ihres Visums überschritten haben –, wieder einreisen zu lassen. In einigen Fällen funktionieren diese Abkommen relativ gut, besonders mit den Westbalkanländern. In diesen Fällen haben die Herkunftsländer ein großes Interesse daran, sich an die Abkommen zu halten, da sie sonst das Recht ihrer Bürger auf visumfreies Reisen in den Schengenraum und ihre Aussichten auf eine EU-Mitgliedschaft riskieren. Beides sind aber Gegenleistungen, die die EU nicht jedem Herkunftsland anbieten kann und möchte, da es für beide feste Kriterien und Vorbedingungen gibt. Im Fall der Türkei etwa zeigte sich nach der EU-Türkei-Erklärung schon bald, dass die Türkei nicht willens oder fähig war, die Kriterien für visumfreies Reisen oder für wesentliche Fortschritte beim EU-Beitrittsprozess zu erfüllen. Die Aussicht auf eine EU-Mitgliedschaft kommt außerdem nur für Länder in einem begrenzten geographischen Raum in Betracht.

Aus Mangel an hinreichendem Interesse seitens der Herkunfts- und Transitländer funktionieren die meisten Rücknahmeabkommen nur mangelhaft. So wurde zwischen der Türkei und der EU bereits 2014 ein Rücknahmeabkommen geschlossen, zwischen Griechenland und der Türkei existierte es sogar schon seit 2002. Dennoch akzeptierte die Türkei 2014 nur sechs der 9000 gestellten griechischen Rücknahmegesuche. Deutschland hat mit Marokko bereits seit 1998 ein Rücknahmeabkommen, mit Algerien seit 2006, dennoch wurden 2015 nur insgesamt 135 abgelehnte Asylbewerber in die drei Länder Marokko, Algerien und Tunesien abgeschoben. Seitdem hat diese Zahl zwar etwas zugenommen, dennoch wird nur ein sehr geringer Teil der abgelehnten Asylbewerber aus diesen Ländern dorthin zurückgeführt. Ende 2020 lebten über 5000 abgelehnte Asylbewerber aus den drei Maghrebstaaten in Deutschland, die ausreisepflichtig waren. Dennoch wurden 2021 nur 248 Tunesier, 80 Algerier und lediglich drei Marokkaner aus Deutschland in ihre Herkunftsländer abgeschoben. Ein wichtiger Grund dafür ist, dass die meisten abgelehnten Asylbewerber eine sogenannte Duldung bekommen, was bedeutet, dass die Abschiebung vorerst nicht vollzogen wird. Mögliche Gründe für eine Duldung sind fehlende Mitarbeit der Herkunftsländer, fehlende Reisedokumente, ungeklärte Identitäten sowie Gerichtsentscheidungen, die zu einem Aufschub der Abschiebung führen, etwa aus familiären oder gesundheitlichen Gründen. Von allen 135 000 zum Jahresende 2020 ausreisepflichtigen abgelehnten Asylbewerbern in Deutschland besaßen nicht weniger als 78 Prozent eine Duldung. Fehlende Mitarbeit der Herkunftsländer ist nur ein – und nicht einmal der wichtigste – Grund.

Dennoch lohnt es sich, in wirksamere Rücknahmeabkommen zu investieren. Dabei können die neu zu schaffenden legalen Migrationswege Tauschmittel sein, die das Eigeninteresse der Herkunfts- und Transitländer an deren Einhaltung steigern. Wenn man Ländern wie Nigeria ein jährliches Kontingent für Wirtschaftsmigration anböte, könnte man als Gegenleistung verlangen, dass sie ihre ausreisepflichtigen Staatsbürger wieder einreisen lassen. Seit 2016 stellten etwa 45 000 Nigerianer einen Asylantrag in Deutschland, also im Schnitt etwa 7000 pro Jahr. Wie wäre es, wenn Deutschland und Nigeria vereinbaren würden, dass jährlich, nach gemeinsam festgelegten Kriterien, eine ähnliche Zahl von Visa für Arbeitsmigranten an Nigerianer vergeben würde? Im Gegenzug sollte Nigeria zusagen, dass es abgelehnte Asylbewerber oder andere sich illegal in Deutschland aufhaltende Nigerianer unverzüglich wieder aufnimmt. Beide Seiten könnten sich gegenseitig in die Pflicht nehmen. Sollte Deutschland es nicht schaffen, zum Beispiel durch bürokratische Verzögerungen, die Quote der Arbeitsvisa zu erfüllen, könnte Nigeria die Rücknahme seiner Staatsbürger drosseln. Und wenn Nigeria sich nicht an die Absprachen hielte, könnte Deutschland im gleichen Ausmaß die Ausstellung von Arbeitsvisa reduzieren. Wenn beide Seiten sich an die Abmachung halten, würde das die Attraktivität der irregulären

Migration aus Nigeria nach Deutschland reduzieren. Wenn man mit großer Wahrscheinlichkeit als Asylbewerber abgelehnt wird und anschließend schnell nach Nigeria zurückgeführt wird, wäre der Anreiz, viel Geld aufzuwenden und sein Leben zu riskieren, nur noch gering. Für Nigeria wäre das Modell attraktiv, da die gleiche Zahl von Nigerianern wie in der jetzigen Situation nach Europa wandern könnte. Diese würden allerdings nahezu ausnahmslos als Arbeitsmigranten einem regulären Job nachgehen und könnten so weitaus mehr Geld nach Nigeria rücküberweisen, als es die oft von Sozialleistungen abhängigen oder marginal beschäftigten Nigerianer unter dem heutigen Asylregime tun.

Ähnliches gilt für Erstaufnahme- und Transitländer, aus denen Europa humanitäre Kontingente aufnehmen würde. Auch bei ihnen kann die Gegenleistung darin bestehen, dass sie sich verpflichten, ausreisepflichtige eigene Staatsangehörige sowie Angehörige von Drittstaaten, die über ihr Territorium in die EU eingereist sind, wieder aufzunehmen. Eine solche Regelung war ursprünglich auch im Rahmen der EU-Türkei-Erklärung vorgesehen, nur wurde dieser Teil der Abmachung kaum umgesetzt: Weder nahm die EU größere Kontingente von Flüchtlingen aus der Türkei auf noch wurde eine nennenswerte Anzahl von abgelehnten Asylbewerbern in die Türkei zurückgeschickt.

Letztlich darf man sich aber von Rücknahmeabkommen keine allzu starke Reduzierung der irregulären Migration versprechen, selbst wenn ihre Wirkung durch klugen gegenseitigen Interessenausgleich unterstützt wird. Denn diese Abkommen betreffen nur Asylbewerber, die tatsächlich ausreisepflichtig sind. Menschen aus Herkunftsländern, für die gute Aussichten auf eine Anerkennung oder zumindest auf ein Abschiebeverbot oder eine Duldung bestehen, haben nach wie vor einen starken Anreiz, sich auf den Weg nach Europa zu machen. Auch der Anreiz gerade für diejenigen mit weniger guten Aussichten auf eine Anerkennung, ihre Identitätsdokumente zu entsorgen (oder den Behörden vorzuenthalten), verringert sich durch wirksame Rücknahmeabkommen nicht. Im

Gegenteil: Wenn das Risiko für eine Rückführung in das Herkunftsland größer wird, wird es nur noch attraktiver, eine Abschiebung durch fehlende Dokumente, Zweifel an der Herkunft und vorgeschobene Minderjährigkeit zu verhindern.

Angesichts der Tatsache, dass von den mehr als 1,6 Millionen Flüchtlingen, die Ende 2020 in Deutschland lebten, nur knapp 34 000 (zwei Prozent) ausreisepflichtig waren, kann man sich ausrechnen, wie wenig auch das lückenloseste und wirkungsvollste Netzwerk von globalen Rücknahmeabkommen zur Reduzierung der irregulären Migration beitragen würde. Diese Zahlen zeigen auch, warum die von der Ampelkoalition in ihrem Koalitionsvertrag angekündigte «Abschiebeoffensive» zwangsläufig scheitern muss: Die Zahl der Ausreisepflichtigen, die tatsächlich abgeschoben werden können, ist unter den Bedingungen des herrschenden Asylsystems einfach viel zu gering, um einen spürbaren Beitrag zur Reduzierung der irregulären Migration leisten zu können, selbst wenn alle, die dafür in Betracht kommen, tatsächlich abgeschoben würden.

Die australische Lösung

Die größten Hindernisse auf dem Weg zu einer Reduzierung der irregulären Migration liegen deshalb nicht in den Herkunfts- oder Transitländern, sondern in Europa selbst. Solange jeder, der seinen Fuß auf europäischen Boden setzt oder in internationalen Gewässern von einem europäischen Schiff gerettet wird, einen Anspruch auf ein Asylverfahren in Europa hat und dies dazu führt, dass fast jeder auch langfristig bleiben kann, wird sich an der Zugkraft des europäischen Asylregimes nichts ändern. Solange das so ist, werden zusätzliche legale Migrationswege dieses Problem nicht abmildern, sondern es nur noch verschärfen. Solange wir keine grundsätzlich andere Lösung finden, werden Tausende Menschen auf ihrem Weg nach Europa sterben, werden die Sicherheitsprobleme von Gewalt- und Sexualkriminalität nicht gelöst, ist Europa Erpressung durch Autokraten an seinen Außengrenzen ausgesetzt und bleibt die Asylpolitik ein gefundenes Fressen für die Wählermobilisierung durch Populisten. Europa wird nur dadurch ein Minimum an Kontrolle über die Migration behalten, dass es Migranten mit Gewalt von den Außengrenzen fernhält – wie zuletzt an der belarussischen Grenze – oder autokratisch regierte Länder an den Außengrenzen zum Türsteher macht – wie die Türkei, Marokko und Libyen. All dies nur, um zu verhindern, dass zu viele Menschen das großzügige europäische Asylrecht mit seinen fast unüberwindbaren Abschiebungshürden in Anspruch nehmen.

Europa steht nicht vor der Wahl zwischen einer Restriktion oder einer Aufrechterhaltung des Rechts auf Asyl. Die eigentliche Frage ist, ob wir dieses Recht weiterhin auf die ungerechte, integrationswidrige und sicherheitsgefährdende Art und Weise einschränken wollen, wie wir es jetzt tun, oder ob wir die Anreize, irregulär nach Europa zu kommen, abbauen und stattdessen auf den Ausbau von legalen Wegen der Migration setzen wollen. Für den letzteren Weg ist ein Blick auf die australische Flüchtlingspolitik hilfreich.

Ähnlich wie Europa im Mittelmeer wurde Australien in den vergangenen Jahrzehnten mit irregulärer Zuwanderung über die Seegrenze mit Indonesien konfrontiert. Zwischen 2000 und 2014 kamen ungefähr 50 000 Migranten, vor allem aus Afghanistan und dem Irak, mit Booten nach Australien und beantragten dort Asyl. Laut einer Datensammlung der University of Monash ertranken im gleichen Zeitraum 1437 Migranten auf der Seereise, eine Todesrate von 2,8 Prozent, die mit der auf der zentralen Mittelmeerroute vergleichbar und höher ist als das Risiko, in einem Land wie Afghanistan oder dem Irak durch Kriegsgewalt ums Leben zu kommen. Die Toten im Meer zwischen Indonesien und Australien waren allerdings sehr ungleich über die Zeit verteilt. In den Jahren 2000 und 2001 ertranken jeweils über 360 Menschen, in den darauffolgenden Jahren bis 2008 niemand. Ab 2009 schnellten die Todeszahlen wieder in die Höhe bis auf 417 im Jahr 2012, um dann ab

2014 wieder auf null zu sinken.[264] Die Zahl der Ankünfte von Asylbewerbern über das Meer folgte dem gleichen Rhythmus: 2001 waren es fast 6000, in den Jahren danach bis 2007 insgesamt nur ein paar hundert. Danach gingen die Zahlen wieder in die Höhe bis zu einem Maximum von über 20 000 im Jahr 2013. Was war passiert?

Nach dem starken Anstieg der Ankünfte über das Meer hatte die konservative Regierung unter der Leitung von Premierminister John Howard Ende 2001 die sogenannte «Pacific Solution» eingeführt. Verschiedene zu Australien gehörende Inseln, die zuvor von vielen Flüchtlingsbooten angesteuert worden waren, wurden von dem Geltungsbereich des australischen Asylrechts ausgeschlossen. Dort ankommende oder auf hoher See gerettete Flüchtlinge wurden auf Manus Island in Papua-Neuguinea oder zum pazifischen Inselstaat Nauru gebracht, um dort ihre Ansprüche auf einen Flüchtlingsstatus zu überprüfen. Nur diejenigen, die als Flüchtling anerkannt wurden – was immerhin in deutlich mehr als der Hälfte der Fälle zutraf –, wurden anschließend von Australien aufgenommen, ein kleinerer Teil auch von Neuseeland. Die anderen Migranten wurden in ihre Herkunftsländer zurückgeführt. Trotz der relativ hohen Anerkennungsraten bewirkte die Tatsache, dass Asylsuchende erst einmal auf Nauru oder Manus Island die Entscheidung abwarten mussten und abgelehnte Bewerber keine Chance hatten, nach Australien zu gelangen, dass ab 2002 kaum noch Flüchtlingsboote versuchten, australische Gewässer zu erreichen, und keine Flüchtlinge mehr ertranken.

Das änderte sich schlagartig, als 2007 die Labor Party die Wahl gewann und die neue Regierung das Asylregime der «Pacific Solution» beendete. Sowohl die Zahl der ankommenden Boote als auch die der ertrunkenen Flüchtlinge schoss wieder in die Höhe. Die Labor-Regierung versuchte eine alternative Lösung, indem sie mit der malaiischen Regierung vereinbarte, dass Malaysia 800 abgelehnte Asylbewerber aufnehmen würde, während 4000 anerkannte Flüchtlinge aus Malaysia nach Australien einreisen könnten. Die Abmachung scheiterte aber vor dem australischen Hochgerichtshof, weil Malaysia der Genfer Flüchtlingskonvention nicht beigetreten war und somit nicht garantiert werden könne, dass es die aufgenommenen Flüchtlinge nicht in Länder zurückschicken würde, wo ihnen politische Verfolgung drohen könnte.[265] Als die Zahl der Bootsankünfte und der ertrunkenen Flüchtlinge weiter anstieg, entschloss sich die Labor-Regierung, zur Politik der Exterritorialisierung von Asylverfahren der Vorgängerregierung zurückzukehren. «Wir wollten nicht, dass Menschen zu dieser Reise aufbrechen und diese Risiken eingehen … Sie können sich nicht richtig vorstellen, wie es ist, als Premierministerin einen Anruf von den Grenzsicherungskräften zu bekommen, dass vermutet wird, ein Flüchtlingsboot sei untergegangen», so begründete Premierministerin Julia Gillard ihre Entscheidung rückblickend. 2013 kam erneut eine konservative Regierung an die Macht, die die Politik weiter verschärfte. Auch Bootsflüchtlinge, die als Flüchtlinge anerkannt wurden, hatten nun kein Recht auf Resettlement in Australien mehr und mussten in Papua-Neuguinea oder Nauru bleiben. Ob es die Auslagerung der Asylverfahren oder die gleichzeitige Politik der Zurückdrängung von Booten durch die australische Marine nach Indonesien war, die den Haupteffekt erzielte, ist nach wie vor ein Streitpunkt in der australischen Politik. Unstrittig ist aber, dass ab 2014 laut den Daten von Monash University kein einziger Flüchtling mehr auf der Seeroute starb. Die Lage in den Asylzentren in Papua-Neuguinea und Nauru wurde zwar vielfach kritisiert, denn auch dort kam es zu Todesfällen, etwa durch Suizid; dennoch liegt die Gesamtzahl der Sterbefälle in den Asylverfahrenszentren in den Jahren 2000 bis 2020 mit 61 um ein Vielfaches niedriger als die 1909 Menschen, die im gleichen Zeitraum bei dem Versuch, Australien zu erreichen, ertranken.[266]

Fast 2000 ertrunkene Bootsflüchtlinge sind eine erschreckende Zahl, sie ist aber gering im Vergleich zu den über 24 000 Toten auf den Seerouten nach Europa seit 2014. Das sind im Schnitt jährlich anderthalb Mal so viele wie in den australischen Gewässern insgesamt seit dem Jahr 2000. Hinzu kommen die vielen Toten in der

Sahara. Dennoch scheint diese grausame Realität europäischen Politikern nicht die gleichen Gewissensqualen zu bereiten wie der australischen Premierministerin Gillard. Auch aus anderen Gründen verdient die australische Flüchtlingspolitik eine differenziertere Betrachtung, als ihr meistens in Europa zuteilwird. Die strenge Politik gegenüber irregulärer Migration bedeutet nämlich nicht, dass Australiens Flüchtlingspolitik in jeder Hinsicht restriktiv ist. So nimmt Australien nach den USA und Kanada die drittgrößte Zahl von Flüchtlingen über das Resettlement-Programm des UNHCR auf. Im Verhältnis zur Bevölkerungszahl steht es sogar nach Kanada an zweiter Stelle. Allerdings geht es mit 27 000 Flüchtlingen insgesamt seit 2014 nicht um eine sehr große Anzahl. Daneben hat Australien ein Programm zur Vergabe von humanitären Visa im Ausland, für das Bewerber nachweisen müssen, dass sie in ihrem Heimatland schwerwiegender Diskriminierung oder Menschenrechtsverletzungen ausgesetzt sind. Außerdem brauchen sie eine Person (zum Beispiel ein Familienmitglied) oder eine Organisation in Australien, die sie vorschlägt (einen «proposer») und bei der Integration in die australische Gesellschaft unterstützt. Für Resettlement über den UNHCR sowie das humanitäre Visaprogramm wird zusammen eine jährliche Maximalzahl festgelegt, die ab 2022 bei 17 875 Personen lag. Zusätzlich kündigte die australische Regierung im März 2022 ein Sonderprogramm für die Aufnahme von 16 500 afghanischen Flüchtlingen über einen Zeitraum von vier Jahren an. Spontane Asylanträge in Australien schließlich können nur von Menschen gestellt werden, die mit einem gültigen Reisevisum in Australien ankommen. Im Buchungsjahr 2019/20 wurden knapp 23 000 Asylanträge in Australien gestellt, von denen nur 10 Prozent (1650) positiv entschieden wurden.

Zusammen genommen kommt Australien mit humanitären Programmen und spontanen Asylanträgen auf eine Zahl von derzeit etwa 45 000 Migranten im Jahr; bei einer Bevölkerungszahl von 25,7 Millionen würde das auf die Bevölkerungszahl Deutschlands hochgerechnet ungefähr 145 000 Flüchtlinge und Asylbewerber bedeuten, was fast genau der Zahl der Erstanträge in Deutschland im Jahr 2021 entspricht und deutlich über dem EU-Durchschnitt liegt. Insofern ist das verbreitete Bild von Australien als einem Land, das sich gegen Flüchtlinge völlig abschottet, nicht gerechtfertigt. Hinzu kommt, dass Australien – wie andere klassische Einwanderungsländer wie Kanada und die USA – viel stärker auf reguläre Arbeitsmarktmigration setzt, als Europa dies tut. Australien versucht, die Einwanderung zu steuern, indem es legale Migrationswege eröffnet, sowohl im wirtschaftlichen als auch im humanitären Bereich, aber zugleich die irreguläre Migration wirksam zurückdrängt. Das Land hat es damit geschafft, das Sterben von Bootsflüchtlingen auf dem Meer vollständig zu beenden. Man braucht Australiens Politik nicht in jeder Hinsicht gutzuheißen, und man kann – wie ich – der Meinung sein, dass die humanitären Programme großzügiger gestaltet sein müssten. Man kann aber nicht bestreiten, dass die Politik Australiens zeigt, dass es möglich ist, das Massensterben auf hoher See zu beenden und die Anreize für irreguläre Migration stark zu reduzieren, dass man zugleich gesteuerte humanitäre Programme in Gang setzen kann und dass die großen Linien einer solchen Politik von einem Konsens zwischen den wichtigsten politischen Lagern getragen werden können.

Zurzeit versuchen zwei europäische Länder, dem australischen Beispiel zu folgen. Dänemark hat 2021 ein von der sozialdemokratischen Regierung vorgeschlagenes Gesetz verabschiedet, das vorsieht, dass Menschen, die ohne ein gültiges Visum an den dänischen Grenzen Asyl beantragen, in ein Land außerhalb der Schengenzone gebracht werden, wo ihre Asylanträge behandelt werden. Ausnahmen soll es nur für Asylbewerber geben, die selbst aus dem betreffenden Drittland stammen, für solche mit nahen Familienangehörigen in Dänemark oder aus dringenden gesundheitlichen Gründen. Zugleich kündigte die Regierung an, bei einer erfolgreichen Umsetzung des Plans die dänische Aufnahme von humanitären Kontingenten über den UNHCR substanziell vergrößern zu wollen. Zum Gesamtbild der dänischen Flüchtlingspolitik gehört auch, dass es zusammen mit Luxemburg und Norwegen zu den drei Ländern gehört, die den höchsten Beitrag pro Kopf an den UNHCR zahlen.

Für Drittländer, die für die dänischen Pläne in Betracht kämen, müsste sichergestellt sein, dass sie die Bedingungen der Genfer Flüchtlingskonvention erfüllen und Menschen nicht in Länder weiter- oder zurückschicken, in denen ihnen politische Verfolgung oder andere Formen der unmenschlichen Behandlung drohen. In dem Drittland anerkannte Flüchtlinge sollen nicht nach Dänemark kommen dürfen, sondern würden im Drittland Schutz erhalten, mit Zugang zum Arbeitsmarkt, zu Bildung und zur Gesundheitsfürsorge, also zu Rechten, die die Genfer Flüchtlingskonvention vorsieht. Die dänischen Pläne folgen eher der seit 2013 verschärften Version der australischen Extraterritorialisierungspolitik und nicht der «Pacific Solution» von vor 2007, die vorsah, dass Flüchtlinge nach ihrer Anerkennung nach Australien übersiedeln konnten. Eine Entscheidung darüber, in welchem Land oder in welchen Ländern die Asylverfahren durchgeführt werden sollen, hat Dänemark noch nicht getroffen, doch wurde mit dem in Zentralafrika gelegenen Ruanda ein noch unverbindliches «Memorandum of Understanding» unterschrieben.

Inspiriert von der dänischen Initiative, aber weiter vorangeschritten sind die Pläne der britischen konservativen Regierung, die Asylanträge von Bewerbern, die ohne gültige Einreisepapiere mit Booten über den Ärmelkanal nach Großbritannien kommen, in Ruanda bearbeiten zu lassen. In den letzten Jahren stieg die Zahl der Migranten, die auf diesem Weg versuchten, Großbritannien zu erreichen, um dort Asyl zu beantragen, stark an, von weniger als 2000 2019 über gut 8000 2020 bis zu 28 000 2021. In den ersten Monaten 2022 setzte sich dieser Trend fort: Bis zum 16. Mai überquerten über 8000 Flüchtlinge den Ärmelkanal, doppelt so viele wie im gleichen Zeitraum 2021 und sechs Mal so viele wie 2020. Die Sprecherin der britischen Gewerkschaft der Border Force warnte, dass die Gesamtzahl für 2022 die 60 000 erreichen könnte, wenn die Entwicklung sich im weiteren Verlauf des Jahres fortsetzen würde.[267] Auch die Zahl der Todesfälle bei diesen Überfahrten nimmt zu. 2021 kamen insgesamt 44 Migranten ums Leben; bei der bisher größten Tragödie am 11. November 2021 starben 27 meist irakisch-kurdische Migranten, darunter ein siebenjähriges Kind.

Diese Entwicklung trieb die konservative Regierung unter Premierminister Boris Johnson zu einer Reihe von Gesetzesverschärfungen, die Ende 2021 vom Unterhaus und im April 2022 auch vom House of Lords angenommen wurden. Eine der Maßnahmen ist die Erhöhung der Maximalstrafe für Menschenschmuggler auf lebenslänglich. Kernstück des Gesetzespakets ist aber die Bestimmung, dass die Asylanträge von Migranten, die aus einem sicheren Drittstaat kommen, in dem ihr Asylantrag abgelehnt wurde oder in dem sie einen Antrag hätten stellen können, dies aber nicht getan haben – gemeint ist vor allem Frankreich –, für unzulässig erklärt werden können. Migranten, deren Asylantrag für unzulässig erklärt wurde, können anschließend in einen Drittstaat ausgewiesen werden, vorausgesetzt, dass dieser Drittstaat die Bedingungen der Genfer Flüchtlingskonvention respektiert, insbesondere das Prinzip des Non-Refoulement, das die Abschiebung in ein Land verbietet, in dem den Betroffenen Gefahr für Leib und Leben droht. Falls Migranten in diesem Drittstaat ein Asylgesuch einreichen und dieses anerkannt wird, erhalten sie, wie im vorgesehenen dänischen Gesetz, nicht die Möglichkeit, nach Großbritannien umzusiedeln, sondern sollen im betreffenden Drittstaat Schutz erhalten.

Nachdem Versuche, mit Ghana und Albanien zu einer Vereinbarung zu kommen, gescheitert waren, unterzeichneten am 14. April 2022 die britische Innenministerin Priti Patel und der ruandische Außenminister Vincent Biruta ein bilaterales Abkommen, in dem sich Ruanda, im Tausch gegen finanzielle Unterstützung in Höhe von 150 Millionen Dollar, bereit erklärte, vom Vereinigten Königreich abgewiesene Asylbewerber aufzunehmen. Anders als

Dänemark kündigte Großbritannien nicht an, gleichzeitig die Aufnahme von Flüchtlingen durch humanitäre Programme zu erweitern.

Anfang Juni 2022 gab der höchste britische Gerichtshof grünes Licht für einen ersten Flug, der abgewiesene Asylsuchende nach Ruanda fliegen sollte. Eine umfassende Bewertung des Ruandaplans durch das Gericht steht aber, Stand November 2022, noch aus. Am 14. Juni 2022 stoppte der Europäische Gerichtshof für Menschenrechte mit einer einstweiligen Verfügung den Flug im letzten Moment.[268] Im Fall eines auszuweisenden Irakers erhob das Gericht Zweifel am ruandischen Asylverfahren und urteilte, dass zuerst das Ergebnis der Berufung, die der Mann in Großbritannien eingelegt hatte, abgewartet werden sollte. Daraufhin legten auch die sechs anderen Auszuweisenden Berufung ein, und der Flug wurde abgesagt.

Wie die rechtliche Behandlung in den einzelnen Fällen sowie die Gesamtbewertung des Plans durch den britischen Obersten Gerichtshof ausgeht, bleibt abzuwarten. Die konservative Regierung hat angekündigt, an dem Plan festhalten zu wollen.[269] Weder das britische Gericht noch der Europäische Gerichtshof für Menschenrechte haben grundsätzliche Bedenken gegen eine Verlagerung von Asylverfahren in Drittstaaten geäußert. Die richterlichen Beschwerden betreffen die Frage, ob dieser Drittstaat ein faires Asylverfahren und eine menschenwürdige Behandlung garantieren kann und ob das Prinzip des Non-Refoulement, der Nicht-Zurückweisung in einen Verfolgerstaat, respektiert wird. Das ist auch folgerichtig, da nirgends festgelegt ist, dass Asylbewerber das Recht haben, sich auszusuchen, in welchem Land sie Schutz erhalten wollen. Das Non-Refoulement-Prinzip besagt nicht, dass Asylbewerber nicht in ein anderes Land gebracht werden dürfen, wenn dieses Land damit einverstanden ist, ein faires Asylverfahren garantiert und das Non-Refoulement-Prinzip respektiert.[270] Nicht entscheidend ist dabei nach geltendem Recht, ob ein Asylbewerber eine persönliche Verbindung zum betreffenden Drittstaat hat, zum

Beispiel weil er von dessen Territorium aus in die EU eingereist ist.[271] Dass keiner der anvisierten Asylbewerber eine vorherige Verbindung zu Ruanda hat, ist demnach unerheblich. Die rechtswissenschaftliche Fachliteratur lässt keinen Zweifel daran, dass eine Verlagerung von Flüchtlingsschutz in Drittstaaten prinzipiell zulässig ist. Das internationale Asylrecht besteht auf der Einhaltung des Non-Refoulement-Verbotes und einer menschwürdigen Behandlung von Asylsuchenden, beinhaltet aber kein Individualrecht auf Zugang zum Staatsgebiet oder zu einem Asylverfahren.[272]

Dass Ruanda keine Demokratie ist und die politischen Rechte seiner Bürger einschränkt, macht das Land nicht zwangsläufig ungeeignet für nicht-ruandische Flüchtlinge. Weltweit finden Millionen Flüchtlinge Schutz in Ländern, die keine makellosen Demokratien sind. Die EU hat selbst mit der autoritär regierten Türkei einen Deal über die Rücknahme von Flüchtlingen geschlossen. Im Gespräch, das ich mit ihm führte, drückte Migrationsforscher Gerald Knaus, einer der Architekten der EU-Türkei-Erklärung von 2016,[273] es so aus: «Natürlich bricht die Türkei Menschenrechte. Und Ruanda, Sudan, Uganda und so weiter. Aber wenn wir über Flüchtlingsschutz reden, dann geht es darum: Nehmen diese Länder Flüchtlinge auf und behandeln sie sie menschenwürdig oder nicht?»[274] Selbstverständlich kann das nicht für Flüchtlinge gelten, die aus dem betreffenden Drittstaat selbst stammen. Das Asylrecht von türkischen Staatsangehörigen, die vor dem türkischen Regime fliehen, bleibt von der EU-Türkei-Erklärung unberührt, und genauso gibt es in den dänischen und britischen Plänen mit Ruanda eine explizite Ausnahme für Flüchtlinge aus Ruanda selbst.

Auch wenn das abschließende Urteil der Gerichte lauten sollte, dass Ruanda für einen solchen Plan nicht der geeignete Partner ist, bietet sich die Externalisierung von Asylverfahren an, um die irreguläre Migration in den Griff zu bekommen. Wenn Asylbewerber wissen, dass ihr Asylverfahren nicht in Großbritannien, Dänemark oder Deutschland, sondern in einem Land außerhalb Westeuropas behandelt wird, zeigt die australische Erfahrung, dass der Anreiz, den Weg nach Westeuropa zu gehen, stark abnimmt. Asylbewerber, die keine guten Chancen haben, anerkannt zu werden, wissen dann, dass sie es niemals nach Westeuropa schaffen werden. Für diejenigen, die bessere Chancen auf Anerkennung haben, geht der Anreiz sicher ebenfalls zurück, wenn sie selbst nach Anerkennung als Asylbedürftige nicht nach Europa kommen können, denn meist befinden sie sich bereits in einem sicheren Land. Wenn die Alternative dazu Ruanda, Albanien, Moldau oder Tunesien statt Deutschland oder Großbritannien wäre, würden nur wenige sich aus der Türkei oder aus Iran auf den Weg machen. Auch wenn man die Option einer Umsiedlung von anerkannten Asylbewerbern nach Westeuropa offenhalten würde (wie in der ersten Phase der australischen Auslagerungspolitik), würden sich die Anreize für diese Gruppe deutlich verringern, da die Dauer und der Ausgang des Asylverfahrens unsicher sind und Länder außerhalb Westeuropas während dieser Wartephase und im Falle einer Ablehnung nicht so attraktiv sind wie Großbritannien oder Deutschland.

Wenn eine Politik der Externalisierung von Asylverfahren in Drittstaaten allerdings nur darin besteht, Flüchtlinge von den eigenen Grenzen fernzuhalten, wie es bei den derzeitigen britischen Plänen wohl der Fall ist, muss sie trotzdem entschieden abgelehnt werden. Reiche Länder wie Großbritannien haben eine Pflicht, einen substanziellen Beitrag zur Linderung des wachsenden Flüchtlingsproblems in der Welt zu leisten. Mehr Unterstützung für den UNHCR, viel größere humanitäre Kontingentaufnahmen und die Schaffung humanitärer Visa sind geeignet, möglichst vielen von denen zu helfen, die Hilfe und Schutz brauchen. Nur in der Kombination mit solchen Erweiterungen der Flüchtlingshilfe und der legalen humanitären Migration ist die Auslagerung von Asylverfahren in Drittstaaten moralisch gerechtfertigt. Nur so kann sie auch politisch konsensfähig sein. In der Vergangenheit sind verschiedene Vorstöße in diese Richtung – zuletzt 2018 die vom Europäischen Rat angestoßene Diskussion über sogenannte «Ausschiffungszentren» – ins Leere gelaufen, weil eine Externalisierung von

Asylverfahren als isolierte Maßnahme vorgeschlagen wurde, statt als Teil eines Pakets, das zugleich Erweiterungen der legalen Flucht- und Arbeitsmigration vorsieht. Ohne Letztere scheiterten die Vorschläge am Widerstand sowohl des progressiven politischen Lagers als auch der Drittstaaten, die für die Durchführung der Verfahren vorgesehen waren. Beide konnten kaum Vorteile einer solchen Politik erkennen, was angesichts ihrer Interessenlage verständlich ist.[275] Wie eine moralisch gerechte und politisch konsensfähige Reform der Asylpolitik praktisch aussehen könnte, will ich im letzten Abschnitt dieses Buchs darlegen.

Wie ein reformiertes Asylregime aussehen könnte

Mancher Leser wird sich über die Überschrift dieses Kapitels gewundert haben. Eine «realistische Utopie» ist ja ein Widerspruch in sich. Realistisch ist eine neue Flüchtlingspolitik entlang den Linien, wie ich sie in diesem Kapitel skizziert habe, weil sie tatsächlich praktisch umsetzbar und, wenn man mit den richtigen Partnern in Drittstaaten vernünftige Absprachen treffen würde, auch mit den europäischen Menschenrechtsverträgen und dem internationalen Flüchtlingsrecht vereinbar wäre. Utopisch ist die vorgeschlagene Lösung, weil sie einen Kompromiss zwischen dem progressiven und dem konservativen Lager voraussetzt. Das ist, viel mehr als die praktischen und juristischen Hürden, die größte Herausforderung für eine wirksame Reform der Flüchtlingspolitik. Es ist deshalb so herausfordernd, weil das Thema Flüchtlinge, wie die Migrationspolitik insgesamt, für beide Seiten ein machtvolles Mittel der Wählermobilisierung darstellt. Progressive Parteien werfen dem politischen Gegner mit Blick auf die Flüchtlingspolitik Unmenschlichkeit und einen engstirnigen Nationalismus vor. Konservativen Parteien nutzen sie, um dem politischen Gegner die negativen Begleiterscheinungen der Flüchtlingszuwanderung anzulasten und ihm vorzuwerfen, die Interessen der eigenen Bevölkerung aus den Augen zu verlieren. Beide Seiten schieben sich zudem gegenseitig die Verantwortung für die Toten an den Außengrenzen und für den Aufstieg des Rechtspopulismus zu. So ist eine Blockadespirale in Gang gekommen, die bisher jede wirksame Reform der Flüchtlingspolitik verhindert und nur den Populisten genutzt hat. Die Utopie besteht in der Vision, dass die wichtigsten politischen Lager auf kurzfristige Vorteile bei Wahlen verzichten und das tun, wozu Politik eigentlich da ist: eine tragfähige Lösung für die großen Fragen unserer Zeit zu finden, von denen die Flüchtlingsproblematik sicherlich eine der wichtigsten ist.

Die vorgeschlagene Lösung würde mit der Festsetzung eines jährlichen Kontingents für humanitäre Zuwanderung beginnen. Sie würde die Kontingentaufnahmen über das Resettlement-Programm des UNHCR, eigene humanitäre Aufnahmeprogramme der EU oder einzelner Mitgliedstaaten sowie die Vergabe von humanitären Visa zur Stellung eines Asylantrags in einem EU-Mitgliedstaat umfassen. Wie groß dieses Kontingent sein sollte und ob es für die ganze EU oder durch einzelne Länder festgesetzt werden soll, sind politisch zu entscheidende Fragen. Wenn Aufnahmekontingente auf EU-Ebene festgelegt werden sollen, scheint die einzig realistische Option zu sein, dies auf der Basis von freiwilligen Zusagen der Mitgliedstaaten zu tun. Alles andere, so lehrt die Erfahrung, wäre weder konsensfähig noch praktisch durchsetzbar, denn vor allem die osteuropäischen Länder würden keinen oder nur geringen Aufnahmequoten zustimmen. Sie sind ohnehin die Länder, in die Flüchtlinge gar nicht gehen wollen und in denen sie wegen des freien Personenverkehrs in der EU auch nicht bleiben würden. Eine «Koalition der Willigen» ist deshalb auf EU-Ebene die beste Strategie.

Damit der politische Kompromiss, der für eine Reform notwendig ist, zustande kommt, ist es von zentraler Bedeutung, dass die festzusetzenden Kontingente einen Umfang haben, der deutlich macht, dass das Ziel einer neuen Flüchtlingspolitik nicht die Reduzierung der Flüchtlingsaufnahme insgesamt ist. Vielmehr soll die

Steuerung weg von irregulären hin zu regulären Migrationswegen eine mindestens ebenso hohe Aufnahme von tatsächlich Schutzbedürftigen wie in der Vergangenheit ermöglichen. Nimmt man die durchschnittliche jährliche Zahl der seit 2013 in der EU und in Deutschland anerkannten Asylbewerber zuzüglich der bescheidenen Kontingentaufnahmen während dieses Zeitraums als Richtschnur, ergibt sich, wie ich oben vorgerechnet habe, eine Zahl von 325 000 aufzunehmenden Personen für die EU als Ganze oder 160 000 für Deutschland. Sicherlich muss man bei der Festlegung dieser Quoten auch die aktuellen Aufnahmekapazitäten der empfangenden Gesellschaften mitbedenken. Die Jahre von 2013 bis 2020 waren vor allem in Deutschland die Zeit einer Hochkonjunktur und geringer Arbeitslosigkeit. Unter den ökonomischen Bedingungen seit Anfang des Ukrainekriegs, so könnte man argumentieren, müsste man die Aufnahmequoten niedriger ansetzen. Andererseits muss man bedenken, dass die hier genannten Richtquoten auf der Zahl der tatsächlich anerkannten Flüchtlinge beruhen und nicht auf der fast doppelt so hohen Zahl der aufgenommenen Asylsuchenden. Deshalb wären die ökonomische Belastung und die Beanspruchung der Aufnahmekapazitäten der Arbeits-, Bildungs- und Wohnungsmärkte auch bei den angegebenen Zahlen schon deutlich geringer als unter dem jetzigen Asylregime.

Für einen politischen Kompromiss ist es sodann genauso notwendig, dass diese großzügigen humanitären Aufnahmen nicht zu anderen Formen der Flüchtlingszuwanderung hinzukommen, sondern diese möglichst weitgehend ersetzen. Sonst hätte man keines der Probleme des alten Systems gelöst, sondern sie nur dadurch verschärft, dass jährlich 325 000 bzw. 160 000 zusätzliche Menschen integriert werden müssten. Deshalb empfiehlt es sich, alle anderen Formen der Flüchtlingszuwanderung, die verbleiben, auf die festzusetzende Quote anzurechnen. Da man die für ein kommendes Jahr nicht vorhersagen kann, könnte man die Vorjahreszahl oder einen Durchschnitt aus den letzten drei Jahren als Eckpunkt nehmen. Als Erstes gilt es da, die Zahl der Asylsuchenden, Flüchtlinge und Vertriebenen aus den EU-Anrainerstaaten zu berücksichtigen. Für diese soll aus dem oben genannten Grund, dass für sie die EU-Staaten die Erstaufnahmeländer sind und sie keine anderen Fluchtmöglichkeiten haben, weiterhin keine Obergrenze gelten. Bis vor Kurzem hatten die Zahlen der Flüchtlinge aus EU-Anrainerstaaten einen überschaubaren Umfang, weil viele dieser Länder zu sicheren Herkunftsstaaten erklärt wurden, was die Asylverfahren verkürzt. Außerdem gibt es mit vielen dieser Länder, etwa den Westbalkanländern, die ihre Perspektiven auf einen EU-Beitritt offenhalten möchten, funktionierende Rücknahmevereinbarungen für abgelehnte Asylbewerber. Im Jahr 2019, dem letzten Jahr vor der Corona-Pandemie, betrug die Zahl der Asylbewerber aus den Westbalkanstaaten, der Türkei, Moldau, der Ukraine, Belarus und Russland insgesamt 78 000 für die ganze EU und 21 000 für Deutschland. Die größte Gruppe (23 000 für die EU; 11 000 für Deutschland) stammte aus der Türkei. Diese Zahl müsste auf die festzusetzenden humanitären Kontingente angerechnet werden. Die Zahl der tatsächlich abgeschobenen oder freiwillig abgereisten abgelehnten Asylbewerber aus diesen Ländern kann man davon aber zuerst abziehen, damit nur die Netto-Flüchtlingszuwanderung aus den EU-Anrainerstaaten auf die humanitären Kontingente angerechnet wird.

Seit der russischen Invasion in die Ukraine sind wir aber in einer Situation, in der die Zahl der Flüchtlinge aus der Ukraine alleine schon bei Weitem die Größe der vorgeschlagenen humanitären Kontingente überschreitet. In solchen Jahren müsste man die humanitären Kontingente also ganz aussetzen, was auch völlig vertretbar wäre, da Europa dann als Erstaufnahmeregion für Millionen von Menschen seine internationalen humanitären Verpflichtungen erfüllt und die Aufnahmekapazitäten mit den ukrainischen Flüchtlingen völlig ausgelastet sind. Zum Glück sind solche kriegsbedingten Massenvertreibungen in Europa selten; zuletzt gab es Ähnliches Mitte der 1990er-Jahre während der Kriege im ehemaligen Jugoslawien.

Auch in der Zeit nach dem Ukrainekrieg wird aber, neben den Flüchtlingen aus europäischen Nachbarstaaten, eine zweite Größe auf die humanitären Kontingente angerechnet werden müssen, nämlich die Zahl der irregulären Migranten aus anderen Ländern der Welt, die trotzdem nach Europa kommen und dort Asyl beantragen. Wenn sich sonst nichts ändert, würden allein diese Migranten die humanitären Kontingente ausschöpfen. So stellten 2019 insgesamt 631 000 Menschen einen Asylantrag in einem EU-Mitgliedstaat, davon 142 000 in Deutschland. Für die EU wäre das schon deutlich mehr als das vorgeschlagene humanitäre Kontingent, für Deutschland nur geringfügig weniger. Man müsste von diesen Zahlen noch die freiwillig abgereisten sowie die erfolgreich abgeschobenen Asylbewerber abziehen, aber auch dann würde man für die EU als Ganzes noch auf eine Zahl kommen, die deutlich über 325 000 liegt. Auch für Deutschland würde sich das Bild nicht sehr verbessern. Ohne eine wirkungsvolle Einschränkung der irregulären Asylmigration kann man sich deshalb alle Gedanken über großzügige humanitäre Aufnahmekontingente und humanitäre Visa sparen. Ohne eine solche Einschränkung wird man auch die anderen Ziele einer Reform der Asylpolitik nicht erreichen: die Lösung der Integrations- und Sicherheitsprobleme, die vor allem von chancenlosen und nicht schutzbedürftigen Asylbewerbern verursacht werden, das Beenden des Sterbens an den Außengrenzen, die Praxis der Pushbacks, die Auslagerung des Schutzes der Außengrenzen an Autokraten sowie die daraus folgende Erpressbarkeit durch Letztere und so weiter.

Ein erstes Mittel, das in diese Richtung führen kann, sind mehr und wirkungsvollere Rücknahmeabkommen mit Herkunftsländern von Asylbewerbern, insbesondere solchen mit geringen Anerkennungsquoten wie die westafrikanischen Länder. Oft diskutierte Druckmittel wie Kürzungen der Entwicklungshilfe haben den Nachteil, dass sie nicht die unkooperativen Regierungen, sondern die gewöhnliche Bevölkerung treffen. Finanzielle Anreize könnten außerdem leicht kontraproduktiv wirken, da sie die Regierungen der Herkunftsländer in die Versuchung bringen, ihre Bürger nicht davon abzuhalten, nach Europa auszureisen, da sie mit der Wiederaufnahme eines Teils dieser Emigranten ein gutes Geschäft machen können. Außerdem sind viele dieser Länder in einem hohen Maße von den Geldsendungen der Migranten in Europa abhängig. Das gilt für die Regierungen wie für viele Familien in diesen Ländern, die aus dem Grund beide überhaupt kein Interesse daran haben, die Migration nach Europa zu reduzieren. Deshalb der oben gemachte Vorschlag, die Verpflichtung zur Wiederaufnahme von abgelehnten Asylbewerbern und anderen illegalen Migranten mit der Eröffnung von legalen Kontingenten für Wirtschaftsmigration zu verbinden. Bei der Feststellung, wie hoch solche Kontingente für Arbeitsmarktmigration sein sollten, kann man sich wiederum an der Vergangenheit orientieren. Das Ziel dabei dürfte, wie gesagt, nicht sein, die Migration zu reduzieren, sondern von irregulärer zu regulärer Migration umzusteuern. Wie hoch die Kontingente sein und wie sie zusammengesetzt werden sollten, müsste für jedes Länderpaar gesondert erörtert werden. Oben habe ich, auf der Basis der bilateralen Asylzuwanderungszahlen aus der jüngsten Vergangenheit, eine jährliche Zahl von mehreren Tausend Visa für Arbeitsmigration von Nigerianern nach Deutschland vorgeschlagen. Sie müssten für spezifische Berufe und Ausbildungskategorien festgelegt werden, und zwar so, dass sowohl die Nachfrage auf dem deutschen Arbeitsmarkt als auch die verfügbaren Qualifikationen in Nigeria berücksichtigt werden und vermieden wird, dass Nigeria in Sektoren, wo es selbst mit einer Knappheit an geschulten Arbeitskräften zu kämpfen hat, einen *brain drain* erleiden würde. Wie die humanitären Kontingente sollten die Wirtschaftsmigrationsquoten gewissermaßen selbstregulierend gestaltet werden: Je besser die Rückführung von irregulären Migranten funktioniert, desto mehr können die Quoten ausgeschöpft werden; hakt es bei dem einen oder dem anderen, hat die andere Seite ein Mittel in der Hand, um gegenzusteuern.

Da unter dem herrschenden Asylregime sogar von den Asylbewerbern aus Ländern ohne Krieg und weitverbreitete Verfolgung nur ein kleiner Teil tatsächlich als ausreisepflichtig gilt und abgeschoben werden könnte, werden Rücknahmeabkommen allein die irreguläre Asylmigration niemals substanziell zurückdrängen können. Nur eine Variante der australischen Lösung wird zu einer grundlegenden Reduzierung der irregulären Migration führen. Das Ziel müsste sein, potenziellen irregulären Einwanderern nach Europa klarzumachen, dass sie Schutz nach internationalem Recht erhalten können, wenn sie die Voraussetzungen dafür erfüllen, aber eben nicht in den ersehnten Zielländern Nordwesteuropas, sondern in einem Drittstaat. Nur so können die Aufnahmekapazitäten frei gemacht werden, mit denen dann eine faire Aufnahme von Schutzbedürftigen über humanitäre Programme möglich wird. Selbstverständlich müssen die infrage kommenden Drittstaaten die Einhaltung der internationalen Rechtsstandards glaubhaft zusichern können. Die Vorstellung, dass solches nur in der EU möglich sei, ist Ausdruck eines Superioritätsdenkens, das angesichts der Realität der heutigen europäischen Asylpraxis völlig unangebracht ist.

Auf welche Kategorien von Asylbewerbern man die Auslagerung von Asylverfahren in Drittstaaten anwendet, ist eine Frage, die man im Detail klären müsste. Bewerber aus EU-Anrainerstaaten wären nach den obigen Überlegungen auf jeden Fall davon ausgeschlossen. Auch die Ausnahmen, die in der dänischen Gesetzesvorlage vorgesehen sind, erscheinen sinnvoll. Für Menschen mit engeren Familienmitgliedern, die sich bereits in der EU befinden, würde Schutz in einem Drittland Trennung von der Familie bedeuten. Voraussetzung sollte allerdings sein, dass sich die betreffenden Familienmitglieder als Arbeitsmigranten oder anerkannte Flüchtlinge legal in der EU aufhalten. Die beiden anderen dänischen Ausnahmen bedürfen keiner Diskussion: Menschen, die dringend medizinische Behandlung brauchen, die nur in der EU gewährleistet ist, sowie Asylbewerber, die selbst aus dem Drittstaat stammen, in den Asylverfahren ausgelagert werden sollen.

Auf drei andere Kategorien von Asylbewerbern sollte die Auslagerung von Asylverfahren in Drittstaaten aber angewandt werden. Die erste besteht aus Menschen, die aus oder über ein Erstaufnahmeland eingereist sind, in dem es für ihre Herkunftsgruppe bereits humanitäre Aufnahmekontingente gibt, zum Beispiel Syrer, die über die Türkei einreisen. Wenn die EU oder einzelne Mitgliedstaaten humanitäre Kontingente in größerem Umfang für syrische Flüchtlinge, die sich in der Türkei aufhalten, festgesetzt haben, sollten sich die syrischen Flüchtlinge, die nicht zum Zuge kommen oder nicht auf einen Platz warten möchten, nicht trotzdem auf den Weg nach Europa machen und dort Asyl beanspruchen. Sie sollten zwar den Schutz des internationalen Asylrechts in Anspruch nehmen können, aber eben nicht in der EU, sondern in einem Drittstaat. Die zweite Gruppe von Asylbewerbern, die für eine Auslagerung von Asylverfahren infrage kommt, sind Menschen aus Ländern mit einer geringen Anerkennungsquote, zum Beispiel aus Westafrika. Für solche Länder könnten Quoten für Arbeitsmigration vereinbart werden. Auch für diese wird der Anreiz, sich auf den Weg nach Europa zu begeben, drastisch abnehmen, wenn die Wahl nicht etwa die zwischen Deutschland und Nigeria, sondern zwischen Tunesien und Nigeria wäre.

Die dritte Gruppe sind diejenigen, die ohne gültige Identitätsdokumente nach Europa einreisen. Gerade hier konzentrieren sich Sicherheitsprobleme und Kriminalität; gerade Menschen aus dieser Gruppe lassen sich nach einer Ablehnung des Asylantrags und selbst nach schweren Straftaten nur schwer abschieben. Auch sie werden es sich zwei Mal überlegen, bevor sie sich auf den Weg nach Europa machen, wenn sie wissen, dass die Reise nicht in Stockholm oder Berlin, sondern in Tirana oder Chisinau enden wird. Natürlich gibt es eine (eher kleine) Gruppe, die ohne Absicht keine Identitätsdokumente vorweisen und ihre Schutzbedürftigkeit gut begründen kann. Diese Menschen werden aber nicht vom Recht auf Schutz ausgeschlossen, sie müssen ihre Gründe nur in einem Drittstaat außerhalb der EU geltend machen. Dort muss ihnen auch die Möglichkeit geboten werden, ihre Herkunft, ihr

Alter und ihre Identität nachzuweisen. Dazu ist nicht unbedingt ein Reisepass erforderlich: Führerscheine, Geburtsurkunden, Arztatteste, ja sogar im Internet oder auf Mobiltelefonen gespeicherte Social-media-Profile können dabei helfen, zumindest für das Asylverfahren zentrale Merkmale wie das Herkunftsland und das Alter zweifelsfrei nachzuweisen. In Europa sind die Anreize, an einer solchen Identitätsfeststellung mitzuarbeiten, nicht sehr groß, da die Identitätsfeststellung für die Chancen auf eine Anerkennung unerheblich ist oder Identitätsverschleierung diese sogar vergrößert.

Hätte es damals bereits Absprachen mit Drittstaaten über eine Auslagerung von Asylverfahren gegeben, hätte die Europäische Union, so Gerald Knaus, eine geeignete Antwort auf die Erpressungspolitik des belarussischen Diktators Lukaschenko zur Verfügung gehabt:

> Man hätte ein Angebot an Moldau machen können. Damals war es noch in Frieden möglich zu sagen: Wer jetzt kommt, der bleibt nicht in die EU, der wird aber auch nicht nach Belarus zurückgestoßen. Die Personen bringen wir nach Moldau, um den Anreiz zu stoppen. Natürlich kommt es dann auf die Details an, ob das menschenwürdig und im Einklang mit geltendem Recht ist.[276]

Etwas Ähnliches, so Knaus, solle man jetzt versuchen, um die Situation im zentralen Mittelmeer in den Griff zu bekommen:

> Wir müssen ein Angebot machen an Tunesien. Dass das kompliziert ist, ist keine Entschuldigung, es nicht zu machen. Denn kompliziert ist auch die Umsetzung der Flüchtlingskonvention ... Die Alternative ist, wir geben uns keine Mühe und haben einen katastrophalen Zustand wie jetzt im zentralen Mittelmeer, wo Leute in großer Zahl sterben und wir mit Libyen zusammenarbeiten, was moralisch nicht zu rechtfertigen ist.[277]

Wenn man Asylverfahren in Drittstaaten auslagert, stellt sich die Frage, wie mit denjenigen Bewerbern zu verfahren ist, die dort als Flüchtling anerkannt werden. Im Falle von Bürgerkriegsflüchtlingen, die nur subsidiär schutzbedürftig sind, erscheint es nicht angebracht, sie nach Anerkennung nach Europa einreisen zu lassen. Nichts unterscheidet sie ja zum Beispiel von Syrern, die in der Türkei geblieben sind und die vielleicht auf einen Platz in einem europäischen Aufnahmekontingent warten. Für solche Kontingente könnten sich auch die in einem Drittstaat anerkannten Asylbewerber anmelden, aber sie sollten dazu keinen privilegierten Zugang bekommen. Etwas anders gelagert wäre es, wenn die Person als politisch Verfolgter im Sinne der Genfer Flüchtlingskonvention anerkannt wird, zum Beispiel als Mitglied einer besonders verfolgten Gruppe oder wegen oppositioneller politischer Aktivitäten. In solchen Fällen könnte man nach Anerkennung die Umsiedlung nach Europa vorsehen, wie es auch anfänglich bei der australischen Auslagerungspolitik der Fall war.[278]

Allerdings hat die Reaktion von anvisierten Drittstaaten wie Tunesien und Albanien auf frühere Vorschläge zur Externalisierung der europäischen Flüchtlingspolitik gezeigt, dass diese Länder eine innenpolitische Destabilisierung befürchten, wenn sie eine hohe Zahl an Flüchtlingen aufnehmen müssten.[279] Diese Zahl könnte gerade dann größer ausfallen, wenn man Flüchtlingen nach Anerkennung die Möglichkeit böte, nach Europa überzusiedeln. Diese Perspektive würde es ja attraktiver machen, den Versuch der irregulären Einwanderung zu wagen. Außerdem könnte eine Umsiedlung anerkannter Asylbewerber aus der Sicht der lokalen Bevölkerung ungerecht erscheinen und damit die Regierung des Drittstaates in Legitimationsschwierigkeiten bringen. In Ländern wie Tunesien möchten viele Menschen nach Europa ziehen. Ihnen würde es schwerfallen, zu akzeptieren, dass sie selbst kein Recht haben, nach Europa zu emigrieren, während etwa Nigerianer, die als Asylberechtigte anerkannt werden, dieses Recht bekämen, obwohl sie in Tunesien keinerlei Verfolgung ausgesetzt sind. Eine Umsiedlung von anerkannten Asylbewerbern nach Europa sollte deshalb in eher beschränktem Umfang und in einem sorgfältig austarierten Verhältnis zu legalen Migrationskontingenten oder Visaliberalisierungen für die lokale Bevölkerung in Erwägung gezogen werden.

Bleibt noch die wichtige Frage, warum Drittstaaten an einer Auslagerung von Asylverfahren interessiert sein sollten. Beispiele dafür gibt es allerdings schon: Australien hat entsprechende Absprachen mit Papua-Neuguinea und Nauru getroffen, und am Unwillen Ruandas werden die britischen und dänischen Pläne nicht scheitern. In allen drei Fällen betrifft es arme Länder, die mit rein finanzieller Kompensation überredet werden konnten. Eine finanzielle Komponente sollten solche Kooperationsvereinbarungen natürlich auf jeden Fall haben. Asylverfahren und die Unterbringung und Versorgung von Asylbewerbern kosten Geld, das die EU nun einspart. Eine rein finanzielle Beziehung wäre allerdings Ausdruck eines Machtgefälles: Ein reiches Land bezahlt ein ärmeres dafür, dass es eine Aufgabe erledigt, die man selbst vermeiden möchte. Eine viel ausgeglichenere und für beide Seiten ertragreichere Lösung wäre auch hier die Formel, irreguläre durch reguläre Migration zu ersetzen. Zusätzlich zu finanzieller und logistischer Unterstützung (etwa bei der Schulung der für die Asylverfahren zuständigen Beamten und Richter) kann man den betreffenden Drittstaaten Kontingente für Arbeitsmigration in Aussicht stellen. Für Länder wie Moldau, Tunesien oder Senegal wäre das sicherlich eine attraktive Perspektive. Falls der Drittstaat die sonstigen Bedingungen dafür erfüllt, kann zudem auch das visumfreie Reisen für seine Staatsangehörigen in die EU ein wirksamer Anreiz sein.

Wenn die Vereinbarung einmal implementiert wäre und sich die Erwartungen potenzieller irregulärer Migranten an die neue Situation angepasst hätten, würde sich schon bald herausstellen, dass sich die Lasten für die Drittstaaten in sehr engen Grenzen halten. Nach der Einführung der «Pacific Solution» durch Australien 2001 füllten sich die Asyllager in Papua-Neuguinea und Nauru zwar anfänglich, aber schon nach wenigen Jahren waren sie fast leer. In den zehn Jahren zwischen August 2012 und Mai 2022 wurden 4183 Asylsuchende nach Nauru oder Papua-Neuguinea gebracht. Von ihnen wohnten im Mai 2022 nur noch 112 auf Nauru und 105 in Papua-Neuguinea. Die anderen waren in ihre Herkunfts- oder Erstaufnahmeländer zurückgekehrt oder in andere Länder weitergezogen. Neuzugänge gibt es schon seit längerer Zeit nicht mehr.

Es ist also keineswegs damit zu rechnen, dass eine Auslagerung von Asylverfahren in Drittstaaten bedeutet, dass nun diese Länder Hunderttausende Asylgesuche prüfen und entsprechend viele Asylbewerber integrieren müssten. Vielmehr bewirkt die Auslagerung von Asylverfahren genau das, was sie bezweckt: eine Reduzierung der irregulären Migration, sowohl für die EU als auch für den beteiligten Drittstaat. Solange man die frei werdenden Kapazitäten für humanitäre Kontingente und Visa sowie für legale Möglichkeiten der Arbeitsmigration einsetzt, ist dieses Verfahren moralisch nicht fragwürdig. Im Gegenteil: Eine solche Politik würde es uns erlauben, mehr Menschen zu helfen und gezielter diejenigen zu unterstützen, die es am meisten brauchen – und das, ohne dass Menschen ihr Leben riskieren müssen. Zugleich entspräche dieses Verfahren viel mehr den Interessen von Herkunftsländern, Erstaufnahmeländern sowie der EU-Länder, als es die herrschende Flüchtlingspolitik tut.

Kompromisse in einem Politikfeld wie der Flüchtlingspolitik sind immer in Gefahr, durch die Interessenpolitik der involvierten Parteien unterlaufen zu werden. Deshalb sind die eingebauten Korrekturmechanismen von entscheidender Bedeutung für die Nachhaltigkeit der vorgeschlagenen Lösung. Für progressive Kräfte sind großzügige humanitäre Kontingente und die Einführung humanitärer Visa ein wichtiges und attraktives Ziel. Zugleich könnten sie in die Versuchung kommen, der Reduzierung der irregulären Migration Steine in den Weg zu legen. Wenn die vereinbarte Lösung aber beinhaltet, dass jede Ausweitung der irregulären Migration die verfügbaren Kontingente für reguläre humanitäre Migration schmälert, wird das Kalkül der Progressiven anders aussehen. Umgekehrt ist die Eindämmung der irregulären Migration ein wichtiges Ziel der Konservativen. Sie müssten aber akzeptieren, dass sich dieses Ziel nur in Kombination mit der Eröffnung von legalen Wegen der humanitären und der Arbeitsmigration realisieren lässt und dass das konsensfähige Gesamtziel nicht weniger Migration, sondern eine legale, gesteuerte und anders zusammengesetzte Migration lautet. Wenn an die Stelle irregulärer Migration eine legale Einwanderung träte, könnte dies nicht zuletzt dazu beitragen, Abmachungen zwischen der EU und ihren Mitgliedstaaten einerseits und Erstaufnahmeländern und Herkunftsstaaten andererseits zu stabilisieren. Was die eine Seite möchte – legale Migrationskanäle –, gibt es nur unter der Bedingung, dass das, was die andere Seite vermeiden möchte – irreguläre Migration –, reduziert wird – und umgekehrt.

Bei der moralischen und rechtlichen Bewertung dieser Vorschläge sollte man die realistischen und existierenden Alternativen immer mitbedenken. Die Alternative ist nicht eine Friede-Freude-Eierkuchen-Flüchtlingspolitik, bei der auf magische Weise allen Schutzbedürftigen geholfen werden kann, alle Wanderungswilligen ihre Wünsche erfüllen können, niemand mehr stirbt, alle einen Arbeitsplatz und eine Wohnung finden, der Wohlfahrtsstaat erhalten bleibt und Terroristen und Kriminelle aus lauter Dankbarkeit zu Engeln werden. Die reale Alternative ist die, die wir haben, und die gibt kein schönes Bild ab: Zehntausende Tote im Mittelmeer und in der Sahara, illegale Pushbacks und Deals mit Autokraten an den Außengrenzen, Tausende Opfer von Tötungs- und Sexualdelikten, hohe Kosten und eine bestenfalls schleppende Integration in den Arbeitsmarkt, ein vergiftetes und polarisiertes politisches Klima sowie, last but not least: viele Schutzbedürftige, denen wir helfen könnten, wenn wir mit der Bewältigung der vielen negativen Begleiterscheinungen der heutigen Flüchtlingspolitik nicht so beschäftigt wären. Wir könnten es viel besser, und wir sind es sowohl den Flüchtlingen als auch den eigenen Bürgern schuldig, endlich über unseren Schatten zu springen.

Dank

Für dieses Buch habe ich längere Gespräche mit fünf Experten geführt, mit denen ich die Möglichkeit und Unmöglichkeit einer Reform des Asylrechts erörtern konnte. Vor allem für das Schlusskapitel 7 waren ihre Einsichten von großer Bedeutung. Mein herzlicher Dank dafür geht an Kai Heilbronner, Maarten den Heijer, Gerald Knaus, Jorrit Rijpma und Daniel Thym. Daniel Thym und Hanspeter Kriesi waren so großzügig, das ganze Manuskript zu kommentieren. Hiroshi Motomura, Max Schaub, Anna Skarpelis und Julia Stier danke ich für ihre hilfreichen Kommentare zu Teilen des Manuskripts. Für ihre Unterstützung danke ich Melinda Biolchini und Elisabeth Schüler, die die Expertengespräche transkribierten, sowie Jasper Janssen, der die in Kapitel 2 verwendeten Frontex-Daten zu Grenzübertritten auf der Balkanroute sammelte. Beim Bundeskriminalamt möchte ich mich ausdrücklich nicht bedanken, da meine wiederholten Fragen zur Kriminalstatistik im Kontext von Zuwanderung nur ausweichend und damit gar nicht beantwortet wurden. Dank gebührt meiner Agentin Rebekka Göpfert sowie Ulrich Nolte, meinem Lektor bei C.H.Beck. Er hat den Text an vielen Stellen verbessert und so manchen Niederlandizismus beseitigt.

Abkürzungen

ANEL	Anexartiti Ellines («Unabhängige Griechen»)
BA	Bundesagentur für Arbeit
BAMF	Bundesamt für Migration und Flüchtlinge
DIW	Deutsches Institut für Wirtschaftsforschung
HDP	Halkların Demokratik Partisi (Demokratische Partei der Völker)
HEAE	Hessische Erstaufnahmeeinrichtung
IAB	Instituts für Arbeitsmarkt- und Berufsforschung
IOM	International Organization for Migration
OECD	Organisation for Economic Co-operation and Development
PKK	Partiya Karkerên Kurdistanê (Arbeiterpartei Kurdistans)
PKS	Polizeiliche Kriminalstatistik
PMK	Politisch motivierte Kriminalität
SOEP	Sozio-oekonomisches Panel (Langzeitstudie des DIW)
Syriza	«Koalition der radikalen Linken», sozialistische griechische Partei
UNHCR	United Nations High Commissioner for Refugees
WEF	World Economic Forum

Anmerkungen

1 https://data.unhcr.org/en/situations/mediterranean.

2 https://missingmigrants.iom.int/region/africa.

3 Siehe Kate Dearden, Marta Sánchez Dionis, Julia Black, Frank Laczko (2019). *Calculating ‹Death Rates› in the Context of Migration Journeys: Focus on the Central Mediterranean*. Genf: IOM, S. 7. Als Download verfügbar auf: https://publications.iom.int/books/gmdac-briefing-series-towards-safer-migration-africa-migration-and-data-northern-and-western.

4 Siehe Julia Black (2020) «‹No one talks about what it's really like› – risks faced by migrants in the Sahara Desert», S. 149–161, in: Phillipe Fargues, Marzia Rango, *Migration in West and North Africa and across the Mediterranean*. Genf: IOM; sowie https://missingmigrants.iom.int/region/africa.

5 https://www.infomigrants.net/en/post/20568/land-migration-in-africa-twice-as-deadly-as-mediterranean-says-unhcr.

6 Die ergreifende Geschichte von Saeed Othman Mohammed wurde von der britischen Zeitung *The Guardian* recherchiert: https://www.theguardian.com/world/2015/oct/07/migrant-truck-deaths-untold-story-mans-desperate-voyage-europe.

7 Siehe Bundesamt für Migration und Flüchtlinge, *Das Bundesamt in Zahlen 2021. Asyl*. Nürnberg: BAMF, S. 39.

8 Eigene Berechnung auf der Basis von: Bundesamt für Migration und Flüchtlinge, *Das Bundesamt in Zahlen 2020. Asyl*. Nürnberg: BAMF, S. 37. Zur Kritik an der Berechnung der Gesamtschutzquote durch das BAMF siehe zum Beispiel https://www.proasyl.de/hintergrund/anerkennungen-ablehnungen-warum-man-die-bereinigte-schutzquote-heranziehen-sollte/. Auch die bereinigte Schutzquote kann man allerdings kritisieren, da

zum Beispiel die Zurückweisung eines Antrags wegen der Zuständigkeit eines anderen EU-Landes durchaus eine Ablehnung der Schutzberechtigung in Deutschland impliziert.

9 Siehe Statistisches Bundesamt (2021), *Bevölkerung und Erwerbstätigkeit. Schutzsuchende: Ergebnisse des Ausländerzentralregisters*. Wiesbaden, S. 148–149.

10 Siehe dazu auch Barbara John, «Migrationspolitik und Flüchtlinge. Warum sichere Grenzen nötig sind», im *Tagesspiegel* von 26.8.2017.

11 Siehe https://www.dw.com/de/warum-kehren-so-viele-nigerianer-ihrer-heimat-den-r%C3%BCcken/a-43448660.

12 Unter den 37 nigerianischen Bundesstaaten kommt Edo, was das Pro-Kopf-Einkommen betrifft, an sechster Stelle, nur knapp hinter dem erstplatzierten Bundesstaat Lagos; siehe https://medium.com/kingmakers/how-we-projected-the-gdp-for-states-in-nigeria-5ccc5e2c85f7.

13 Siehe https://www.alignplatform.org/sites/default/files/2020-12/how_migration_and_trafficking_happens_research_final_report.pdf; sowie Vermeulen 2019, downloadbar unter: https://thecorrespondent.com/136/want-to-make-sense-of-migration-ask-the-people-who-stayed-behind/17985760232-237b9ebe.

14 Siehe Bundesamt für Migration und Flüchtlinge (2020), Länderreport 27 Nigeria. Menschenhandel zum Zwecke der sexuellen Ausbeutung. Nürnberg; downloadbar unter: https://www.bamf.de/SharedDocs/Anlagen/DE/Behoerde/Informationszentrum/Laenderreporte/2020/laenderreport-27-nigeria.pdf?__blob=publicationFile&v=3.

15 Siehe https://www.unhcr.org/refugee-statistics/.

16 Siehe https://www.unhcr.org/refugee-statistics/download/?url=75Z7bh.

17 Siehe https://reporting.unhcr.org/donor-ranking?year=2018.

18 https://www.sueddeutsche.de/politik/migration-bericht-58-prozent-volljaehriger-asylbewerber-ohne-dokumente-dpa.urn-newsml-dpa-com-20090101-181104-99-656428.

19 Siehe dazu u. a. Ruud Koopmans (1996): «Asyl: Die Karriere eines politischen Konfliktes», in: Wolfgang van den Daele and Friedhelm Neidhardt (Hg.), *Kommunikation und Entscheidung. Politische Funktionen öffentlicher Meinungsbildung und diskursiver Verfahren*. Berlin: Sigma, S. 167–192.

20 https://www.spiegel.de/politik/deutschland/afd-alexander-gauland-sieht-fluechtlingskrise-als-geschenk-a-1067356.html.

21 Siehe Kai Arzheimer, Carl C. Berning (2019), «How the Alternative for Germany (AfD) and their voters veered to the radical right, 2013–2017», in: *Electoral Studies* 60, S. 1–10.

22 Christian Stecker, Marc Debus (2019), «Refugees Welcome? Zum Einfluss der Flüchtlingsunterbringung auf den Wahlerfolg der AfD bei der Bundestagswahl 2017 in Bayern», in: *Politische Vierteljahresschrift* 60, S. 299–323.

23 Teils lässt sich diese Steigerung durch den Wegfall des rechtspopulistischen Konkurrenten BZÖ erklären, der 2013 noch 3,5 Prozent erzielt hatte und damit an der Sperrklausel von vier Prozent scheiterte. Dennoch erzielte die FPÖ 2017 2 Prozent mehr als 2013 FPÖ und BZÖ zusammen.

24 Siehe Matthew Goodwin, Caitlin Milazzo (2017): «Taking back control? Investigating the role of immigration in the 2016 vote for Brexit», in: *The British Journal of Politics and International Relations* 19, S. 250–464.

25 Amanda Garrett (2019), «The Refugee Crisis, Brexit, and the Reframing of Immigration in Britain», in: *EuropeNow Journal* 29, S. 6; als Download verfügbar unter https://www.europenowjournal.org/2019/09/09/the-refugee-crisis-brexit-and-the-reframing-of-immigration-in-britain/.

26 Matthew Goodwin, Oliver Heath (2016): «The 2016 referendum, Brexit, and the left behind: An aggregate-level analysis of the result», in: *The Political Quarterly* 87, S. 323–332, sowie Goodwin, Milazzo (wie Anm. 24).

27 Siehe https://www.bbc.com/news/uk-politics-eu-referendum-36479259.

28 Siehe Garrett (wie Anm. 25), S. 4.

29 https://tass.com/world/1359163?utm_source=google.com&utm_medium=organic&utm_campaign=google.com&utm_referrer=google.com.

30 https://www.spiegel.de/politik/deutschland/fluechtlinge-tuerkei-steuerte-laut-bnd-ansturm-auf-griechenlands-grenze-a-00000000-0002-0001-0000-000170213666.

31 https://www.tagesspiegel.de/politik/fluechtlinge-an-tuerkisch-griechischer-grenze-erdogan-vergleicht-vorgehen-der-griechen-mit-nazi-verbrechen/25633080.html.

32 https://www.spiegel.de/international/world/a-chronicle-of-refugee-deaths-along-the-border-between-poland-and-belarus-a-ded7ace-3322-4ac9-9826-9f2774a540ee.

33 https://www.tagesspiegel.de/politik/konflikte-um-migration-und-nord-stream-stoppt-putin-die-ampel/27796648.html.

34 Siehe https://www.zeit.de/politik/ausland/2021-11/fluechtlinge-belarus-wladimir-putin-angela-merkel-alexander-lukaschenko-krise sowie https://www.tagesschau.de/ausland/europa/belarus-migranten-maas-sanktionen-105.html.

35 Siehe dazu auch: https://www.washingtonpost.com/world/2022/06/03/russia-putin-economy-attrition-war/.

36 Zu den Gründen für die fehlende Demokratisierung der Länder der islamischen Welt und ihre Anfälligkeit für Bürgerkriege und terroristische Gewalt siehe Ruud Koopmans (2020), *Das verfallene Haus des Islam. Die religiösen Ursachen von Unfreiheit, Stagnation und Gewalt*. München: C.H.Beck.

37 https://acleddata.com/crisis-profile/libya-crisis/.

38 https://www.bbc.com/news/world-middle-east-58664859.

39 https://undocs.org/A/HRC/46/55.

40 https://www.iraqbodycount.org/database/.

41 Siehe Valeria Cetorelli, Isaac Sasson, Nazar Shabila und Gilbert Burnham (2017), «Mortality and kidnapping estimates for the Yazidi population in the area of Mount Sinjar, Iraq, in August 2014: A retrospective household survey». *PLOS Medicine* 14(5): e1002297.

42 https://acleddata.com/crisis-profile/yemen-crisis/.

43 https://news.un.org/en/story/2020/12/1078972.

44 https://www.savethechildren.org.uk/news/media-centre/press-releases/yemen--85-000-children-may-have-died-from-starvation-since-start.

45 https://www.internal-displacement.org/. Siehe auch UNHCR (2020), *Global Report 2020*. Genf.

46 https://www.unhcr.org/refugee-statistics-uat/.

47 Siehe UNHCR (2020), *The history of resettlement. Celebrating 25 years of the ATCR*. Genf; als Download verfügbar unter https://www.unhcr.org/5d1633657.pdf.

48 Ausgehend von der weltweit geschätzten Zahl von 71 Millionen Flüchtlingen zum Jahresende 2018; siehe https://www.unhcr.org/globaltrends2018/.

49 Siehe Pro Asyl (2009), *Für ein Programm zur Aufnahme von Flüchtlingen in Deutschland: Fakten, Hintergründe, Forderungen zum Resettlement*. Frankfurt am Main; als Download verfügbar unter https://www.proasyl.de/wp-content/uploads/2015/12/2009-02-Save_Me_Fuer_ein_Programm_zur_Aufnahme_von_Fluechtlingen.pdf.

50 Siehe https://www.unhcr.org/resettlement-data.html.

51 Siehe https://resettlement.de/aktuelle-aufnahmen/.

52 Siehe https://reliefweb.int/sites/reliefweb.int/files/resources/so_lesbos_20152009_final.pdf.

53 Siehe Mehmet Balcilar, Jeffrey B. Nugent (2019), «The migration of fear: An analysis of migration choices of Syrian refugees», in: *The Quarterly Review of Economics and Finance* 73, S. 95–110, hier S. 98.

54 Siehe zum Beispiel https://www.theguardian.com/world/2015/nov/29/

hiding-in-plain-sight-inside-the-world-of-turkeys-people-smugglers; https://time.com/4065968/meet-the-smugglers-bringing-migrants-to-greece/.

55 https://www.statewatch.org/media/documents/news/2016/may/eu-europol-interpol-report.pdf.

56 Siehe zum Beispiel https://www.spiegel.de/politik/ausland/tuerkei-syrien-fluechtlinge-erleben-hass-und-feindseligkeit-a-984115.html.

57 https://www.aa.com.tr/en/turkey/turkeys-erdogan-says-syrian-refugees-a-global-problem/148382.

58 Siehe https://www.reuters.com/article/us-syria-crisis-turkey-wall-idUSBREA4409Z20140505.

59 Siehe https://www.telegraph.co.uk/news/worldnews/europe/turkey/11758050/Turkey-to-build-wall-on-Syria-border-after-Isil-Suruc-bombing.html sowie https://www.aa.com.tr/en/middle-east/turkey-installs-764-km-security-wall-on-syria-border/1170257.

60 http://www.astynomia.gr/images/stories//2012/statistics2012/paranomhmetanasteush/ethsia/2012ethsio_ana_mhna.JPG.

61 https://blogs.lse.ac.uk/greeceatlse/2021/07/26/leveraging-the-european-migrant-crisis-how-greeces-refugee-policy-gambit-backfired/.

62 Siehe https://www.repubblica.it/esteri/2015/03/09/news/la_minaccia_di_kammenos_alla_germania_se_ue_ci_abbandona_vi_sommergeremo_di_migranti_mescolati_a_jihadisti_-109102086/?ref=twhr&utm_source=dlvr.it&utm_medium=twitter sowie https://www.independent.co.uk/news/world/europe/greece-threatens-to-unleash-wave-of-migrants-on-the-rest-of-europe-including-isis-jihadists-10097432.html.

63 Gerasimos Tsourapas, Sotirios Zartaloudis (2021), «Leveraging the European Refugee Crisis: Forced Displacement and Bargaining in Greece's Bailout Negotiations», in: *Journal of Comon Market Studies* 60(2), S. 245–263, hier S. 10. Siehe auch Anonias A. Nestoras (2015), *The Gatekeeper's Gambit: SYRIZA, Left Populism, and the European Migration Crisis.* Institute of European Democrats Working Paper.

64 Tsourapas, Zartaloudis (wie Anm. 63), S. 7.

65 Siehe u. a. https://www.bbc.com/news/world-europe-34124021, https://www.dw.com/en/90000-residents-and-200000-refugees/a-18822916 sowie https://www.itv.com/news/update/2015-10-12/ferry-carrying-2-500-refugees-arrives-in-lesbos/.

66 Siehe https://www.bbc.com/news/world-europe-33999797.

67 Siehe Barbara Beznec, Marc Speer, Marta Stojic Mitrovic (2016), *Governing the Balkan Route: Serbia, Macedonia and the European Border Re-*

gime. Research paper 5 of the Rosa Luxemburg Stiftung Southeast Europe. Belgrade, S. 18–21.

68 Ebd., S. 46.

69 Ebd., S. 40–41.

70 Siehe European Council for Refugees and Exiles (2015), *Crossing Boundaries. The new asylum procedure at the border and restrictions to accessing protection in Hungary*, S. 9; als Download verfügbar unter ECRE-AIDA-Crossing-Boundaries-The-New-Asylum-Procedure-at-the-Border-and-Restrictions-to-Accessing-Protecting-in-Hungary_-Oct-2015.pdf.

71 Siehe https://twitter.com/bamf_dialog/status/636138495468285952.

72 Für dieses und weitere Beispiele siehe https://www.bbc.com/news/blogs-trending-34064131.

73 Siehe https://www.bundesregierung.de/breg-de/aktuelles/pressekonferenzen/sommerpressekonferenz-von-bundeskanzlerin-merkel-848300.

74 Robin Alexander (2017), *Die Getriebenen. Merkel und die Flüchtlingspolitik; Report aus dem Innern der Macht*. München: Siedler.

75 Zitiert in: https://deeply.thenewhumanitarian.org/refugees/articles/2017/03/06/the-refugee-archipelago-the-inside-story-of-what-went-wrong-in-greece.

76 Für eine theoretische Ausarbeitung dieser Ideen siehe Ruud Koopmans (2004), «Protest in Time and Space: The Evolution of Waves of Contention», S. 19–46, in: Donatella Della Porta, Hanspeter Kriesi, David A. Snow (Hg.) (2004), *The Blackwell Companion to Social Movements*. Oxford: Blackwell.

77 Siehe dazu ausführlich Alexander (wie Anm. 74), S. 26.

78 Siehe https://www.faz.net/aktuell/politik/fluechtlingskrise/balkanstaaten-lassen-nur-noch-bestimmte-fluechtlinge-durch-13920955.html.

79 Siehe https://rp-online.de/politik/eu/mazedonien-verstaerkt-seinen-grenzzaun-zu-griechenland_aid-21302259.

80 Siehe https://www.tagesschau.de/ausland/erdogan-hdp-101.html sowie https://www.diepresse.com/4789870/tuerkei-justiz-ermittelt-gegen-chef-der-pro-kurdischen-hdp.

81 Siehe Organisation for Security and Co-operation in Europe (2016), *Republic of Turkey. Early Parliamentary Elections 1 November 2015. OSCE/ODIHR Limited Election Observation Mission Final Report*. Warschau, S. 16.

82 Zitiert in: https://www.zeit.de/politik/ausland/2015-10/angela-merkel-tuerkei-istanbul-treffen.

83 Siehe https://www.tagesschau.de/ausland/eu-fortschrittsbericht-tuerkei-101.html.

84 Offiziell heißt das Dokument, das keinen verbindlichen Vertragsstatus hat und lediglich die Absichten der beiden Partner festhält, «EU-Türkei-Erklärung».

85 Die Zahlen in der Grafik wurden ähnlichen Grafiken in den Westbalkan-Berichten von Frontex entnommen; siehe Frontex (2016), *Western Balkans Quarterly*, Quarter 1, S. 10 & Quarter 2, S. 10; Warschau. Frontex konnte oder wollte auf Anfrage die genauen Tageszahlen nicht herausgeben, deshalb wurden sie aus den veröffentlichten Grafiken abgelesen. In den Grafiken sind allerdings ganz geringe Tageszahlen im Bereich von einigen Dutzenden nicht ablesbar.

86 Siehe https://www.ipg-journal.de/regionen/europa/artikel/migration-ist-unausweichlich-gut-so-1059/.

87 Siehe https://www.swissinfo.ch/ger/migration-laesst-sich-nicht-verhindern/7296518.

88 Siehe dazu auch Gerald Knaus (2020), *Welche Grenzen brauchen wir? Zwischen Empathie und Angst; Flucht, Migration und die Zukunft von Asyl.* München: Piper, S. 10.

89 Siehe dazu auch Francesco Fasani, Tommaso Frattini, Reinhard Weisser (2019), *Asylum Policies in Europe and the Refugee Crisis. Final Report.* London: Nuffield Foundation.

90 Siehe https://aerztestellen.aerzteblatt.de/de/redaktion/deutschland-arbeiten-woher-kommen-auslaendische-aerzte.

91 Ende 2010, vor dem Beginn des Arabischen Frühlings und des syrischen Bürgerkrieges, arbeiteten in Deutschland 867 syrische Ärzte. Bis Ende 2014 verdoppelte sich die Zahl fast auf 1656. Zwei Drittel der syrischen Ärzte kamen damit seit Anfang der Flüchtlingskrise in 2015 nach Deutschland. Siehe https://www.bundesaerztekammer.de/ueber-uns/aerztestatistik/aerztestatistik-der-vorjahre/.

92 Siehe https://www.bundesaerztekammer.de/fileadmin/user_upload/downloads/pdf-Ordner/Statistik_2020/Tabelle_10-Auslaendische_AErztinnen_AErzte.pdf.

93 https://www.bundestag.de/resource/blob/387356/6f51aa7c66948f4e19f97903b5855241/18121-data.txt.

94 Rede bei der Eröffnung der Internationalen Automobilausstellung im September 2015: https://www.youtube.com/watch?v=Cbh4ckILHeo.

95 Siehe https://www.hofheim.de/wirtschaft/Unternehmerabend/unternehmerabend-im-porschezentrum.php.

96 Siehe https://rp-online.de/nrw/staedte/remscheid/sigmar-gabriel-in-remscheid-fluechtlinge-als-chance-fuer-wirtschaft_aid-17539421.

97 https://www.welt.de/wirtschaft/article149914423/Fluechtlinge-sind-eine-Riesenchance-fuer-Deutschland.html, siehe auch David Folkerts-Landau, «Flüchtlingszustrom: eine Chance für Deutschland». *Deutsche Bank Research* 3. November 2015.

98 Zitiert in: https://www.welt.de/wirtschaft/article148364620/Nach-sieben-Jahren-bringt-ein-Fluechtling-dem-Staat-Geld.html.

99 Zitiert in: https://www.welt.de/wirtschaft/article153220547/Fluechtlinge-werden-Renten-der-Babyboomer-zahlen.html.

100 Siehe Hans-Werner Sinn u. a., «Kosten und Chancen der Integration», in: *Ifo-Schnelldienst* 4/2016; als Download verfügbar unter https://www.ifo.de/DocDL/sd-2016-04-2016-2-25.pdf.

101 Holger Bonin (2016), *Gewinne der Integration. Berufliche Qualifikation und Integrationstempo entscheiden über die langfristigen fiskalischen Kosten der Aufnahme Geflüchteter*. Berlin: Heinrich-Böll-Stiftung; siehe auch https://www.zeit.de/wirtschaft/2016-04/fluechtlinge-arbeitsmarkt-integration-kosten-studie-zew.

102 Siehe https://www.welt.de/wirtschaft/article149234485/Fluechtlingskrise-koennte-fast-eine-Billion-Euro-kosten.htm.

103 Siehe https://www.welt.de/wirtschaft/article147433186/Wer-von-der-Fluechtlingskrise-profitiert.html.

104 Tobias Hentze und Galina Kolev (2016), «Gesamtwirtschaftliche Effekte der Flüchtlingsmigration in Deutschland», in: *IW-Trends* 4/2016, S. 59–76.

105 Siehe dazu auch Wissenschaftliche Dienste des Deutschen Bundestages (2019), *Auswirkungen von Migration auf die deutsche Volkswirtschaft*. Dokumentation WD 5-3000-011/19.

106 Ulrich van Suntum und Daniel Schultewolter (2015), «Das costa fast gar nix. Das costa ganz viel! Kritik einer DIW-Rechnung zu den ökonomischen Auswirkungen der Flüchtlinge», in: *Beiträge zur angewandten Wirtschaftsforschung* 37. Münster: Westfälische Wilhelms-Universität.

107 Siehe https://www.businessinsider.de/wirtschaft/dax-30-unternehmen-beschaeftigen-4326-fluechtlinge-2019-6/.

108 Siehe https://www.welt.de/wirtschaft/article149914423/Fluechtlinge-sind-eine-Riesenchance-fuer-Deutschland.html.

109 https://www.dw.com/de/interview-mit-der-bundeskanzlerin-mit-offenem-herzen-in-gespr%C3%A4che-gegangen/a-59748183.

110 https://www.zeit.de/wirtschaft/2018-12/fluechtlinge-bda-integration-arbeitsmarkt-erfolg.

111 Herbert Brücker, Yuliya Kosyakova, Eric Schuß (2020), «Fünf Jahre nach der Fluchtmigration: Integration im Arbeitsmarkt und Bildungssystem

macht weitere Fortschritte». *IAB-Kurzbericht* 4/2020. Nürnberg: Institut für Arbeitsmarkt- und Berufsforschung.

112 Siehe https://www.zeit.de/wirtschaft/2020-02/fachkraeftemangel-fluechtlinge-arbeitsmarkt-erwerbstaetigkeit?mode=recommendation&page=26; https://www.sueddeutsche.de/wirtschaft/fluechtlinge-deutschland-arbeit-1.4784432; sowie https://www.tagesschau.de/wirtschaft/arbeitsmarkt-fluechtlinge-103.html.

113 Zitiert in: https://www.tagesspiegel.de/wirtschaft/fluechtlinge-und-arbeitsmarkt-fast-die-haelfte-jetzt-in-arbeit/25505746.html.

114 Siehe dazu auch die Einschätzung der IAB-Studie in Wido Geis-Thöne, *Die Integration der Geflüchteten macht große Fortschritte: Eine Bestandsaufnahme fünf Jahre nach dem starken Zuzug*, in: IW-Report No. 22/2020. Köln: Institut für Wirtschaftsforschung, S. 18: «Allerdings ist anzumerken, dass sich die große Zahl der in den Jahren 2015 und 2016 zugewanderten Geflüchteten zum Befragungszeitpunkt noch nicht so lange in Deutschland aufgehalten hat und die Werte entsprechend auch nur die Lage von bereits vor dem starken Zuzug ins Land gekommenen Geflüchteten widerspiegeln können.»

115 Siehe https://statistik.arbeitsagentur.de/DE/Navigation/Footer/Top-Produkte/Migrationsmonitor-Nav.html.

116 Auch die Daten der Flüchtlingsstichprobe des Sozio-oekonomischen Panels, auf der die IAB-Studie beruht, beziehen sich auf Menschen aus diesen acht Herkunftsländern. Insofern ist eine Vergleichbarkeit gegeben.

117 Statistisches Bundesamt (2021), *Schutzsuchende: Ergebnisse des Ausländerzentralregisters.*

118 Ebd.

119 Dabei muss man wohl berücksichtigen, dass Frauen deutlich häufiger als Männer in Teilzeit arbeiten. Dies gilt aber für geflüchtete Frauen wie für andere Frauen.

120 Siehe https://data.worldbank.org/indicator/SL.TLF.CACT.FE.ZS?most_recent_value_desc=false.

121 Siehe dazu auch Koopmans (2020), *Das verfallene Haus des Islam*, S. 184–185.

122 Siehe Manuel Siegert, «Die Religionszugehörigkeit, religiöse Praxis und soziale Einbindung von Geflüchteten», in: *BAMF-Kurzanalyse* 2/2020. Nürnberg: Bundesamt für Migration und Flüchtlinge, sowie die Reihe *Das Bundesamt in Zahlen* des BAMF für die Jahre 2015–2021.

123 Eigene Berechnungen auf der Basis der Fälle mit Angabe des beruflichen

Abschlusses im *Migrationsmonitor* der Bundesagentur für Arbeit; verfügbar unter: https://statistik.arbeitsagentur.de/DE/Navigation/Footer/Top-Produkte/Migrationsmonitor-Nav.html.

124 Siehe https://www.proasyl.de/hintergrund/asyl-in-zahlen-2016/.

125 Siehe https://www.sueddeutsche.de/politik/festnahmen-de-maiziere-terrorverdaechtige-hatten-bezug-zu-paris-attentaetern-1.3159581.

126 Khazzani wurde 2020 zu einer lebenslänglichen Haftstrafe verurteilt. Siehe https://edition.cnn.com/2016/12/19/europe/isis-train-attack-suspect-confession/index.html, https://www.faz.net/aktuell/politik/ausland/thalys-attentaeter-in-frankreich-zu-lebenslanger-haft-verurteilt-17107921.html. Siehe außerdem Jean-Charles Brisard, Kévin Jackson (2016), «The French-Belgian Islamic State Attack Network», in: *CTC Sentinel* 9(11), S. 8–15. West Point: Combatting Terrorism Center.

127 Siehe https://www.daserste.de/information/politik-weltgeschehen/monitor/videosextern/panikmache-mit-terrorangst-als-fluechtlinge-getarnte-dschihadisten-102.html.

128 Zitiert in: https://www.deutschlandfunk.de/verfassungsschutz-maassen-warnt-vor-ungeregelter-100.html.

129 Siehe https://www.washingtonpost.com/world/national-security/how-europes-migrant-crisis-became-an-opportunity-for-isis/2016/04/21/ec8a7231-062d-4185-bb27-cc7295d35415_story.html?hpid=hp_no-name_isismigrant-1140am_2%3Ahomepage%2Fstory.

130 Siehe Brisard, Jackson (wie Anm. 126), S. 11–12, sowie https://www.dw.com/de/salah-abdeslam-mitfahrzentrale-des-terrors/a-19156833.

131 Siehe https://www.heise.de/tp/features/Dschihadisten-im-Strom-der-Fluechtlinge-3821734.html?seite=4.

132 Siehe https://www.welt.de/regionales/hamburg/article174457600/Hamburger-IS-Prozess-Drei-Syrer-zu-mehrjaehrigen-Haftstrafen-verurteilt.html sowie https://www.sueddeutsche.de/politik/festnahmen-de-maiziere-terrorverdaechtige-hatten-bezug-zu-paris-attentaetern-1.3159581.

133 Siehe Todd Bensman (2019), *What terrorist migration over European borders can teach about American border security*. Washington: Center for Immigration Studies.

134 Siehe die Antwort der Bundesregierung vom 10. Mai 2016 auf eine Kleine Anfrage der Bundestagsfraktion der Partei Die Linke: https://dserver.bundestag.de/btd/18/083/1808382.pdf.

135 Zitiert in: https://www.spiegel.de/politik/deutschland/ansbach-anschlag-die-zwei-legenden-des-mohammed-daleel-a-1104984.html.

136 Zum Vergleich: Bei den Anschlägen vom 9. September 2001 in New York und Washington kamen elf deutsche Staatsbürger ums Leben.

137 Siehe https://www.augsburger-allgemeine.de/bayern/Liveticker-zu-Axt-Attentat-De-Maizi-re-Attentaeter-von-Wuerzburg-von-IS-angestachelt-id38536102.html sowie https://taz.de/Herkunft-des-Wuerzburg-Attentaeters/!5327083/.

138 Zitiert in: https://www.zeit.de/politik/deutschland/2016-07/wuerzburg-axt-attacke-fluechtlinge-peter-altmaier-cdu-csu.

139 Siehe https://www.spiegel.de/politik/deutschland/ansbach-der-auffaellig-unauffaellige-taeter-mohammad-daleel-a-1104809.html.

140 Siehe https://www.berlin.de/aktuelles/berlin/7032689-958092-fuenf-jahre-nach-anschlag-in-berlin-erst.html.

141 Die Analyse in diesem Abschnitt umfasst alle islamistischen Anschläge mit Todesopfern in Europa seit 2015 durch Täter, die entweder Asylbewerber waren oder sich als solche ausgegeben hatten. Außerdem wurden Anschläge mit Schwerverletzten berücksichtigt, insofern es einen Deutschlandbezug gab (zum Beispiel weil der Täter in Deutschland registriert oder wohnhaft war).

142 Siehe https://www.spiegel.de/panorama/justiz/amsterdam-messerangreifer-zu-27-jahren-haft-verurteilt-a-1291519.html.

143 Siehe https://www.aspistrategist.org.au/after-barcelona/.

144 Siehe https://www.theguardian.com/world/2020/apr/05/french-police-terrorism-inquiry-two-killed-stabbing-romans-sur-isere.

145 Siehe https://www.bbc.com/news/uk-53225418.

146 Siehe https://www.spiegel.de/panorama/justiz/messerattacke-in-berlin-angreifer-war-anerkannter-gefluechteter-a-c5d2d1ed-93f8-464e-9b56-8c535fc0d719.

147 Siehe https://taz.de/Messerangriff-von-Wuerzburg/!5782038/.

148 Siehe https://www.wiwo.de/politik/ausland/turku-messerstecher-gab-falsche-identitaet-an/20247856.html.

149 Siehe https://www.bbc.com/news/uk-60091127.

150 Siehe https://www.focus.de/panorama/welt/wirkte-psychisch-auffaellig-verursachte-absichtlich-drei-unfaelle-was-wir-ueber-die-berliner-terror-fahrt-wissen_id_12335676.html.

151 Siehe https://www.spiegel.de/spiegel/attentat-in-hamburg-wie-ahmad-a-vom-abiturienten-zum-messerstecher-wurde-a-1161417.html.

152 Siehe https://www.zeit.de/gesellschaft/2021-03/messerattacke-dresden-mordanklage-abdullah-a-h-h-bundesanwaltschaft sowie https://taz.de/Islamist-fuer-Mord-in-Dresden-verurteilt/!5769647/.

153 Siehe https://www.infomigrants.net/en/post/28247/nice-church-attacker-a-journey-from-tunisia-to-italy-to-france.

154 Siehe Eran Benedek und Neil Simon (2020), «The 2017 Manchester Bombing and the British-Libyan Jihadi Nexus». CTC Sentinel 13(5): 28–28. Als Download verfügbar unter: https://ctc.westpoint.edu/the-2017-manchester-bombing-and-the-british-libyan-jihadi-nexus/.

155 Siehe https://www.thedailybeast.com/family-of-moscow-born-teen-who-beheaded-teacher-were-from-chechnya-where-charlie-hebdo-cartoons-are-demonized sowie https://www.theguardian.com/world/2020/dec/08/hundreds-attend-funeral-of-samuel-patys-attacker-in-chechnya.

156 Siehe https://www.spiegel.de/panorama/justiz/heilbronn-messerangriff-auf-fluechtlinge-das-sagt-der-taeter-a-1233624.html sowie https://www.stimme.de/heilbronn/hn/Fuenf-Jahre-Haft-fuer-Rentner-nach-Messerattacke;art31502,4106571.

157 Amadeu Antonio Stiftung (2021), *Leben in Gefahr. Gewalt gegen Geflüchtete in Deutschland.* Berlin; als Download verfügbar unter https://www.amadeu-antonio-stiftung.de/publikationen/leben-in-gefahr/.

158 Amadeu Antonio Stiftung (2020), *Leben in Gefahr*, S. 34.

159 *Neues Deutschland*, 16. Dezember 2021.

160 Am 20. März 2021, siehe https://www.zdf.de/nachrichten/politik/uebergriffe-fluechtlinge-asylbewerber-rechtsextreme-100.html.

161 Zum Beispiel https://www.sueddeutsche.de/politik/im-jahr-2020-1600-angriffe-auf-fluechtlinge-1.5222289 oder https://www.stern.de/politik/mehr-als-1600-angriffe-auf-gefluechtete-im-vergangenen-jahr--30407580.html.

162 Zwei Fälle von Totschlag sowie einer von Mord, alle aus dem Jahr 2018, die in den Übersichten des Bundeskriminalamtes auftauchen, sind in dieser Tabelle nicht enthalten, da ihre Einstufung in die Kategorie «politisch motivierte Kriminalität rechts» oder als gegen Flüchtlinge gerichtet fehlerhaft war. Im Falle der als versuchter Totschlag mit rechter Motivation eingestuften Brandstiftung am 14. Mai 2018 in einem Gemüseladen in Wetter an der Ruhr, der einem syrischen Flüchtling gehörte, stellte sich im Nachhinein heraus, dass der Syrer den Brand zum Zweck des Versicherungsbetrugs selbst gelegt hatte. Bei einer schweren Körperverletzung durch zwei türkischstämmige Täter an einem syrischen Flüchtling am 7. September 2018 in Mosbach erhärtete sich der anfängliche Verdacht einer flüchtlingsfeindlichen Motivation der Täter vor Gericht nicht. Siehe https://www.rnz.de/nachrichten/mosbach_artikel,-landgericht-mosbach-langjaehrige-haftstrafen-fuer-wiederholungstaeter-_arid,431830.

html. Eine als versuchter Mord eingestufte Brandstiftung (ohne Verletzte) am 12. September 2018 in Geislingen galt nicht Flüchtlingen, sondern dem Geschäft eines Türkischstämmigen.

163 Straftaten werden vom Bundeskriminalamt nach der schwersten zutreffenden Deliktkategorie eingestuft. Besonders schwere Formen der Körperverletzung – wie etwa der beschriebene Fall in Heilbronn –, bei denen der mögliche Tod der Opfer billigend in Kauf genommen wird, werden somit als Tötungsdelikt (Mord oder Totschlag) eingestuft. Verschiedene der Tötungsdelikte betreffen auch Brandstiftungen, wobei das Leben von Bewohnern in Gefahr kam oder in Gefahr hätte kommen können.

164 Siehe https://www.tagesspiegel.de/politik/rechtsextremismus-brandserie-in-doebeln-sachsen-prueft-neuen-fall-eines-todesopfers-rechter-gewalt/23202106.html.

165 Siehe https://www.amadeu-antonio-stiftung.de/todesopfer-rechter-gewalt/philipp-w/.

166 Schutz- und Asylberechtigte – anerkannte Asylbewerber also – wurden erst ab 2016 der Kategorie der «Zuwanderer» hinzugefügt. Davor wurden sie zu der Restkategorie der Ausländer mit «sonstigem erlaubtem Aufenthalt» gerechnet.

167 Siehe https://www.destatis.de/DE/Themen/Staat/Justiz-Rechtspflege/Glossar/tatverdaechtige.html.

168 Berechnet auf der Basis von: Bundeskriminalamt (2015–2020), *Kriminalität im Kontext von Zuwanderung. Bundeslagebild*. Wiesbaden: BKA, sowie Statistisches Bundesamt (2021), *Schutzsuchende: Ergebnisse des Ausländerzentralregisters*, S. 24.

169 Siehe Christian Pfeiffer, Dirk Baier, Sören Kliem (2018), *Zur Entwicklung der Gewalt in Deutschland. Schwerpunkte: Jugendliche und Flüchtlinge als Täter und Opfer*. Zürich: Zürcher Hochschule für Angewandte Wissenschaften, S. 75.

170 Tilman Köllisch (2004), *Vom Dunkelfeld ins Hellfeld. Anzeigeverhalten und Polizeikontakte bei Jugenddelinquenz*. Freiburg: Albert-Ludwigs-Universität, S. 315.

171 Natürlich beziehen sich viele Gerichtsurteile im Jahr 2020 auf Straftaten, die 2019 oder noch früher begangen wurden. Die Zahl der Tatverdächtigen belief sich aber auch 2019 und 2018 auf rund 1,9 Millionen.

172 Siehe dazu u. a. auch Pfeiffer, Baier, Kliem (wie Anm. 169), S. 73.

173 Ich beziehe mich für die Alterszusammensetzung auf die in den BKA-Berichten *Kriminalität im Kontext von Zuwanderung* verwendeten Zahlen des Bundeamtes für Migration und Flüchtlinge zur kumulierten Zahl der

Asylantragsteller zwischen 2015 und 2020. Diese Daten haben erstens den Nachteil, dass sie Flüchtlinge, die vor 2015 nach Deutschland kamen, nicht erfassen. Dagegen enthalten sie alle Personen, die seit 2015 einen Antrag stellten, einschließlich solcher, die Deutschland mittlerweile wieder verlassen haben. Die verlässlicheren Daten des Statistischen Bundesamtes (2021; *Schutzsuchende: Ergebnisse des Ausländerzentralregisters*) differenzieren leider nicht nach Altersgruppen.

174 Pfeiffer, Baier und Kliem (wie Anm. 169), S. 74.

175 Ebd.

176 Das lässt sich auch in Bezug auf einzelne Flüchtlingsgruppen nachweisen. So soll es laut den Daten der PKS im Jahr 2020 lediglich 20 849 tatverdächtige Flüchtlinge mit einem anerkannten Asylstatus gegeben haben. Zugleich gibt dieselbe PKS an, dass es im selben Jahr 27 561 tatverdächtige Flüchtlinge aus Syrien gab. Da Syrer 2020 zu 95 Prozent schutzberechtigt waren, passt das eine nur mit dem anderen zusammen, wenn nahezu alle Syrer ohne Schutzberechtigung straffällig geworden wären.

177 Eine ähnliche Schlussfolgerung ziehen Christoffer Glaubitz und Thomas Bliesener (2018), *Analyse der Kriminalität von Zuwanderern in Schleswig-Holstein*. Forschungsbericht Nr. 137. Hannover: Kriminologisches Forschungsinstitut Niedersachsen, S. 88: «Dabei konnte nicht abschließend geklärt werden, inwiefern die polizeiliche Einstufung als Asylbewerber auch nach Abschluss des Asylverfahrens in der Praxis vorgenommen wird.»

178 Asylbewerber, deren Verfahren noch nicht abgeschlossen ist, besitzen dagegen einen für sie spezifischen Aufenthaltstitel, die sogenannte Aufenthaltsgestattung. Sie sind deshalb eindeutig von anderen Ausländern unterscheidbar. Das Gleiche gilt für Personen, die eine Duldung besitzen.

179 Berechnet auf der Basis von: Bundesamt für Migration und Flüchtlinge (2020), *Das Bundesamt in Zahlen*, S. 23 und S. 29, sowie Statistisches Bundesamt (2021), *Schutzsuchende: Ergebnisse des Ausländerzentralregisters*, S. 144–146.

180 Statistisches Bundesamt (2021), *Schutzsuchende: Ergebnisse des Ausländerzentralregisters*, S. 144–146.

181 Siehe https://www.shz.de/lokales/insel-bote/ceetin-k-fiel-verbrechen-zum-opfer-id18070896.html und https://taz.de/Gerichtsurteil-in-Flensburg/!5504414/.

182 Siehe https://www.focus.de/politik/gerichte-in-deutschland/urteil-am-landgericht-gera-brutaler-mord-an-rentnerin-87-mohammad-a-zu-lebenslanger-haft-verurteilt_id_11815573.html.

183 Siehe https://www.bz-berlin.de/berlin/afghanen-toeten-schwester-eine-frau-ist-wie-eine-mitarbeiterin sowie https://www.berliner-zeitung.de/mensch-metropole/crime/ermordete-zweifache-mutter-maryam-h-ihre-familie-schweigt-zu-der-tat-li.236762.

184 Siehe https://www.welt.de/vermischtes/article191521151/Bremen-Lange-Haftstrafen-fuer-Totschlag-an-15-jaehrigem-Syrer.html.

185 Siehe https://www.tagesspiegel.de/berlin/erstochen-im-monbijoupark-in-berlin-zwoelf-jahre-haft-wegen-totschlags-von-13-jaehrigem-mohammed/27208454.html sowie https://www.sueddeutsche.de/panorama/berlin-fluechtling-prozess-monbijoupark-1.5275292.

186 Siehe https://www.faz.net/aktuell/politik/inland/getoeteter-fluechtling-ein-falscher-verdacht-mit-folgen-13395262.html.

187 Siehe https://taz.de/Bahrays-Beerdigung-in-Berlin/!5022637/.

188 Für 2016 liegen Täter-Opfer-Daten für Mord und Totschlag zusammen vor, nicht allerdings für die beiden Delikte getrennt.

189 Außer diesen drei Konstellationen gibt es noch zwei weitere mit Flüchtlingsbeteiligung: In der einen sind Flüchtlinge tatverdächtig, die Opfer sonstige Nichtdeutsche; in der anderen sind Flüchtlinge Opfer von sonstigen nichtdeutschen Tatverdächtigen, wie im Berliner Monbijoupark. Das Bundeskriminalamt war leider auf Anfrage nicht bereit, Daten zu weiteren Täter-Opfer-Konstellationen zur Verfügung zu stellen.

190 Für die Darstellung in der Grafik wurden die Zahlen für die Kategorie «Deutsches Opfer – Flüchtlingstäter» aus den BKA-Berichten um die Tatsache bereinigt, dass insbesondere bei Terroranschlägen mit zumindest einem Todesopfer auch die nicht getöteten, aber verletzten Opfer als Opfer eines vollendeten Morddelikts gezählt werden. Dies führte insbesondere zu einem großen Ausreißer nach oben im Bericht für 2018, in dem der Anschlag auf dem Berliner Weihnachtsmarkt vom Dezember 2016 zuerst statistisch erfasst wurde. Bei diesem Anschlag wurden sieben deutsche Staatsangehörige getötet (neben fünf ausländischen Staatsangehörigen sowie einem deutschen Todesopfer, das seinen Verletzungen erst 2020 erlag), aber auch 75 weitere verletzt, die ebenfalls als Opfer eines vollendeten Morddelikts gezählt wurden. Diese 75 Opfer wurden in Grafik 5.4 nicht mitgezählt, wie auch die fünf Verletzten des Messerangriffs 2017 in einem Hamburger Kaufhaus sowie das überlebende Opfer des Anschlags auf ein homosexuelles Paar in Dresden 2020. Es ist möglich, dass in allen drei Täter-Opfer-Konstellationen noch einige wenige weitere verletzte Opfer von tödlichen Mord- und Totschlagsdelikten mit mehr als einem Opfer enthalten sind.

191 Diese Berechnung beruht auf dem Zeitraum 2017–2020, da für 2016 keine Zahlen für sonstige nichtdeutsche Opfer von Flüchtlingen vorliegen.

192 Siehe https://www.spiegel.de/panorama/justiz/hannover-prozess-gegen-asylbewerber-wegen-mordes-an-fluechtlingshelferin-am-ende-hat-ihm-keiner-mehr-geglaubt-a-dd84ac13-6cc5-485d-b8dc-e45cdfd2cca5.

193 Siehe https://www.spiegel.de/panorama/justiz/traunstein-lebenslange-haft-fuer-mord-aus-religioesen-gruenden-a-1192647.html ; https://www.welt.de/print/die_welt/politik/article173411567/Der-Moerder-haette-la engst-abgeschoben-werden-sollen.html sowie https://www.ehrenmord.de/doku/2017/2017_Farima_Seadi.php.

194 Siehe https://www.welt.de/vermischtes/article169585539/Am-Tag-nach-Marias-Tod-sang-Hussein-K-vor-Publikum.html.

195 Siehe https://www.badische-zeitung.de/angeklagter-im-arztmord-prozess-bricht-sein-schweigen-streitet-tat-aber-weiterhin-ab--166299788.html.

196 Siehe https://www.welt.de/vermischtes/article167678658/Asylbewerber-soll-Helferin-nach-Liebes-Aus-erstochen-haben.html.

197 Siehe https://www.bild.de/regional/chemnitz/chemnitz-news/liebe-leiden schaft-mord-fluechtling-toetete-vater-seiner-betreuerin-62140374.bild.html?fbclid=IwAR2dlox_SIyWhsw3OoIwR4k1YfkXow5Cd-PUGu Nr-3Uk9vtTBvUO30Dvnro sowie https://www.t-online.de/nachrichten/panorama/justiz/id_85813758/wittenburg-lebenslange-haft-fuer-mord-an-schlafendem-rentner.html.

198 Siehe https://www.zeit.de/gesellschaft/2021-03/messerattacke-dresden-mordanklage-abdullah-a-h-h-bundesanwaltschaft sowie https://taz.de/Islamist-fuer-Mord-in-Dresden-verurteilt/!5769647/.

199 Siehe https://www.tagesspiegel.de/gesellschaft/panorama/ex-freund-von-mia-zu-acht-jahren-und-sechs-monaten-haft-verurteilt-3984919.html.

200 Siehe https://www.focus.de/politik/deutschland/verdaechtiger-weiterhin-fluechtig-nach-toedlicher-messerattacke-in-chemnitz-farhad-a-haette-abgeschoben-werden-muessen_id_9553205.html.

201 https://www.stuttgarter-nachrichten.de/inhalt.schwertmordprozess-in-stuttgart-richter-spricht-von-hinrichtung.48f7048a-fdd3-4d5f-b14d-3cb27626fb90.html

202 https://www.focus.de/panorama/welt/mordfall-in-worms_id_10429286.html sowie https://www.wormser-zeitung.de/lokales/worms/nachrichten-worms/syndia-prozess-ahmet-t-geht-in-revision_21134337.

203 Siehe https://www.op-online.de/region/hanau/hanau-grosskrotzenburg-streit-messer-tot-prozess-90940534.html.

204 Siehe https://www.justiz.bayern.de/gerichte-und-behoerden/landgericht/

augsburg/presse/2021/1.php ; https://www.op-online.de/region/main-kinzig-kreis/grosskrotzenburg/grosskrotzenburg-nach-toedlichen-sti chen-in-grosskrotzenburg-haben-die-diplomaten-versagt-90171189.html sowie https://www.merkur.de/bayern/schwaben/augsburg/augsburg-mord-mordversuch-familie-bluttat-freundin-bayern-fluechtlingsunter kunft-zr-90123514.html.

205 Siehe https://www.spiegel.de/panorama/justiz/flensburg-mord-an-mireille-warum-das-gericht-ahmad-s-schuldig-sprach-a-1251740.html sowie https://www.sueddeutsche.de/panorama/flensburg-messerattacke-1.4317909.

206 Siehe https://www.welt.de/vermischtes/article188895375/Prozess-in-Ham burg-Mutter-und-Kind-aus-Rache-getoetet-lebenslang-fuer-Doppel-mord.html.

207 Siehe https://www.l-iz.de/leben/faelle-unfaelle/2018/03/Landgericht-le benslange-Haft-fuer-Mord-an-schwangerer-Ehefrau-208837.

208 Siehe https://www.welt.de/regionales/hamburg/article177212916/Lebens lange-Haft-Er-trat-seine-Ehefrau-zu-Tode-vor-den-Augen-der-Toech ter.html.

209 Siehe https://www.sueddeutsche.de/panorama/prozesse-langenfeld-rheinland-asylbewerber-wegen-angriffs-auf-christen-verurteilt-dpa.urn-newsml-dpa-com-20090101-190319-99-450156 sowie https://rp-online.de/nrw/staedte/langenfeld/langenfeld-iraker-soll-iraner-mit-messer-an gegriffen-haben-weil-dieser-jetzt-christ-ist_aid-36885787. Für weitere Beispiele, siehe https://www.br.de/nachricht/religion-minderheiten-fluecht lingsheime-100.html.

210 Siehe https://www.saechsische.de/chemnitz/angriff-auf-juedisches-res taurant-in-chemnitz-vor-gericht-5520220.html sowie https://www.mdr.de/nachrichten/sachsen/chemnitz/chemnitz-stollberg/bewaehrungs strafe-prozess-angriff-schalom-restaurant-100.html#:~:text=Am%20 Mittwochnachmittag%20ist%20der%20T%C3%A4ter%20vom%20Amts gericht%20Chemnitz%20verurteilt%20worden.&text=Das%20Amtsge richt%20Chemnitz%20hat%20einen,drei%20Jahre%20zur%20Bew%C3 %A4hrung%20ausgesetzt.

211 https://www.zeit.de/politik/deutschland/2018-09/ausschreitungen-de monstration-chemnitz-sachsen-afd-trauermarsch-daniel-h-verletzte.

212 Der Königsteiner Schlüssel richtet sich zu einem Drittel nach der Bevölkerungszahl und zu zwei Dritteln nach dem Steueraufkommen. Da aber das Steueraufkommen sehr stark von der Bevölkerungszahl abhängt, sind die Abweichungen in der Praxis sehr gering. So betrug der Anteil

Sachsens nach dem Königsteiner Schlüssel 2018 4,99 Prozent, exakt so viel wie Sachsens Anteil an der Bevölkerung Deutschlands in dem Jahr.

213 Siehe zum Beispiel Susan Olzak (1992). *The Dynamics of Ethnic Competition and Conflict*. Stanford: Stanford University Press; Susan Olzak, Suzanne Shanahan, Elizabeth H. McEneaney (1996). «Poverty, segregation, and race riots: 1960 to 1993», in: *American Sociological Review* 61, S. 590–613; Ruud Koopmans, Susan Olzak (2004): «Discursive Opportunities and the Evolution of Right-Wing Violence in Germany», in: *American Journal of Sociology* 110, S. 198–230.

214 Zur sogenannten «Kontakthypothese» siehe zum Beispiel Thomas F. Pettigrew, Linda R. Tropp (2006). «A meta-analytic test of intergroup contact theory», in: *Journal of Personality and Social Psychology 90*, S. 751–783; Miles Hewstone, Hermann Swart (2011). «Fifty-odd years of inter-group contact: From hypothesis to integrated theory», in: *British Journal of Social Psychology* 50, S. 374–386.

215 Zahlen für Sachsen bzw. Chemnitz aus der polizeilichen Kriminalstatistik 2018: https://www.polizei.sachsen.de/de/64824.htm.

216 Zahl für 2020.

217 Siehe S. 148 in Landeskriminalamt Sachsen (2018), *Polizeiliche Kriminalstatistik 2018*. Dresden. Als Download verfügbar unter: https://www.polizei.sachsen.de/de/dokumente/Landesportal/3XAusgewDeliktbereiche2018.pdf,.

218 Siehe https://www.polizei.sachsen.de/de/MI_2019_63875.htm.

219 Siehe https://www.welt.de/politik/deutschland/article177412456/Ali-B-Tatverdaechtiger-im-Fall-Susanna-ist-bereits-21-Jahre-alt.html ; https://www.spiegel.de/panorama/justiz/wiesbaden-ali-b-und-15-jaehriger-wegen-vergewaltigung-vor-gericht-langjaehrige-haftstrafe-a-1294263.html sowie https://www.stern.de/gesellschaft/diana-feldmann--mutter-der-getoeteten-susanna-spricht-ueber-den-schmerz-8817864.html. Den offenen Brief von Diana Feldmann an Angela Merkel findet man im Wortlaut hier: http://alt.juedischerundschau.de/die-mutter-der-ermordeten-juedin-susanna-in-einem-offenen-brief-an-die-bundeskanzlerin-1359113010/.

220 Siehe zu diesem Thema auch Ayaan Hirsi Ali (2021), *Beute: Warum muslimische Einwanderung westliche Frauenrechte bedroht*. München: Bertelsmann.

221 Zu den oben erwähnten 2500 deutschen und 800 Flüchtlingsopfern von Vergewaltigungen durch tatverdächtige Flüchtlinge kommen noch die Fälle mit sonstigen Ausländern als Opfern.

222 Siehe https://www.sueddeutsche.de/politik/fluechtlinge-unhcr-ukraine-1.5590047.

223 Siehe https://www.ukrinform.net/rubric-ato/3494706-un-more-than-67-million-refugees-have-already-fled-ukraine.html sowie https://displacement.iom.int/reports/ukraine-internal-displacement-report-general-population-survey-round-4-29-april-3-may-2022.

224 Siehe https://www.bbc.com/news/world-60555472.

225 Siehe https://www.consilium.europa.eu/de/press/press-releases/2022/03/04/ukraine-council-introduces-temporary-protection-for-persons-fleeing-the-war/.

226 Siehe https://www.dzi.de/pressemitteilungen/bereits-631-millionen-euro-geldspenden-fuer-die-ukraine-hilfe/ sowie https://www.spiegel.de/wirtschaft/soziales/krieg-in-der-ukraine-deutsche-spenden-rekordsumme-fuer-die-ukraine-a-11a542a0-0055-4b4b-90ed-3db7c5e7c596.

227 Siehe https://www.faz.net/aktuell/gesellschaft/menschen/fast-die-haelfte-der-deutschen-spendet-fuer-fluechtlinge-14099071.html.

228 Siehe https://www.bild.de/bild-plus/politik/inland/politik-inland/brisante-umfrage-machen-die-deutschen-einen-unterschied-zwischen-fluechtlingen-79632120,view=conversionToLogin.bild.html sowie https://www.focus.de/politik/deutschland/ergebnis-einer-umfrage-deutsche-stehen-ukraine-gefluechteten-positiver-gegenueber-als-anderen-migranten_id_77665450.html.

229 Siehe dazu auch die Migrationsforscherin Zeynep Yanasmayan im Interview mit rbb24: https://www.rbb24.de/politik/thema/Ukraine/beitraege/ukrainer-syrer-afghanen-unterschiede-hilfsbereitschaft-asyl-krieg-flucht-berlin.htm/alt=amp.html.

230 Siehe https://www.focus.de/politik/deutschland/seit-2015-umfrage-wie-hat-sich-die-einstellung-gegenueber-fluechtlingen-in-deutschland-veraendert_id_12360732.html.

231 Siehe https://www.europarl.europa.eu/infographic/welcoming-europe/index_de.html#filter=2015.

232 Siehe https://www.tagesschau.de/ausland/gerichtsurteil-fluechtlingskrise-101.html.

233 Siehe https://abcnews.go.com/International/europes-unified-ukrainian-refugees-exposes-double-standard-nonwhite/story?id=83251970.

234 Siehe https://www.zeit.de/zett/politik/2022-03/rassismus-ukraine-krieg-fluechtlinge-migration?page=50.

235 Im Interview mit dem NDR: https://www.ndr.de/kultur/Ukraine-Fluechtlinge-Ist-das-Vorgehen-der-EU-rassistisch,gefluechtete266.html.

236 Siehe https://www.bundestag.de/dokumente/textarchiv/2022/kw11-de-aktuelle-stunde-ukrainische-fluechtlinge-884292.

237 Siehe https://www.spiegel.de/panorama/fluechtlingspolitik-ukrainern-bevorzugt-zu-helfen-ist-kein-rassismus-a-4a82277d-33ac-49f5-b549-eb68c11be9a3?sara_ecid=soci_upd_KsBFoAFjflfoDZCxpPYDCQgO1d EMph.

238 Ruud Koopmans, Rens Vliegenthart (2011), «Media attention as the outcome of a diffusion process: A theoretical framework and cross-national evidence on earthquake coverage», in: *European Sociological Review* 27, S. 636–653.

239 Siehe https://www.canada.ca/en/immigration-refugees-citizenship/ser vices/immigrate-canada/ukraine-measures/key-figures.html und https://pl.usembassy.gov/visas/humanitarian-assistance-and-visa-information-for-ukrainians/.

240 Siehe https://www.infomigrants.net/en/post/39741/iom-takes-stance-against-discrimination-of-nonukrainian-refugees.

241 Siehe zum Beispiel https://www.theeastafrican.co.ke/tea/rest-of-africa/ni geria-evacuates-citizens-ukraine-3746188 sowie https://www.dw.com/en/ukraine-crisis-how-successful-were-indias-repatriation-efforts/a-61099 021.

242 Siehe https://mediendienst-integration.de/migration/flucht-asyl/ukrai nische-fluechtlinge.html.

243 Siehe zum Beispiel https://www.tagesschau.de/faktenfinder/ukraine-ras sismusvorwurf-101.html sowie https://www.dw.com/de/afrikanische-studierende-berichten-von-schwieriger-flucht/a-60961814.

244 Ausgenommen sind nur Männer mit drei oder mehr minderjährigen Kindern sowie alleinerziehende Väter mit zumindest einem minderjährigen oder behinderten Kind; siehe https://orf.at/stories/3263781/.

245 Siehe Brücker 2022, S. 13.

246 Siehe https://www.bmi.bund.de/SharedDocs/pressemitteilungen/DE/2022/04/digitalisierungslabor.html sowie https://www.bmi.bund.de/SharedDocs/downloads/DE/veroeffentlichungen/nachrichten/2022/um frage-ukraine-fluechtlinge.pdf;jsessionid=ACFAEEBE56F9A20F7161E25 B4E08F3A4.1_cid364?__blob=publicationFile&v=2.

247 Siehe https://www.tagesschau.de/inland/gefluechtete-ukraine-107.html.

248 Siehe: Statistisches Bundesamt (2021), *Schutzsuchende: Ergebnisse des Ausländerzentralregisters*, S. 25.

249 Interview mit Daniel Thym am 28. Juni 2021.

250 Ebd.

251 Interview mit Kai Hailbronner am 26. April 2021.

252 Interview mit Maarten den Heijer am 19. April 2022.

253 Sandra Lavenex (2018), «‹Failing Forward› to which Europe? Organized Hypocrisy in the Common European Asylum System», in: *Journal of Common Market Studies* 56, S. 1195–1212.

254 Der Anteil der Erstanträge in der EU liegt nur für den Zeitraum ab 2010 vor und betrug 83,9 Prozent; siehe https://ec.europa.eu/eurostat/data browser/view/tps00191/default/table?lang=de.

255 Siehe https://ec.europa.eu/eurostat/de/web/migration-asylum/asylum/database.

256 Siehe https://www.auswaertiges-amt.de/de/service/visa-und-aufenthalt/staatenliste-zur-visumpflicht/207820.

257 Siehe https://www.bpb.de/themen/migration-integration/zahlen-zu-asyl/265765/abschiebungen-in-deutschland/.

258 Siehe Phillip Connor (2018), *At Least a Million Subsaharan Africans Moved to Europe since 2010*. Washington: Pew Research Center, S. 8–9; als Download verfügbar unter: https://www.pewresearch.org/global/wp-content/uploads/sites/2/2018/03/Africa-Migration-March-22-FULL-RE PORT.pdf.

259 Zahlen aus Eurostat Database «umgesiedelte Personen», siehe https://data.europa.eu/data/datasets/33xzesfmytcrs9ggslp6a?locale=de.

260 Siehe Maarten den Heijer, Jorrit Rijpma, Thomas Spijkerboer (2016), «Coercion, Prohibition, and Great Expectations: The Continuing Failure of the Common European Asylum System», in: *Common Market Law Review* 53, S. 607–642, hier S. 618–621.

261 Siehe Noémie Weber, Leonie Muglin (2019), *Humanitäres Visum: Sicherer Fluchtweg oder Hürdenlauf?* Bern: Schweizerische Beobachtungsstelle für Asyl- und Ausländerrecht, S. 6.

262 Alexander Betts und Paul Collier schlagen Asylanträge in EU-Botschaften als Lösung vor, ohne sich allerdings mit der Frage zu befassen, wie die Zahl der Anträge begrenzt werden könnte und wie Botschaften den gewaltigen Prüfungsaufwand bewältigen könnten. Siehe Alexander Betts, Paul Collier (2017), *Gestrandet. Warum unsere Flüchtlingspolitik allen schadet – und was jetzt zu tun ist*. München: Siedler, S. 283.

263 Siehe https://curia.europa.eu/jcms/upload/docs/application/pdf/2017-03/cp170024de.pdf sowie https://rsw.beck.de/aktuell/daily/meldung/de tail/eugh-eu-staaten-nicht-zur-erteilung-humanitaerer-visa-verpflichtet.

264 Siehe Leanne Weber, Sharon Pickering (2014), «Counting and Accounting for Deaths of Asylum-Seekers en Route to Australia», in: Tara Brian,

Frank Laczko, *Fatal Journeys. Tracking Lives Lost during Migration*. Genf: IOM, S. 177–205, hier S. 179–188.

265 Siehe Maarten den Heijer (2013), «Reflections on Refoulement and Collective Expulsion in the Hirsi Case», in: *International Journal of Refugee Law* 25, S. 265–290, hier S. 280.

266 Siehe https://www.monash.edu/__data/assets/pdf_file/0018/2523141/BOB-Research-Brief-18-_border-deaths-annual-report-2020_Final.pdf.

267 Siehe https://www.dailymail.co.uk/news/article-10703877/Record-60-000-migrants-cross-Channel-small-boats-year.html.

268 Siehe zum Beispiel https://www.theguardian.com/uk-news/2022/jun/14/european-court-humam-right-makes-11th-hour-intervention-in-rwanda-asylum-seeker-plan.

269 Siehe https://www.theguardian.com/uk-news/2022/sep/05/deported-uk-asylum-seekers-human-rights-at-risk-in-rwanda-court-told.

270 Siehe Maarten den Heijer (wie Anm. 265), S. 285.

271 Siehe Daniel Thym (2017), *Mindestanforderungen des EU-Primärrechts und des Flüchtlingsvölkerrechts an sekundärrechtliche Regelungen, die vorsehen, Asylanträge mit Blick auf Schutz- und Unterkunftsmöglichkeiten in dritten Staaten (Transitstaaten, sonstige Staaten) oder einzelnen Teilgebieten solcher Staaten ohne Sachprüfung abzulehnen*. Gutachterliche Stellungnahme für das Bundesministerium des Innern. Universität Konstanz: Forschungszentrum Ausländer- und Asylrecht.

272 Ausführlich dazu Thym (wie Anm. 271), besonders S. 11–12. Im Interview, das ich am 27 September 2021 mit Jorrit Rijpma führte, bestätigte dies auch der niederländische Rechtswissenschaftler: «Nirgendwo steht, dass man Asylsuchende nicht in ein drittes Land schicken kann. Das Einzige, was man nicht darf, ist, sie in ein Land zurückzuschicken, das nicht sicher ist.»

273 Siehe dazu Gerald Knaus (wie Anm. 88), S. 182–190.

274 Interview mit Gerald Knaus am 3. Mai 2022.

275 Siehe für eine Übersicht der Diskussionen um frühere Externalisierungsvorschläge Marcus Engler (2019), «Umkämpfte Externalisierung. Zur Dynamik der Diskussionen über regionale ‹Ausschiffungszentren› und ihre Folgen für die europäische und globale Flüchtlingspolitik», in: *Zeitschrift für Flucht- und Flüchtlingsforschung* 3(1), S. 128–145.

276 Interview mit Gerald Knaus am 3. Mai 2022.

277 Ebd.

278 Dazu auch Thym (wie Anm. 271), S. 34–37.

279 Siehe Engler (wie Anm. 275), S. 136–138.

Personenregister

Register der Flüchtlingsgruppen

Das Register verzeichnet Herkunfts- und Transitländer bzw. -regionen sowie religiöse und ethnische Gruppen von Flüchtlingen

Politik und Gesellschaft

Thomas Faist
Exit
Warum Menschen aufbrechen
Globale Migration im 21. Jahrhundert
2022. 400 Seiten. Gebunden

Franziska Grillmeier
Die Insel
Ein Bericht vom Ausnahmezustand an den Rändern Europas
2023. 256 Seiten mit 2 Karten. Gebunden

Gerd Koenen
Der Russland-Komplex
Die Deutschen und der Osten 1900–1945
3., überarbeitete Auflage. 2023. Aktualisierte Neuausgabe.
544 Seiten. Gebunden

Georg M. Oswald
Das Grundgesetz
Ein literarischer Kommentar
Herausgegeben von Georg M. Oswald,
2. Auflage. 2022. 381 Seiten. Gebunden

Andreas Rödder
21.1
Eine kurze Geschichte der Gegenwart
2023. 520 Seiten. Gebunden

Michael Thumann
Revanche
Wie Putin das bedrohlichste Regime der Welt geschaffen hat
2023. 288 Seiten mit ca. 15 Abbildungen. Gebunden

Politik und Gesellschaft

Muriel Asseburg
Palästina und die Palästinenser
Eine Geschichte von der Nakba bis zur Gegenwart
2., aktualisierte Auflage. 2022.
365 Seiten mit 21 Abbildungen und 10 Karten. Broschiert
C.H.Beck Paperback Band 6062

Olaf Bernau
Brennpunkt Westafrika
Die Fluchtursachen und was Europa tun sollte
2. Auflage. 2023. 317 Seiten mit 2 Karten. Broschiert
C.H.Beck Paperback Band 6456

Reinhard Bingener, Markus Wehner
Die Moskau-Connection
Das Schröder-Netzwerk und Deutschlands Weg in die Abhängigkeit
2023. 256 Seiten mit 10 Abbildungen. Broschiert
C.H.Beck Paperback Band 6511

Mathias Bölinger
Der Hightech-Gulag
Chinas Verbrechen gegen die Uiguren
2023. 256 Seiten mit 8 Abbildungen und 1 Karte. Klappenbroschur
C.H.Beck Paperback Band 6491

Ruud Koopmans
Das verfallene Haus des Islam
Die religiösen Ursachen von Unfreiheit, Stagnation und Gewalt
2021. 314 Seiten mit 16 Abbildungen und 21 Grafiken. Broschiert
C.H.Beck Paperback Band 6406

Sophie Schönberger
Zumutung Demokratie
Ein Essay
2023. 192 Seiten. Klappenbroschur
C.H.Beck Paperback Band 6501